国家职业教育
物流管理专业教学资源库

"十二五"职业教育国家规划教材修订版

国家职业教育物流管理专业教学资源库升级改进配套教材

高等职业教育在线开放课程新形态一体化教材

供应链管理

（第四版）

主　编　朱占峰　陈　勇
副主编　朱　耿　王海英　朱一青

高等教育出版社·北京

内容提要

本书是"十二五"职业教育国家规划教材修订版，也是国家职业教育物流管理专业教学资源库升级改进配套教材。

本次修订以立德树人为根本任务，以《职业教育专业目录（2021年）》《职业教育专业简介（2022年修订）》为依据，使教材的育人功能和作业管理双轨并行。本书共十章，分别是：供应链的认知、供应链的构建、供应链的优化、供应链的运作、制造商主导的供应链管理、批发商主导的供应链管理、零售商主导的供应链管理、物流商主导的供应链管理、供应链管理绩效评价及激励机制、供应链的资源整合及创新发展。

本书可作为高等职业教育专科、本科院校和应用型本科院校物流管理和供应链运营专业及其他商科类相关专业的教学用书，也可作为相关从业人员的培训辅导用书及业务参考用书。

与本书配套的在线开放课程"供应链管理"，可通过登录"智慧职教"平台进行在线学习。"供应链管理"在线开放课程建设了微课、动画、视频、教学课件、习题答案等类型丰富的数字化教学资源，精选其中具有典型性、实用性的资源在教材中进行了标注，并将优质资源以二维码方式标注出来，供读者即扫即用。其他资源服务见"郑重声明"页资源服务提示。

图书在版编目（ＣＩＰ）数据

供应链管理／朱占峰，陈勇主编. -- 4版. -- 北京：
高等教育出版社，2023.2（2024.7重印）
　ISBN 978-7-04-059391-4

　Ⅰ.①供… Ⅱ.①朱… ②陈… Ⅲ.①供应链管理-
高等职业教育-教材 Ⅳ.①F252

中国版本图书馆CIP数据核字(2022)第164853号

供应链管理（第四版）
GONGYINGLIAN GUANLI

策划编辑	康　蓉	责任编辑	贾若曦	封面设计	张　志	版式设计	李彩丽
责任绘图	李沛蓉	责任校对	张　薇	责任印制	耿　轩		

出版发行	高等教育出版社	网　　址	http://www.hep.edu.cn
社　　址	北京市西城区德外大街 4 号		http://www.hep.com.cn
邮政编码	100120	网上订购	http://www.hepmall.com.cn
印　　刷	山东韵杰文化科技有限公司		http://www.hepmall.com
开　　本	787mm×1092mm　1/16		http://www.hepmall.cn
印　　张	19.75		
字　　数	400 千字	版　　次	2019 年 1 月第 1 版
插　　页	1		2023 年 2 月第 4 版
购书热线	010-58581118	印　　次	2024 年 7 月第 2 次印刷
咨询电话	400-810-0598	定　　价	49.80 元

"智慧职教" 服务指南

"智慧职教"（www.icve.com.cn）是由高等教育出版社建设和运营的职业教育数字教学资源共建共享平台和在线课程教学服务平台，与教材配套课程相关的部分包括资源库平台、职教云平台和App等。用户通过平台注册，登录即可使用该平台。

● 资源库平台：为学习者提供本教材配套课程及资源的浏览服务。

登录"智慧职教"平台，在首页搜索框中搜索"供应链管理"，找到对应作者主持的课程，加入课程参加学习，即可浏览课程资源。

● 职教云平台：帮助任课教师对本教材配套课程进行引用、修改，再发布为个性化课程（SPOC）。

1. 登录职教云平台，在首页单击"新增课程"按钮，根据提示设置要构建的个性化课程的基本信息。

2. 进入课程编辑页面设置教学班级后，在"教学管理"的"教学设计"中"导入"教材配套课程，可根据教学需要进行修改，再发布为个性化课程。

● App：帮助任课教师和学生基于新构建的个性化课程开展线上线下混合式、智能化教与学。

1. 在应用市场搜索"智慧职教icve"App，下载安装。

2. 登录App，任课教师指导学生加入个性化课程，并利用App提供的各类功能，开展课前、课中、课后的教学互动，构建智慧课堂。

"智慧职教"使用帮助及常见问题解答请访问help.icve.com.cn。

本书是"十二五"职业教育国家规划教材修订版，是国家职业教育物流管理专业教学资源库升级改进配套教材。

党的二十大报告指出："我们要坚持以推动高质量发展为主题，把实施扩大内需战略同深化供给侧结构性改革有机结合起来，增强国内大循环内生动力和可靠性，提升国际循环质量和水平，加快建设现代化经济体系，着力提高全要素生产率，着力提升产业链供应链韧性和安全水平，着力推进城乡融合和区域协调发展，推动经济实现质的有效提升和量的合理增长。"供应链的安全与韧性对于推动高质量发展、加快建设现代化经济体系、维护国家产业安全具有重要指导意义。同时，作为新型现代服务业，供应链创新发展可以赋能产业链发展，推动产业链降本增效，推动传统行业的产业链现代化转型。2017年10月5日，国务院办公厅印发的《关于积极推进供应链创新与应用的指导意见》要求：供应链是以客户需求为导向，以提高质量和效率为目标，以整合资源为手段，实现产品设计、采购、生产、销售、服务等全过程高效协同的组织形态。随着信息技术的发展，供应链已发展到与互联网、物联网深度融合的智慧供应链新阶段。

本书是在第三版的基础上，根据新时代全球供应链环境的变化修订完善的。本书的编写思路及特色如下：

1. 落实立德树人根本任务，坚持培养德技知能

党的二十大报告指出：育人的根本在于立德。全面贯彻党的教育方针，落实立德树人根本任务，培养德智体美劳全面发展的社会主义建设者和接班人。本书坚持以习近平新时代中国特色社会主义思想为指导，贯彻党的二十大精神，自觉践行社会主义核心价值观，积极弘扬中华民族优秀文化，注重时代精神、行业热点、专业知识点与应用能力点的融会贯通。遴选出的教材内容，实现了思想性、知识性和应用性的有机统一，打造有利于高素质、高技术技能人才培养的精品教材。

2. 遵循专业教学基本规律，积极倡导知行合一

本书基于物流管理及供应链运营专业人才培养需求与专业改革的要求，通过"资讯、计划、决策、实施、检查、评估"等环节，梳理企业供应链管理的基本流程，聚焦"供应链管理基础、供应链管理实战操作、供应链管理机制创新"三大教学内容模块，体现理论和实践的有机统一。以崭新的视角，汲取物流与供应链管理领域的最新理论成果和应用，着力推进供应链管理理论与实务的与时俱进，具有鲜明的时代特色。

3. 立足现代产业融合发展，有效衔接岗位需求

党的二十大报告指出：统筹职业教育、高等教育、继续教育协同创新，推进职普融通、产教融合、科教融汇，优化职业教育类型定位。本书关注供应链管理领域学术与实践的前沿，重视培养学生的供应链战略思维和实践应用技能，注重提升学生的各种能力，致力于培养面向未来物流与供应链管理领域的技术技能人才。本书以产教融合、校企合作为依托，瞄准经济社会发展中的供应链应用问题，基于学生认知特点和学习规律，以制造商、批发商、零售商、物流商主导的供应链管理岗位的工作任务为载体，实施案例学习和模块化学习和实训，有利于岗位技能与课程教学的深度融合。

本书由南昌职业大学管理学博士朱占峰教授和商丘职业技术学院管理学博士陈勇副教授担任主编，管理学博士朱耿副研究员、王海英教授、管理学博士朱一青副教授担任副主编。在本书修订过程中，得到了南昌职业大学、宁波工程学院、商丘职业技术学院、浙江万里学院的大力帮助，得到了宁波职业技术学院等众多高职示范校、骨干校以及京东物流等多家物流公司的鼎力支持，在此表示由衷的感谢。

本书在修订过程中还参阅了有关教材、网站、研究成果和文献资料，在此对原作者一并表示诚挚的感谢。由于编者水平及时间有限，加之当前全球供应链理论和实践也面临前所未有的挑战，供应链管理理论与实践研究更需要与时俱进，书中难免存在疏漏之处，恳请广大读者批评指正，以使本书日臻完善。

编 者

2022年12月

第一版前言 <<<<<<<<<<<<

本书是高等职业教育物流管理专业国家资源库建设项目核心课程"供应链管理"的配套教材。对于本教材的设计与开发，课程建设组首先进行了以高职物流管理专业人才需求与专业改革为内容的调研工作。通过"资讯、计划、决策、实施、检查、评估"等环节，梳理出了企业实施供应链管理的基本流程，揭示了各类典型工商企业供应链管理模式的内涵。以此为基础，设计出"供应链管理基础、供应链管理实战操作、供应链管理评价整合"三大教学内容模块。其中，供应链管理基础模块包括供应链认知、供应链构建、供应链优化、供应链运作四小部分；供应链管理实战操作模块包括制造商主导的供应链管理、批发商主导的供应链管理、零售商主导的供应链管理、物流商主导的供应链管理四小部分；供应链管理评价整合模块分为供应链管理绩效评价及激励机制、供应链资源的整合两小部分。

本教材的主要特色之一是教材的使用与国家教学资源库中建设的资源高度契合，例如，自主学习网络课程中的图表、动画、视频、案例都是本教材的重要支撑。通过本教材的使用，不仅能使学生系统地获得供应链管理的基本理论、原理、方法，更重要的方面在于重点培养学生供应链构建、供应链优化、供应链运作、供应链管理、供应链绩效评价以及供应链资源整合等环节的实战能力，尤其是在制造商主导的供应链、批发商主导的供应链、零售商主导的供应链和物流商主导的供应链管理岗位上的作业及管理能力，以使学生毕业后能在供应链理念的指导下从事相应的物流作业及管理工作。

该教材的顺利出版要衷心感谢国家示范性高职院校物流管理专业课程开发与教学资源库建设项目组的各位成员。感谢由宁波工程学院、商丘职业技术学院、河南工业贸易职业学院、湖南现代物流职业技术学院、海南职业技术学院、青岛职业技术学院、咸阳职业技术学院、深圳市中诺思资讯科技有限公司、神火集团股份有限公司运输分公司、商丘市物流研究所、河南新世纪拓普电子技术有限公司、河南华麟电子集团有限责任公司、河南正和物流集团有限责任公司商丘分公司、宅急送快运股份有限公司商丘分公司组成的"供应链管理"课程开发团队的通力协作。在本教材的编写过程中，还参阅了有关的教材、网站、研究成果和文献，在此一并表示感谢。

由于时间紧、任务重，加之编者社会活动范围与综合理论水平的限制，本教材的疏漏之处在所难免，恳请广大读者不吝指正，并为本书的修订工作提出宝贵意见，以便我们及时修正。

编 者

2011年5月

目录 <<<<<<<<<<<<

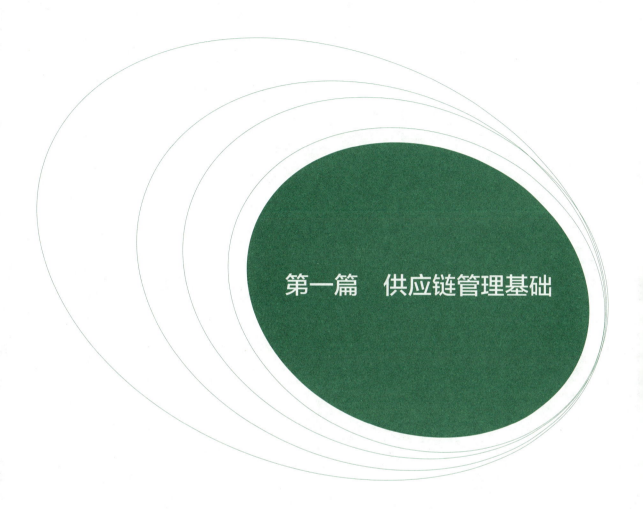

第一篇　供应链管理基础

知识目标

- 掌握供应链的含义
- 了解供应链的特征
- 熟悉供应链管理的目标和内容
- 掌握供应链管理的概念
- 了解供应链管理的特点

技能目标

- 能够通过食物链的依存关系认识供应链
- 能够认识供应链节点并绘制供应链网链结构图
- 能够认识供应链管理的作用和目标
- 能够分析供应链管理的流程

素养目标

- 培养全局性思维，提升对个人与组织之间关系的认识
- 培养统筹性思维，提高对团队成员间的协调能力

【思维导图】

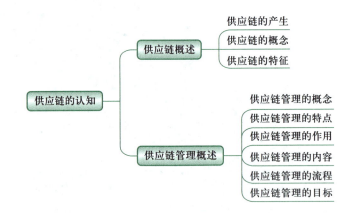

【引例】

沃尔玛现象——全球供应链

作为全球零售商之首的沃尔玛百货有限公司（简称"沃尔玛"），从一家普通零售企业发展成连锁店遍布全球的大型企业，引发了人们的较大关注。它在全球各地的配送中心、连锁店、仓储库房和配备的货物运输车辆，以及合作伙伴（如供应商）等，每一个环节都达到了有效管理和优化，从而形成一个灵活和高效的产品生产、配送和销售网络。

沃尔玛超越了自身"商业零售企业"的身份，这种超越来自两方面：首先，沃尔玛不仅是一家等待上游厂商供货、组织配送的纯粹的商业企业，而是直接参与上游厂商的生产计划制订，与上游厂商共同商讨和确定产品计划和供货周期，甚至帮助上游厂商进行新产品研发和质量控制。这就意味着沃尔玛总是能够最早得到市场上的消费者最希望看到的商品，当其他零售商正在等待供货商的产品目录或商谈合同时，沃尔玛的货架上已开始热销最新款产品了。其次，沃尔玛有完善的客户服务体系，沃尔玛能够做到及时地将消费者的意见反馈给厂商，并帮助厂商对产品进行改进和完善。过去，商业零售企业只是作为中间人，将商品从生产厂商传递到消费者手里，反过来再将消费者的意见反馈给厂商。沃尔玛模式跨越了企业内部管理和与外界"沟通"的范畴，形成了以自身为核心，连接生产厂商与顾客的全球供应链。

沃尔玛的成功经营折射出在经济全球化状态下新的企业运营理念，即科学构建以核心企业为主体的供应链，实施供应链管理以达到整体运营最优；而企业间的协调和结盟，也能使每一个供应链上的经济体实现健康可持续发展。

第一节 供应链概述

从20世纪四五十年代开始的第三次科技革命，深入推进助力了经济全球化发展，物流界为了充分满足顾客的需求，从单纯管理物品的物理空间转移演变为注重关联环节间的信息共享和规划，对资金流、信息流、物品流进行协调，使供应商、制造商、批发商、零售商和最终用户形成了高效的链条。

一、供应链的产生

1985年，美国哈佛商学院教授迈克尔·波特（Michael E. Porter）出版了《竞争优势》一书，在该书第2章阐述了"价值链"的理论框架。这个理论框架认为企业的经营活动可以分解为基本活动和辅助活动，基本活动直接贯穿产品流向消费者的整个过程，主要包括内部物流、生产作业、外部物流、市场销售和售后服务。辅助活动包括采购、技术开发、人力资源管理、企业基础设施建设、计划、财务、法律、政府服务和质量管理等。在迈克尔·波特看来，价值链提供了一个系统的方法来审视企业的所有行为及其相互关系，从而取得战略优势。迈克尔·波特的价值链理论可以看作是供应链产生的前提。

1990年，詹姆斯·P·沃麦克（美）、丹尼尔·T·琼斯（英）和丹尼尔·鲁斯（美）合著了《改变世界的机器》，该书在以美国麻省理工学院课题小组对日本汽车工业的生产管理方式研究的基础上，详细解剖了"精益生产"问题。1996年，詹姆斯·P·沃麦克和丹尼尔·T·琼斯又合作出版了《精益思想》一书。该书在对"精益管理"思想详细阐述的基础上，结合美国、德国和日本的案例，以价值流为线索引出了"供货链"和"销售链"的概念，这是供应链产生的雏形。

20世纪末，知识经济促进了生产力的进一步发展，客户（Customer）的消费水平在提高，企业之间的竞争（Competition）在加剧，政治、经济、社会环境在发生巨大变化（Change），使得市场需求日益多样化，且不确定性大大加强。"3C"既是市场需求多样化与不确定性的根源，也是企业不断提高自身竞争能力的外在压力。在全球市场的激烈竞争中，企业面对的是一个变化迅速且无法预测的买方市场，传统的生产与经营模式对市场巨变的响应越来越迟钝和被动，为了改变这种被动局面，许多企业逐步把目光投向供应链。这为供应链的产生提供了适宜的土壤。

科学技术的进步为企业提供了先进的制造技术和管理方法，如计算机辅助设计（CAD）、柔性制造系统（FMS）、准时生产制（Just-in-Time，JIT）及精益生产（LP）、物料需求计划（MRP）、制造资源计划（MRPⅡ）等先进技术的推广为供应链的发展提供了技术支撑。

经过21世纪前20年的实践，新一代信息技术在一定程度上拓展了O2O电商、跨境电商的发展空间，全球采购与供应链不断呈现新模式。

微课：供应链的概念

二、供应链的概念

英国著名物流专家马丁·克里斯托弗（Martin Christopher）在《物流与供应链管理》一书中对供应链做出如下定义：供应链是指涉及将产品或服务提供给最终消费者的过程活动的上游及下游企业组织所构成的网络。例如，衬衣制造商是供应链的一部分，它的上游是化纤厂和织布厂，下游是衬衣分销商和零售商，最后到达衬衣的最终消费者。按此定义，这条供应链上的所有企业都是相互依存的，但实际上它们之间并没有太多的协作。这种供应链仍然是传统意义上的供应链。

美国管理学家格雷厄姆·史蒂文斯（Graham C.Stevens）[1]认为：通过增值过程和分销渠道控制从供应商的供应商到用户的用户的流就是供应链，它开始于供应的源点，结束于消费的终点。供应链概念形象如图1-1所示。作为供应链管理及IT领域的咨询专家，他给出的概念中凸显了供应链的外部环境。

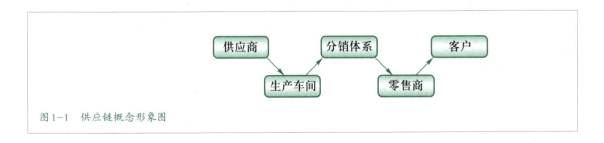

图1-1 供应链概念形象图

---

① 格雷厄姆·史蒂文斯（Graham C. Stevens），美国克兰菲尔德大学管理学院物流与供应链管理方向客座研究员，是一位经验丰富的供应链管理领域的管理学家和实业家。

人们对供应链的认识由价值链、产业链、需求链到供应链逐步深入。2001年，我国正式发布实施了中华人民共和国国家标准《物流术语》（GB/T 18354-2001），该标准对供应链（Supply Chain）做出了明确界定。后经2006年、2021年两次调整审定，现行版本为中华人民共和国国家标准《物流术语》（GB/T18354-2021），已于2021年12月1日正式实施。该标准将供应链定义为：生产及流通过程中，围绕核心企业的核心产品或服务，由所涉及的原材料供应商、制造商、分销商、零售商直到最终用户等形成的网链结构。网链中的各个实体称为节点，如图1-2所示。本书将以此作为供应链的定义。

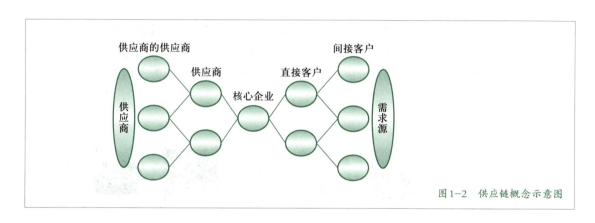

图1-2 供应链概念示意图

从供应链的定义过程可看出人们对供应链的认识经历了一个从简单到复杂、从内部到外部、从理论到实践的过程。

事实上，早期对供应链的认识，局限于制造企业内部的生产过程，从企业采购原材料和零部件，经过生产加工，转换为外部用户所需要的产品。早期供应链研究的重点在于如何提高企业内部资源的有效利用率，提高生产运作效率。随着对供应链研究的深入，逐步将企业内部生产流程与外部供应商联系起来。进而将供应链概念扩展为完整的供应链系统和价值增值过程，涉及从原材料至最终用户的各种经济活动。这些经济活动包括寻找资源、采购、制订生产规划、订单处理、库存管理、运输、仓储和消费者服务等，重要的是，这里还包括监控这些经济活动的整个信息系统。现代经济学者进一步认为，供应链是一种动态的功能网链，因此展开了范围更广的生产组织关系研究。

三、供应链的特征

根据供应链的产生和发展过程，分析供应链的内涵和外延，可得出供应链具有以下四个特征：

1. 增值性

供应链的设计必须是增值的（Value Added）和有利可图的（Profitable），否则就没有意义。所有的生产经营系统都是将一些资源进行转换和组合，适当地增加价值，然后把产品配送到顾客手中。制造业的增值包括物理形式的转变，生产有形商品，物流商在分送过程中通过流通加工提升物品的附加值，分销商通过各种形式提升产品或服务的价值。总之，供应链的各个中间节点都会通过自己的创造来增加产品或服务的价值（有的是有形的，有的是无形的），从而获得利润。

2. 交叉性

对于产品而言，每种产品的流通过程往往由多个链条组成。对于企业而言，供应链节点企业既可以是一个供应链的成员，又可以是另一个供应链的成员。众多的链条形成交叉结构，无形中增加了协调管理的难度。不同供应链间的交叉节点如图1-4所示。

图1-3　农产品增值链

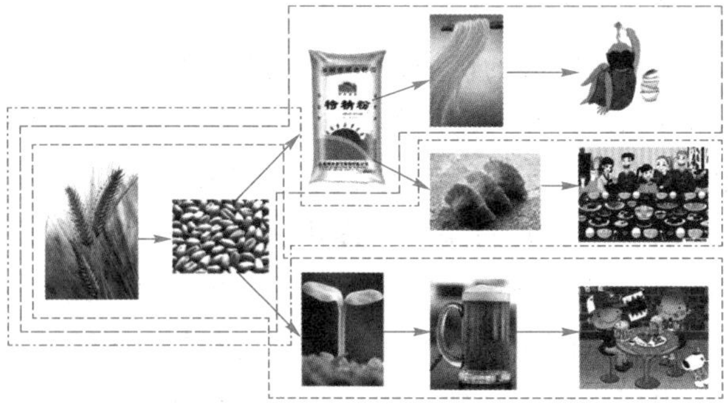

图1-4　不同供应链间的交叉节点

3. 动态性

由于市场时刻处于不断变化中，而现代供应链的出现就是为了使节点企业适应市场变化的需要，所以，无论是供应链结构，还是其中的节点企业都需要动态更新，不断重构，这就使得供应链具有明显的动态性。

4. 供求性

供应链涉及众多产品或服务的供应商，如原材料供应商、产品供应商、物流供应商、信息供应商（如网站、媒体、信息发布机构等）、资金供应商等，这些供应商的供应构成了供应链存在的基本条件。但供应链要做到有机高效地运转，必须满足市场需求，顾客需求拉动才是供应链健康运转的不竭动力，如图1-5所示。

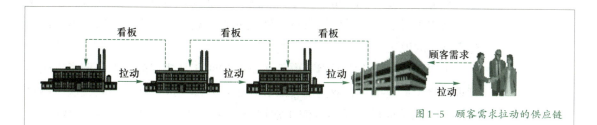

图1-5 顾客需求拉动的供应链

参观讨论

1. 参观成功运营的供应链企业（或收看视频）并讨论。
2. 填写参观报告，见表1-1。

表1-1 参 观 报 告

班级		姓名		时间	
观看内容				分数	
讨论问题： 1. 这家企业的经营内容是什么？ 2. 这家企业在供应链中实现的是何种功能？ 3. 这家企业的上下游企业是谁？ 4. 这家企业的供应链管理体现在哪里？效果怎样？ 5. 你是否了解与这家企业同类型的企业的经营管理模式？它们实施供应链管理了吗？ 与这家企业相比其他同类型企业的不同主要表现在哪里？ 我的想法：					

第二节　供应链管理概述

一、供应链管理的概念

1982年，英国物流专家、博斯公司（Booz & Company）[1]的资深合伙人凯思·奥立夫（Keith R. Oliver）和迈克尔·韦伯（Michael D. Webber）在《观察》杂志上发表了《供应链管理：物流的更新战略》一文，首次提出"供应链管理"的说法。

美国管理学家格雷厄姆·史蒂文斯在1989年从集成的角度强调了供应链管理的概念，包括在企业内部集成和在企业外部集成。在这期间，供应链整个链条各相关成员之间的合作非常重要。这是因为在供应链初步形成阶段，供应链上各成员企业之间有时存在利益冲突，信息流在向上传递时也时常发生信息曲解现象。信息不能有效共享，各种利益冲突导致供应链管理的绩效不高，削弱了整个供应链的竞争力。

1998年，美国供应链专家弗雷德A.库琳（Fred A. Kuglin）在其《以顾客为中心的供应链管理》一书中，把供应链管理定义为：制造商与它的供应商、分销商及用户，即整个"外延企业"中的所有环节协同合作，为顾客所期望并愿意为之付出的市场提供共同的产品和服务。这样一个多企业的组织，作为一个外延的企业，最大限度地利用共享资源（人员、流程、技术等）实现协作运营，其结果是形成高质量、低成本、迅速且令顾客满意的产品和服务。这种协调供应链、主张各合作企业之间一致"协调对外"的理念，促进了供应链的发展，使供应链合作伙伴关系的建立逐步进入人们的视野。

美国物流管理协会（Council of Logistics Management，CLM）自2005年1月1日起正式更名为美国供应链管理专业协会（Council of Supply Chain Management Professionals，CSCMP），这标志着全球进入供应链管理时代。该协会给供应链管理下的定义是：供应链管理包括涉及外包和获取、转化的计划和管理活动，以及全部的物流管理活动。更重要的是，它也包括与渠道伙伴之间的协调与合作，这些渠道伙伴包括供应商、分销商、第三方服务提供商和客户。从本质上说，供应链管理是企业内部和企业之间的供给和需求的集成。

中华人民共和国国家标准《物流术语》（GB/T 18354-2021）对供应链管理的定义是：从供应链整体目标出发，对供应链中采购、生产、销售各环节的商流、物流、信息流及资金流进行统一计划、组织、协调、控制的活动和过程。这个定义既对"供应链"与"供应链管理"做出区分，又以简练的表

---

[1] 博斯公司是一家为商业客户、政府部门和其他组织机构提供优质服务的全球性管理咨询公司，于2014年并入普华永道。

达拓展了供应链管理的内涵和外延。供应链管理原理如图1-6所示。

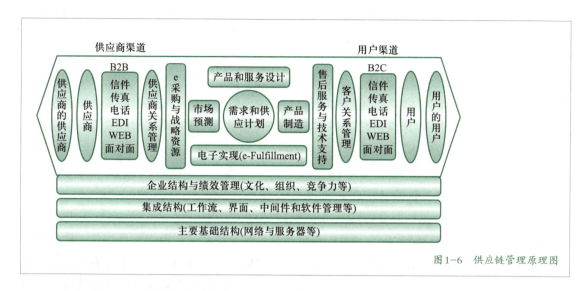

图1-6 供应链管理原理图

供应链管理是一种新型管理模式。在管理过程中，各节点企业有主次之分，核心企业在与其他渠道伙伴协作时居于主动地位，承担更多的责任。它把供应商、制造商、批发商、零售商、物流商等在一条供应链上的所有节点联系起来进行优化，使生产资料以最快的速度，通过生产、分销环节变成增值的产品，最终送达消费者手中。这不仅可以降低成本，减少社会库存和资源浪费，而且使社会资源得到优化配置。核心企业必须成为在动态性合作机制中起主导作用的力量。供应链核心企业是供应链的链主，是供应链的物流中心、信息中心和资金周转中心。在供应链竞争中，核心企业承担相应的组织者和管理者的职能。供应链管理模式如图1-7所示。

微课：供应链管理的概念

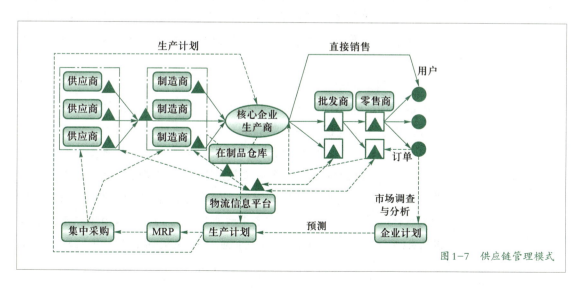

图1-7 供应链管理模式

供应链管理是一种集成的管理方法。它执行供应链中从供应商到最终用户的物流计划与控制等职能。供应链管理的范围包括从最初的原材料采购一直到最终产品送达顾客手中的全过程，管理对象是在此过程中所有与物品流动及信息流动有关的活动和相互之间的关系。

供应链管理是一种管理策略。它主张把不同企业集成起来以提高供应链的效率，注重供应链节点企业之间的合作，它把供应链上的各个节点企业作为一个不可分割的整体，使其分担的采购、分销和销售职能成为一个协调发展的有机体。

二、供应链管理的特点

1. 供应链管理目标的最终客户满意性

供应链的构建、运作和更新都是基于最终用户需求而产生的，让最终顾客更满意是供应链全体成员的共同目标，顾客满意的实质是顾客获得超出他们承担的产品价格以上的那部分"价值"，供应链管理可以使得这部分"价值"升值。此外，供应链管理还可通过改善产品质量、提高服务水平、增加服务承诺等措施来增加顾客所期待的那部分"价值"，从而提高顾客的满意度。

2. 供应链管理过程中节点企业之间的竞合性

由于供应链是由多个节点企业组成的虚拟组织，这些具有独立经济利益的单一企业是供应链运作的主体。由于独立经济利益的驱动，虚拟组织中的各节点企业间充满竞争性。但是，在由各节点企业组成的供应链上，任何企业要实现利润最大化，必须以整条供应链的价值增值为基础，这就要求各节点企业之间必须展开合作。因此，供应链管理是对供应链全面协调性的合作式管理，它不仅要考虑核心企业内部的管理，而且更注重供应链中各环节、各企业之间资源的利用与合作，使各企业之间进行合作博弈，最终达到"共赢"。

3. 供应链管理的信息技术性

供应链管理战略是现代网络信息技术与战略联盟思想的体现。在供应链管理系统，信息是供应链各节点沟通的载体，从一定意义上说，供应链中各阶段的节点企业就是通过信息这条纽带集成起来的，信息技术支撑原理如图1-8所示。可靠、准确的信息是企业决策的基础，它能降低企业运作中的不确定性，提高供应链的反应速度。因此，供应链管理的主线是信息管理，信息管理的载体是信息平台。通过这个平台实现信息共享，将市场供求信息及时、准确地传达到供应链上的各节点企业，在此基础上进一步实现供应链管理。

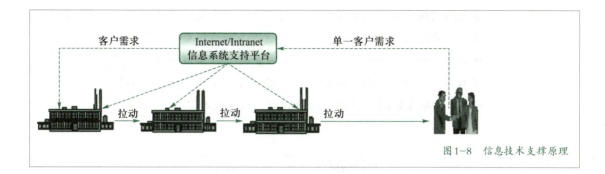

图1-8 信息技术支撑原理

4. 供应链管理的协调性

在供应链管理下，强调更多的是供应链各节点企业的合作与协调，提倡在各节点企业之间建立战略伙伴关系。这种战略伙伴关系主要体现在共同解决问题，共同制定决策和信息共享等方面。供应链管理模式强调和依赖战略管理，最终是对整个供应链进行战略决策。它遵循的原则是个体利益服从集体利益，即供应链中所有参与者的首要目标是整个供应链的总成本最小，效益最高，共同以最终客户满意为宗旨。这也是所有参与者制定决策的首要标准。

5. 供应链管理的交易费用最小性

供应链管理要求上下游企业之间从过去那种对抗竞争型的你输我赢关系，转变为双赢的战略合作伙伴关系，从供应链整体能够给客户带来的价值来评估企业的经营绩效。这就要求供应链中的合作伙伴能够信息共享、利益共享、风险共担，建立分工协作体制，充分发挥各伙伴成员的专业化优势。供应链中企业的联合是一种跨越组织边界、资产边界、职能边界、业务边界、经营边界的目的性较强、以某一订单或合同为合作依据的动态性自适应组织，由此才能产生来自企业却高于企业的供应链价值。每个成员企业通过在供应链中进行交易，至少可以获取边际收益，使企业能够生存。效率较高的企业甚至可以获得高于边际收益的利润，进而获得发展空间。与此同时，还需要特别指出的是，由于供应链在其内部消除了信息不对称现象，因此可以大大降低供应链节点企业之间的交易成本。

三、供应链管理的作用

1. 供应链管理能有效降低成本

党的二十大报告指出：加快发展物联网，建设高效顺畅的流通体系，降低物流成本。通过实施供应链管理，企业可以有效减少供应链节点企业之间的重复工作，删除流程中的多余步骤，从而使供应链流程简单化、高效化、低成本。同时，通过建立共享的数据交换系统，可以有效减少因信息交换不充分带来的重复与浪费，有效消除"需求放大"效应。此外，供应链节点企业之间实现全流程的无缝作业，可以大大提高接口工作效率，减少失误与浪费，有效降低从供应商到用户流动过程中的订货费用和存储费用。供应链管理节点成本如图1-9所示。从成本方面看，供应链管理是通过注重产品最终成本来优化供应链的，这里提到的最终成本是指实际发生的到达客户时的总成本，包括采购时的价格及送货成本、存货成本等。

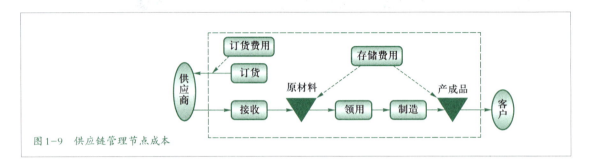

图1-9 供应链管理节点成本

2. 供应链管理能增加时间效用

供应链通过在全球范围内优化选择供应链节点企业，既可以实现相互的优势互补，又能实现对客户需求的快速有效反应，大幅度缩短从订货到完成交货的周期。此外，供应链管理通过将Internet / Intranet（因特网/内部网）作为技术支撑，使其节点企业能够实时获取并处理外部信息及链上信息，从而提高整个供应链对客户需求快速有效反应的能力，实现供应链各环节即时出售、即时制造、即时供应。也就是说，通过供应链各节点企业的优化组合，使需求信息获取与随后做出的反应尽量接近实时客户及最终客户，尽可能减少客户需求的提前期，从而获取市场竞争的时间优势，增加时间效用。

3. 供应链管理更新了物流理念

供应链管理加速了物流一体化发展。物流一体化是指不同职能部门之间或不同企业之间通过物流合作，达到提高物流效率、降低物流成本的目的。供应链管理通过实现物流一体化，改变供应链节点企业之间利益对立的传统理念，在整个供应链范围内建立起利益共享的协作伙伴关系。供应链管理把从供应商开始到最终消费者的物流活动作为一个整体进行统一管理，始终从整体和全局上把握物流的各项活动，使整个供应链的库存水平降至最低，实现供应链整体物流最优化。

4. 供应链管理能发挥整体优势

当今的国际市场竞争是全方位的竞争，很多企业已经感到仅凭借自己的努力在日益激烈的市场竞争中已力不从心，有必要集合多个企业结成有机整体，共同参与竞争，而联盟的对象首先是与本企业业务内容相关的上下游企业。实施供应链管理使原来客观存在的供应链有机连接起来，使"链"上的各个企业都受益。供应链管理与传统的渠道成员之间的"纵向一体化"联合是不同的。通常所说的"纵向一体化"联合是指上游供应商与下游客户之间在所有权上的纵向合并，以前人们认为这是一种理想的渠道战略，但现在企业更多注重发挥核心业务的优势，"纵向一体化"联合的作用日渐减小，因此采用"资源外购"或"业务外包"，即除了自己的核心业务外，其他所需要的产品或服务一律从其他企业采购，成为当今企业发挥自己专业优势的一种策略。

试一试：绘制供应链网链架构图。

要　求：到附近一家超市购买一瓶矿泉水，考察这瓶矿泉水的进货渠道并追溯其生产企业的分销渠道，绘制一幅该矿泉水所在的供应链网链架构图。

注　意：确定该供应链核心企业的定位。

四、供应链管理的内容

供应链管理覆盖了从供应商的供应商到客户的客户的全部过程，涉及供应商、制造商、批发商、零售商、物流商的全部业务领域，内容复杂，管理难度大。若从内容模块划分，供应链管理的内容可分为供应管理、生产计划管理、物流管理和需求管理四个模块，如图1-10所示。不论是供应链的构建，还是供应链的优化、供应链的运作，以及供应链管理的实战操作，均与这四个模块密切相关。

动画：供应链管理的内容、流程、目标演示

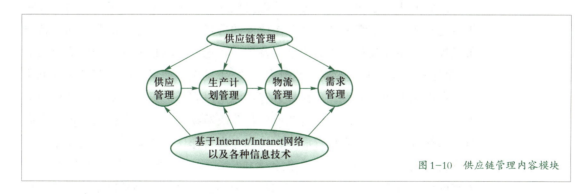

图1-10 供应链管理内容模块

供应链管理以同步化、集成化为策略，以各种信息技术为支撑，尤其依赖 Internet / Intranet 网络，以提高用户服务水平，降低总交易成本，并寻求两者之间的最优值。供应链管理主要包括以下几方面的关键业务：

1. 客户服务管理

客户是供应链管理的核心和基本出发点。供应链管理的第一步就是要寻求对企业经营至关重要的那些关键客户，并与他们发展合作关系。

对客户的服务水平有时与交易前相关因素或交易前企业的活动有关。它涉及客户对企业信息（产品和服务信息）的获取，以及相关企业间是否存在联系。满足个别客户要求的灵活性可能是衡量质量、赢得订单的重要因素。

对客户的服务水平有时与交易中那些对客户订单履行有影响的因素有关。产品的现货率（由仓库供货）就是其中一个因素。如果必须按需生产产品或提供服务，则订单周期将具有关键影响。企业可以在交付期内向用户提供当前信息（如订单当前状态、产品所处位置），货物交付时也可提供一些附加服务，如介绍产品的使用、维护方法等。

对客户的服务效果往往还与交易后因素有关。这主要与订单履行后所提供的服务有关，它包括维修或更换有缺陷的配件、维护保养服务、处理客户投诉的方法和产品保修等。

2. 信息管理

信息管理是供应链管理的关键内容之一。要真正实现供应链管理潜能的最大化，信息流必须是双向的。从订单传输到供应商接收订单，订单的履行，一直到接收并检验货物。企业与消费者（Business to Consumer，B2C）之间交流的目的是通过互联网接触不同的最终客户。这方面有一些新的问题，如使客户较容易得到产品或服务信息、支付中的安全问题，最后是将产品或服务运送至消费者的问题。B2C电子商务模式开启了一条通向最终客户的新的营销渠道，提供了一种将最终客户纳入供应链的方法。

3. 合作关系管理

供应链伙伴之间的合作关系管理是供应链管理的又一个重要内容，即将供应链看作一个组织来经营。合作伙伴的选择之初应该分析那些与向某特定市场提供产品或服务有关的活动。首先，将这些活动指派现有的供应链成员（如果这些活动与他们的核心竞争力有关）。其次，如果产品和服务是标准化的，在市场上随处可得，且在最终客户看来没有任何差异，则可以从供应链外部进行采购。最后，在"自营或外包"决策期间，寻找合作伙伴加入供应链。选择合作伙伴不应只看成本，还应考虑合作伙伴未来对供应链竞争力提供支持的能力。适当的企业文化和为供应链整体发展做出贡献也非常重要。未来的伙伴可能会为生产流程带来特殊诀窍、产品或产品开发中的秘诀。如果管理全球供应链，还要考虑其他因素，如税收、汇率等。

4. 流程管理

供应链管理以流程为导向，其目的是以最有效率的方法协调订单履行过程中涉及的所有活动。流程管理开始时要对现有供应链、各节点企业所承担的任务进行分析。关键绩效指标可以显示供应链管理中（尤其是成员之间的联结点）的弱点、瓶颈和不必要的内容。此后就可以对一些活动进行改进，同时对另一些活动进行调整。

现代供应链的生产计划往往是"拉式"状态，企业要进行柔性生产以适应频繁的市场需求变化。生产流程管理的改进可以缩短生产周期，提高客户响应速度。

5. 库存管理

原材料、半成品以及产成品的库存管理是供应链管理的重点，也是评估供应链管理成功与否的主要指标。对于库存管理，一方面必须能客观合理满足客户需求，另一方面又要尽力降低供应链成本。为了保持商品库存供求的平衡，需要对供应链进行综合管理以避免不必要的积压。供应链内部的信息共享将大大地促进节点企业"零库存"目标的实现，从而提高供应链的整体效益。

6. 成本管理

降本增效是供应链管理的重要目标。在供应链管理环境下，供应链节点企业在决策时需要考虑它们的经营方式与活动会对上游节点或下游节点直至最终用户产生何种影响。节点企业往往试图使自己的成本最低化，但是这种做法可能会伤害到供应商或客户。有时，企业仅仅是没有意识到它们的战略和行动的影响。在当今的经营环境下，全球供应链之间展开了激烈的竞争，节点企业不得不运用信息共享、合资等方式来配合其供应链活动以完成成本目标，这些必须以一定的系统理论和总成本分析为基础。通过供应链管理，实现降本增效，助推产业转型，将成为各节点企业的主要目标。

五、供应链管理的流程

1. 制订供应链战略计划

将企业的业务目标同现有能力及绩效进行比较，找出现有供应链的明显缺点；同关键客户和供应商一起探讨、评估外部的技术和竞争环境，建立供应链的远景目标；制订从现实过渡到理想供应链目标的行动计划，同时评估企业实现这种过渡的现实条件。

2. 构建供应链

第一，明确企业在供应链中的定位。任何企业都不可能包揽供应链的所有环节，它必须根据自己的优势确定自己的位置，制定相应的发展战略。第二，建立物流配送网络。企业的产品能否通过供应链快速分销到目标市场上，取决于供应链上物流、配送网络的健全程度，以及市场开发状况等，物流配送网络是供应链存在的基础。第三，广泛采用信息技术。现代信息技术是供应链健康运转的依托，供应链核心企业必须建立供应链管理的信息系统。

3. 更新供应链

随着企业内外部环境的变化，供应链要保持竞争优势，必须对其流程及时进行更新改造。企业供应链流程可从广度和深度两个角度来思考，企业供应链流程的改造在本质上往往从使命导向或问题导向来衡量。使命导向追求差异化，问题导向追求效率化。使命导向改造的重点是关键流程及其整合，问题导向改造的重点则是流程分析与原因确认。

4. 评估供应链

供应链管理绩效评估指标应该是基于业务流程的，它能够反映整体运营的状况以及上下游节点企业之间的运营关系，而不是孤立地评估某一节点企业的运营情况。对于供应商的评估有循环期、交货准时性、产品质量保障等指标；对于制造商的评估有循环期、交货可靠性、产品质量保障等指标；而对于分销商的评估指标有循环期、订单完成情况等。

关于供应链的管理流程，20世纪末美国物流专家道格拉斯·兰伯特（Douglas M. Lambert）等从客户关系管理、客户服务管理、需求管理、订单配送管理、制造流程管理、采购及供应商管理、产品开发与商品化管理、反向物流等方面进行了分析，如图1-11所示。

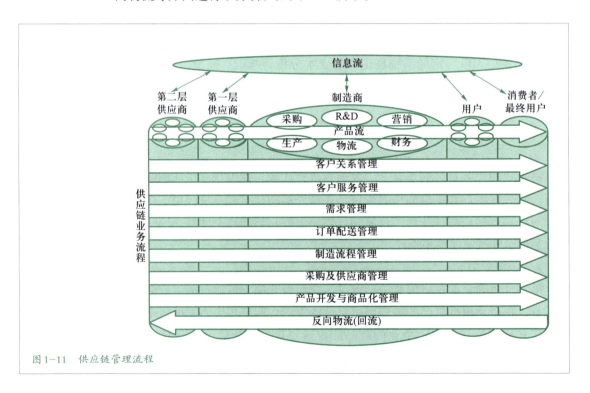

图1-11 供应链管理流程

六、供应链管理的目标
供应链管理的目标是通过调节总成本最低化、客户服务最优化、总库存最小化、总周期最短化，以及物流质量最优化等目标之间的冲突，最终实现供应链绩效最大化。

1. 总成本最低化

采购成本、运输成本、库存成本、制造成本，以及供应链物流的其他成本费用都是相互联系的。因此，为了实现有效的供应链管理，必须将供应链中各节点企业作为一个有机整体来考虑，并使实体供应物流、制造装配物流与实体分销物流之间达到高度均衡。从这个意义出发，总成本最低化目标并不是指运输费用或库存成本，或其他任何单项活动的成本最低，而是指整个供应链运作与管理的所有成本的总和达到最低。

2. 客户服务最优化

党的二十大报告指出：深化国资国企改革，加快国有经济布局优化和结构调整，推动国有资本和国有企业做强做优做大，提升企业核心竞争力。优化民营企业发展环境，依法保护民营企业产权和企业家权益，促进民营经济发展壮大。在激烈的市场竞争中，当许多企业都能在价格、特色和质量等方面提供类似的产品时，差异化客户服务能带给企业独特的竞争优势。纵观当前的大多数行业，消费者都有广泛而多样化的选择余地。企业提供的客户服务水平，直接影响到它的市场份额和物流总成本，并且最终影响其整体利润。供应链管理的目标之一就是通过上下游企业协调一致的运作，保证达到客户满意的服务水平，吸引并保留客户，最终实现企业的价值最大化。

3. 总库存最小化

传统的管理思想认为，库存是维系生产与销售的必要措施，因而企业与其上下游企业之间的活动只是实现了库存的转移，整个社会库存总量并未减少。按照JIT（Just-in-Time）管理思想，库存是不确定的产物，任何库存都是浪费。因此，在实现供应链管理目标的同时，要使整个供应链的库存控制在最低程度。"零库存"反映的正是这一目标的理想状态。所以，总库存最小化目标的达成，要依靠实现对整个供应链的库存水平与库存变化的最优控制，而不只是单一成员企业库存水平的最低。

4. 总周期最短化

在当今的市场竞争中，时间已成为竞争成功最重要的要素之一。当今的市场竞争不再是单一企业之间的竞争，而是供应链与供应链之间的竞争。从某种意义上讲，供应链之间的竞争实质上是时间的竞争，即必须实现快速有效的反应，最大限度地缩短从客户下订单到交货的总周期。

5. 物流质量最优化

企业产品或服务质量的优劣直接影响到企业的成败。同样，供应链节点企业服务质量的优劣直接影响到供应链的存亡。如果在所有业务流程完成以后，发现提供给最终客户的产品或服务存在质量缺陷，就意味着所有成本的付出将不会得到有效的补偿，供应链管理下的所有物流业务活动都会变为非增值活动，从而导致整个供应链的价值无法实现。因此，实现与保持服务质量最优化，也是供应链管理的重要目标。而这一目标的实现，必须从实现原材料、零部件供应的零缺陷开始，直至供应链管理全过程、全方位质量的最优化。

就传统管理思想而言，上述目标之间呈现出互斥性，即客户服务水平的提高、总周期的缩短、交货品质的改善必然以库存、成本的增加为前提，因此无法同时实现最优。如果运用集成化管理思想，从系统观点出发，改进服务、缩短时间、提高品质与减少库存、降低成本是可以兼得的。这是因为只要供应链的基本流程得到改进，就能提高工作效率、消除重复与浪费、缩减员工数量、减少客户抱怨、提高客户忠诚度、降低库存总水平、减少总成本支出。

<<<<<<<<<<<<<<<  <<<<<<<<<<<<<<<<<<<<<<<<<<<<<<<<<<<<<<<<<<

一、实训名称

供应链课程引入实训——认识供应链。

二、实训目标

利用食物链生动形象地引入供应链课程的学习。

三、环境要求

物流实训室，应配备：

（1）进行软件和动画实训时，应配备计算机40台。

（2）进行实景实训时，应配备5组桌椅。

四、情境描述

供应链上各企业之间的关系与生物学中的食物链有一定的共通之处。根据生态系统中自下而上构建的食物链这一生态现象，通过定义各级生物活动的局部规则来实现食物链系统的优化，并把它应用于供应链管理中企业联盟的企业伙伴挑选与生产能力分配问题。

在"草—兔子—狼"这样一个简单的食物链中，如果把兔子全部移出草原，那么草就会疯长，狼就会因兔子的灭绝而饿死。可见，食物链中的每种生物之间是相互依存的，破坏食物链中的任何一种生物会导致食物链断裂，最终破坏生态平衡。

在供应链中，首先要明确产品所处的不同阶段，在产品所处的不同阶段行使不同职能的企业形成一个完整的供应链链条。

五、工作流程

工作流程见图1-12。

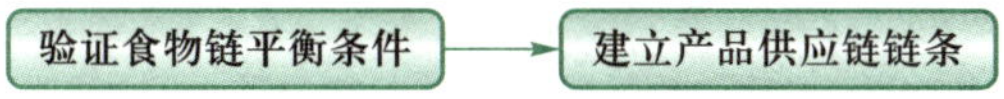

验证食物链平衡条件 → 建立产品供应链链条

图1-12 工作流程

六、操作步骤

（1）设定平衡食物链成员比例，改变食物链不同成员数量，体验食物链关系被打破后生态平衡破坏的后果。

（2）选择产品所处的不同生命周期，对应供应链不同节点，正确行使其职能，体验不同类型的供应链。

七、注意事项

在以食物链引入供应链的实训过程中，要注意从各级生命活动的局部规则与供应链管理中企业联盟的伙伴挑选与生产能力分配方面理解，同时要注意，食物链中的各级生物之间是弱肉强食的关系，而供应链中各节点企业之间应结成战略合作关系以利于整体效益的发挥。

八、实训报告

请填写表1-2中的实训报告。

表1-2 实 训 报 告

《供应链管理》实训报告					
班级		姓名		时间	
实训内容	供应链课程引入实训——认识供应链			分数	
实训目的					
实训步骤					
我的做法					
我的结论					
我的想法					

 同步测试 <<<<<<<<<<<<<<<<<<<<<<<<<<<<<<<<<<<<<<<<<<<<<<<<<<<<

一、判断题

1. 供应链不仅是一条连接供应商到用户的物料链、信息链、资金链，而且是一条增值链。（　　　）

2. 传统管理模式是以规模化需求和区域性的卖方市场为决策背景，通过规模效应降低成本，获得效益。（　　　）

3. 供应链管理这一名词最早出现于20世纪80年代，最初是由咨询业提出的。（　　　）

4. 让最终顾客更满意是供应链全体成员的共同目标，顾客满意的实质是顾客获得超出他们承担的产品价格以上的那部分"价值"。（　　　）

5. 供应链管理以同步化、集成化生产计划为指导，以各种信息技术为支持，尤其以Internet / Intranet为依托。（　　　）

6. 供应链管理整体成本最小化意味着每个节点企业的成本都最小。（　　　）

7. 从成本方面看，供应链管理是通过注重产品最终成本来优化供应链的。（　　　）

8. 由于供应链节点企业有共同目标，所以它们之间不再具有竞争性。（　　　）

9. 供应链管理中的"零库存"就是指节点企业的库存为零。（　　　）

10. 从系统的观点出发，改进服务、缩短时间、提高品质与减少库存、降低成本是可以兼得的。（　　　）

二、单项选择题

1. 供应链是（　　　）结构。

    A. 直链   B. 支链

    C. 网链   D. 环状

2. 供应链节点企业之间是一种（　　　）关系。

    A. 需求与供应   B. 支配

    C. 平等   D. 利益

3. 供应链管理因企业战略和适应市场需求变化的需要，供应链节点企业需要动态更新，这就使得供应链具有明显的（　　　）。

    A. 复杂性   B. 动态性

    C. 交叉性   D. 灵活性

4. 从20世纪80年代初到20世纪90年代初，供应链管理处于（　　　）。

    A. 初级阶段   B. 发展阶段

C. 成熟阶段   D. 建设阶段

5. 按照道格拉斯·兰伯特的思想，企业主动召回有问题的已售商品，属于供应链业务流程中的（　　　）。

A. 订单配送   B. 反向物流（回流）

C. 需求管理   D. 制造流程管理

三、多项选择题

1. 传统"纵向一体化"管理模式存在的弊端有（　　　）。

A. 增加了企业的投资负担

B. 要承担丧失市场时机的风险

C. 有限的资源消耗在众多的经营领域中，企业难以形成核心竞争能力

D. 对于复杂多变的市场需求无法做出快捷的响应

E. 适应品种变化能力差

2. 供应链追求（　　　）的集成。

A. 物流   B. 信息流   C. 资金流

D. 工作流   E. 组织流

3. 供应链管理涉及的领域主要包括（　　　）。

A. 供应   B. 生产计划   C. 物流

D. 需求   E. 流程

4. 供应链管理的目标在于（　　　）。

A. 总成本最低化   B. 客户服务最优化   C. 总库存最小化

D. 总周期最短化   E. 物流质量最优化

5. 供应链管理流程包括（　　　）。

A. 制订供应链战略计划   B. 构建供应链   C. 更新供应链

D. 评估供应链   E. 合并供应链

四、简答题

1. 什么是供应链？它具有哪些特征？

2. 供应链管理是如何产生的？

3. 什么是供应链管理？其内涵是什么？

4. 供应链管理有哪些内容？

5. 供应链管理有哪些特点？

6. 供应链管理的作用有哪些？

7. 简述供应链管理的基本流程。

8. 供应链管理大体上可分为哪几个阶段？

9. 简述供应链管理与物流管理的区别。

10. 在我国企业中应用供应链管理具有哪些意义？

五、论述题

1. 为什么说"21世纪的竞争不再是企业与企业之间的竞争，而是供应链与供应链之间的竞争"？

2. 如何发挥供应链管理的优势？

知识目标

- 掌握推式供应链和拉式供应链的本质

- 熟悉供应链的类型

- 掌握供应链的链状结构和网状结构

- 了解供应链设计的原则

- 掌握供应链设计的方法

- 熟悉供应链设计的步骤

技能目标

- 能够正确区分推式供应链、拉式供应链和推—拉混合式供应链

- 能够根据相关素材构建一种产品对应的供应链

- 能够剖析供应链中的各种节点

- 能够利用网络图形法和CIMS-OSA框架法进行供应链设计

素养目标

- 培养市场思维，增强对新时代如何提高企业综合竞争实力的认识

- 培养逻辑思维，提高其缜密的流程意识及合作共赢理念

【思维导图】

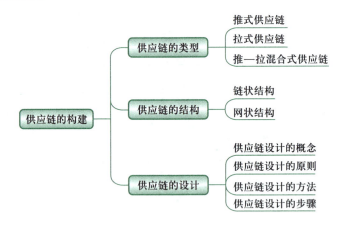

【引例】

惠普台式打印机供应链的构建

惠普公司是全球最大的打印机生产商，DeskJet打印机是其主要产品之一。在以往的生产经营模式下，为了保证顾客订单98%的即时满足率，各产品配送中心需要保证7周的安全库存。分销商希望降低库存，快速满足客户需求，结果导致惠普公司供货压力增大，从而不得不采用备货生产（Make-to-Stock）方式，分销中心成为有大量安全库存的库存点，占用了大量的流动资金。为了扭转这种局面，惠普公司决定构建新的供应链，以减少库存和提高服务质量。

在构建新供应链的过程中，供应商、制造点、分销中心、经销商和消费者组成打印机供应链的各个节点，供应链是一个由采购原材料，把原材料转化为中间产品和最终产品，最后交到客户手中的过程所组成的网络（如图2-1所示）。

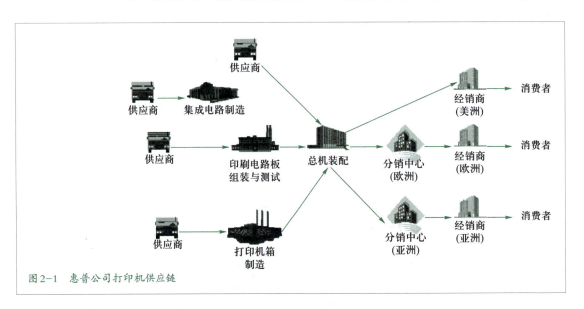

图2-1 惠普公司打印机供应链

惠普公司自构建新的供应链以来，原来需要7周完成的成品库存量现在只需要5周即可完成，一年大约可以节约3 000万美元，电路板组装与总装厂之间也基本实现无库存生产。

通过供应链管理，惠普公司实现了降低库存、提高服务水平的目标。通过改进供应商管理，减少了生产不确定性并缩短了停工等待时间。除了降低成本，客户延迟策略使得产品在企业内的生命周期缩短，从而对需求预测的不准确性及外界的需求变化都具有很好的适应性，一旦发现决策错误，可以在不影响客户利益的情况下以较小的代价较快地加以纠正。

引 例分析

实施供应链管理能更好地实现对客户需求和市场的快速反应，同时，又通过降低库存达到降低各环节运营成本的目的。

第一节　供应链的类型

建立一条供应链的最终目标是满足客户需求，同时实现企业的利润。它包括所有与满足客户需求相关的环节，不仅包括制造商和供应商，还包括运输、仓储、零售和顾客本身。客户需求是供应链的驱动因素，一条供应链正是从客户需求开始，逐步向上延伸的。例如，当一个顾客走进商店购买洗发水，供应链就开始于这个顾客对洗发水的需求，这条供应链上的节点依次是此商店、运输商、分销商、生产工厂。企业管理的出发点不同，会导致供应链的驱动力和供应链的流动方向不同，按照这个观点，供应链的类型可以分为推式供应链和拉式供应链。

微课：供应链的类型

一、推式供应链

推式供应链是以制造商为核心企业，根据产品的生产和库存情况，有计划地把商品推销给客户，其驱动力源于供应链上游制造商的生产。推式供应链如图2-2所示。

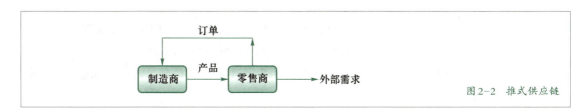

图2-2　推式供应链

在推式供应链中，生产和分销的决策都是制造商根据长期预测的结果做出的。也就是说，制造商利用从零售商处获得的订单进行需求预测。事实上，企业从零售商和仓库那里获取订单的变动性要比顾客实际需求的变动性大得多，这就是通常所说的"牛鞭效应"（Bull-Whip-Effect），这种现象会使企业的计划和管理工作变得很困难。例如，制造商不清楚应如何确定生产能力，如果根据最大需求确定，就意味着大多数时间内制造商必须承担高昂的资源闲置成本；如果根据平均需求确定生产能力，在需求高峰时期需要寻找昂贵的补充资源。同样，对运输能力的确定也面临这样的问题：是以最高需求为准还是以平均需求为准呢？因此，在一个推式供应链中，经常会发现由于紧急生产转换引起的运输成本增加、库存水平提高或生产成本增加等情况。

推式供应链对市场变化做出反应需要较长的时间，可能会导致一系列不良反应。例如在需求高峰时期，难以满足顾客需求，导致服务水平下降；当某些产品需求消失时，会使供应链产生大量的过时库存，甚至出现产品过时等现象。

二、拉式供应链

拉式供应链是以客户为中心，关注客户需求的变化，并根据客户需求组织生产，如图2-3所示。在这种运作方式下，供应链各节点的集成度较高，有时为了满足客户差异化需求，不惜追加供应链成本，属于买方市场下供应链的一种表现类型。

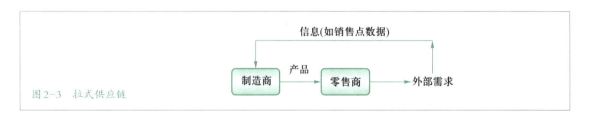

图2-3　拉式供应链

在拉式供应链中，生产和分销是由需求驱动的，这样生产和分销就能与真正的顾客需求而不是预测需求相协调。在一个真正的拉式供应链中，企业不需要保留太多库存，只需要对订单做出反应。

拉式供应链有以下优点：

（1）通过更好地预测零售商订单的到达情况，可以缩短提前期。

（2）由于提前期缩短，零售商的库存可以相应减少。

（3）由于提前期缩短，系统的变动性减小，尤其是制造商面临的变动性减小。

（4）由于变动性减小，制造商的库存水平降低。

（5）在一个拉式供应链中，系统的库存水平有了很大下降，从而提高了资源利用率。当然，拉式供应链也有缺陷。最突出的表现是由于拉动系统不可能提前较长时间制订计划，因而生产和运输的规模优势也难以体现。

拉式供应链虽然具有许多优势，但要获得成功并非易事，需要具备以下两个相关条件：其一，必须有快速的信息传递机制，能够将顾客的需求信息（如销售点数据）及时传递给不同的供应链节点企业。其二，能够通过各种途径缩短提前期。如果提前期不太可能随着需求信息的及时传递缩短时，拉式供应链是很难实现的。

推式供应链与拉式供应链的优缺点如表2-1所示。

表2-1　推式供应链与拉式供应链的优缺点

供应链类型	优点	缺点
推式供应链	能实现运输和制造的规模经济；利用库存平衡供需之间的不平衡，增加了系统产出并提高了设备利用率；供应链的实施比较容易	不能快速响应市场；由于"牛鞭效应"导致库存量较大，当某些产品需求消失时，产品容易过时；生产批量更大且更容易变动；企业间信息沟通少，协调性差，服务水平较低
拉式供应链	能更好地满足客户个性化的需求；有效缩短提前期；随着提前期缩短，零售商库存降低；制造商的库存降低；系统成本降低	对各节点及供应链技术基础的要求较高；其实施有一定难度，难以实现制造和运输的规模经济；设备利用率较低，管理复杂

三、推—拉混合式供应链

推式供应链和拉式供应链各有其优点及局限性，并且两者之间存在相当大的互补关系。如拉式供应链难以实现制造和运输的互补关系，而推式供应链则可以实现。因此将推式供应链和拉式供应链结合形成一种新的供应链更为有效。这种可以扬长避短，既能有效响应市场、降低库存，又能实现规模经济、降低实施难度的供应链模式可以称为推—拉混合式供应链（如图2-4所示）。

推—拉混合式供应链

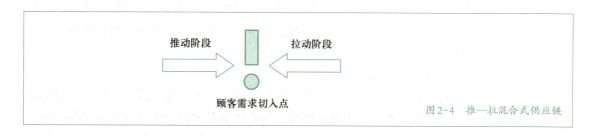

推动阶段　　拉动阶段

顾客需求切入点

图2-4　推—拉混合式供应链

推—拉混合式供应链结合了推式供应链和拉式供应链的优点，扬长避短，既可以为顾客提供定制化产品和服务，又可以实现规模经济。具体而言，其优势主要表现在以下六个方面：

1. 降低库存与物流成本

推—拉混合式供应链是在中间产品被生产出来后，就暂停其增值活动，以规格、体积和价值有限的通用半成品形式存放，直至收到用户订单后，才进行下一步加工活动。相对于产成品运输而言，半成品的体积、重量、规格都小得多，运输费用和可能产生的差错会减少到最低程度。这就降低了存货与运输成本。

2. 增加最终产品型号，能更好地满足顾客的差异化需求

在推—拉混合式供应链中，无差异产品采用标准化设计方式，这是预测驱动；在此基础上发展变形产品，这是需求驱动，形成差异化产品，以此扩大基础产品的适用范围。能用较少品种规格的零部件拼合成顾客需要的多样化产品，以更低的成本提高顾客满意度，减少由于供需不一致而损失的销售额。

3. 可以实现规模生产和规模运输

在推动阶段，制造商根据预测，大规模生产半成品或通用化的各种产品，因此可以形成规模生产和规模运输，从而降低了生产成本和运输成本。

4. 缩短交货提前期，提高快速反应能力

运用推—拉混合式供应链时，根据市场需求的不断变化，将生产过程分为变与不变两个阶段，将不变的通用化生产过程最大化，实现规模经济。根据预测事先生产出来的基础产品，以不变应万变，一旦接到订单，立即以较快速和高效率的方式完成产品的差异化生产，从而能以最快的速度将定制的产品交付到用户手中，提高了快速反应的能力。

5. 降低不确定性，减少企业风险

在采用推—拉混合式供应链的企业中，企业的存货基本上是以原材料和中间产品的形式存在的，这种存货占用资金少，适用面广，既能迅速满足顾客的多样化需求，又能大幅度降低存货的成本与风险，这就使企业所面临的不确定性降低，减少了产销不对路导致的存货跌价损失，有利于提高企业效益。

6. 实施难度相对不大，具有可行性

面对消费个性化、多样化，需求差异化、多元化以及产品生命周期越来越短的发展趋势，拉式供应链是一种有效满足消费者个性化需求的供应链运作方式。但是，一方面，拉式供应链的实施必须具备各节点集成度较高和信息交换迅速两个条件，同时要求供应链技术基础较高，而我国的很多企业

都不具备这些条件。另一方面，当提前期很长，以致无法切合实际地对需求信息做出反应时，通常也难以实施拉式供应链。而推—拉混合式供应链则在一定程度上克服了这些条件限制，降低了实施难度，具有可行性。

推动阶段和拉动阶段之间的分界点被称为顾客需求切入点（如图2-4所示），在切入点之前，是推动式的大规模通用化半成品生产阶段，能形成规模经济。生产是按预测进行，这些中间产品生产出来后，就保持这种中间状态，将后续的加工装配成型过程延迟，顾客的需求信息在切入点切入生产过程，接到用户订单后，根据掌握的订单信息，尽快将中间产品按客户的定制要求加工成最终产品，实现快速、有效的顾客反应。因此，切入点之后是拉动式的差异化产品定制阶段。

顾客需求切入点的位置可以进行调整，如果把切入点向供应链上游方向移动，顾客的需求信息会更早地进入生产过程，通用化的阶段就会缩短，按订单执行的活动范围会扩大。如果把切入点向供应链下游方向移动，产品的差异化定制时间会被进一步推迟，通用化的阶段会延长。通常应根据产品的特点和顾客的需求确定切入点的具体位置，如在建筑业，顾客需求通常会早在建筑物的设计阶段就被考虑。在计算机行业，顾客需求在计算机的装配阶段才被考虑。

同时要指出的是，延迟制造就是这两种供应链模式的整合。延迟制造是由制造商事先生产中间产品或可模块化的部件，待最终用户对产品的功能、外观、数量等提出具体要求后才完成生产与包装的最后环节。也就是无差异化的产品按照长期预测进行生产和运送，而差异化产品则根据市场需求做出反应，因此供应链从差异化开始的部分就是拉式供应链。

戴尔公司供应链的运作模式就是典型的推—拉混合式供应链（如图2-5所示）。戴尔公司不通过中间商或分销商销售产品，而直接面向顾客，它通过

谈一谈：

1. 简述推式供应链、拉式供应链、推—拉混合式供应链的定义并从定义中总结三种供应链的核心表现。

2. 推—拉混合式供应链是如何克服推式供应链、拉式供应链的缺点的？

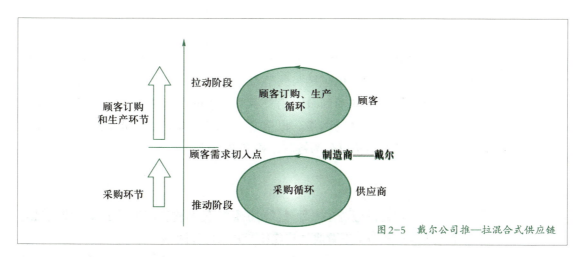

图2-5 戴尔公司推—拉混合式供应链

生产而不是成品库存来满足顾客需求，因此生产环节便成为顾客订购循环中顾客订单完成过程的组成部分。戴尔公司的供应链包括两个有效环节：一是顾客订购和生产环节；二是采购环节。戴尔公司的顾客订购和生产环节是由顾客订单下达启动的，因此可以将其归为拉动阶段。然而，戴尔公司并不依据顾客订单确定原材料订购，而是预测顾客需求，并据此补充库存。戴尔公司的采购环节是对需求预测的反应，因此可以将其归为推动阶段。

在推—拉混合式供应链中，供应链的某些层次，如最初的几层以推动的形式经营，其余的层次采用拉动式战略，这是推—拉混合式供应链中前推后拉的供应链组合战略。前例戴尔公司采用的就是这种模式。

推—拉混合式供应链的另一种形式是采取前拉后推的供应链组合战略，适用于那些需求不确定性高，但生产和运输过程中规模效益十分明显的产品和行业。家具行业是这种情况最典型的例子。一方面，一般家具生产商提供的产品在材料上相差不大，但在家具外形、颜色、构造等方面的差异却很大，因此它的需求不确定性较高。另一方面，由于家具产品的体积大，所以运输成本也非常高。此时就有必要对生产、分销策略进行区分。从生产角度看，一方面，由于需求不确定性高，企业不可能根据长期的需求预测进行生产，所以生产要采用拉式战略。另一方面，这类产品体积大，运输成本高，所以分销策略又必须充分考虑规模经济的特性，通过大规模运输降低运输成本。事实上，许多家具制造商正是采取这种战略。家具制造商是在接到顾客订单后才开始生产的，当产品生产完成后，将此类产品与其他所有需要运输到本地区的产品一起送到零售商的商店，进而送到顾客手中。因此，家具厂商的供应链战略是这样的：采用拉式战略按照实际需求进行生产，采用推式战略根据固定的时间表进行运输，这是一种前拉后推的组合供应链战略。

第二节　供应链的结构

从原材料供应商到最终消费者，所有的节点企业都处在供应链中。供应链节点企业不同，供应链与其节点的关联程度也不同。而一般来讲，一个产品从原材料供应商到最终消费者所构成的供应链会有多个节点，而这些节点便构成供应链的网络。根据这个网络中供应链成员及其工序连接的方式，供应链的结构可分为链状结构和网状结构。

一、链状结构

链状结构的供应链是一种最简单的供应链结构，即每一个节点成员只与一个上游成员和一个下游成员相连接，其结构如图2-6所示。

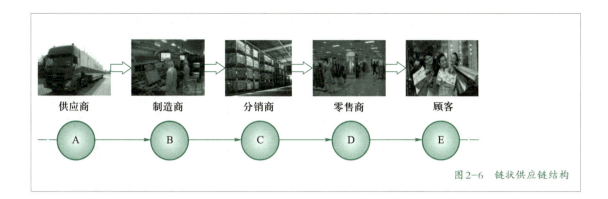

供应商　　　制造商　　　分销商　　　零售商　　　顾客

图 2-6　链状供应链结构

图 2-6 的上层模型只是一个简单的实体模型，表明供应链的基本组成和轮廓概貌。图 2-6 的下层是上层模型的进一步抽象，它把商家都抽象成一个个的点，称为节点，并用字母或数字表示。节点以一定的方式和顺序联结成一串，构成一条力学上的供应链。这种按照一定的方式和顺序联结成一串，构成一条力学上的供应链的利益链就称为链状结构供应链模型。

在链状结构供应链上所存在的资金流、物流、信息流方向是不同的。在正常销售情况下，资金流是由需求方向供应方流动的；当厂家或经销商退货时，资金流则由供应方向需求方流动；在正常销售情况下，物流是由供应方向需求方流动的；当产品出现问题需要返厂时，物流则是由需求方向供应方流动的；当产品信息发布时，信息流是由供应方向需求方流动的；当用户信息向上游企业反馈时，信息流则是由需求方向供应方流动的。

在图 2-6 链状供应链结构模型中，如果定义 C 为制造商时，可以相应地认为 B 为一级供应商，A 为二级供应商，而且还可递推地定义三级供应商、四级供应商；同样地，如果设定 D 为一级分销商，E 为二级分销商，并递推地定义三级分销商、四级分销商。一般来讲，一个企业应尽可能考虑多级供应商或分销商，这样有利于从整体上了解供应链的运行状态。

二、网状结构

增加或减少供应商、顾客的数量将会影响供应链的结构。当一个企业从单一源头供应商、顾客向多源头供应商、顾客转变时，供应链可能变得越来越宽，企业供应链单一的链状结构便发生变化，形成复杂的多向关联的网状结构。

供应链由所有加盟的节点企业组成，其中一般有一个核心企业（可以是产品制造企业，也可以是大型零售企业），节点企业在需求信息的驱动下，通过供应链的职能分工与合作（生产、分销、零售等），以资金流、物流和服务流为媒介实现整个供应链的不断增值。这种由围绕核心企业的供应商、

微课：供应链的网状结构

供应商的供应商和用户、用户的用户组成的网状利益链就被称为网状结构供应链模型。网状供应链结构如图2-7所示。

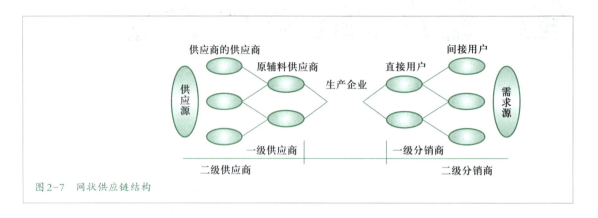

图2-7 网状供应链结构

网状供应链大多存在于产业供应链和全球网络供应链中，这种结构中的每一个节点企业至少与一个上游企业和一个下游企业相连接。这样连接成的供应链是一个网状的供应链，每一个环节都至少有一个或多个供应链企业，如果在某一节点只有一个企业，则该企业一定是这个供应链的核心成员，它对这个供应链将起到重要作用。

理论上，网状供应链模型可以涵盖世界上所有的企业，把所有企业都看作其中的一个节点，并认为这些节点之间存在一种需求与供应关系。这种供应链主要具有以下特征：

1. 复杂性

因为网状供应链节点企业组成的跨度（层次）不同，且网状供应链往往由多个、多类型甚至多国企业构成，所以网状供应链结构模式比一般单一企业的结构模式更复杂。

2. 动态性

网状供应链管理因企业战略和适应市场需求变化的需要，其中的节点企业需要动态更新，这就使得网状供应链具有明显的动态性。

3. 用户需求导向性

网状供应链的形成、存在、重构都是基于一定的市场需求，并且在供应链的运作过程中，用户的需求拉动是供应链中信息流、产品/服务流、资金流运作的驱动源。

4. 交叉性

节点企业可以是这个供应链的成员，同时是另一个供应链的成员，众多的供应链形成交叉结构，增加了协调管理的难度。

在网状供应链模型中，物流进行有向流动，从一个节点流向另一个节点。物流从某些节点补充流入，从某些节点分流流出。一般把物流进入的节点称为入点，把物流流出的节点称为出点（如图2-8所示）。图2-8中B节点为入点，E节点为出点。

对于有些厂家既为入点又为出点的情况，出于对网状供应链表达的简化，将代表这个厂家的节点一分为二，变成两个节点：一个为入点，一个为出点，并用实线将其框起来。

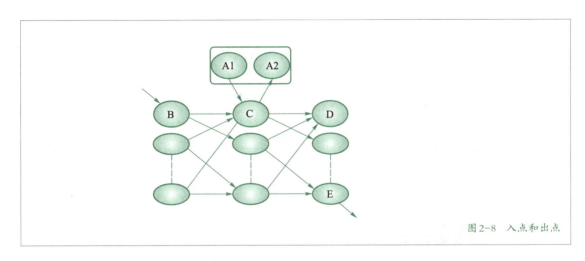

图2-8　入点和出点

在图2-8中，A1为入点，A2为出点。同样地，如有些厂家对于另一厂家既为供应商又为分销商，也可将这个厂家一分为二（甚至一分为三或更多），变成两个节点：一个节点表示供应商，一个节点表示分销商，也用实线将其框起来。

有些厂家规模非常大，内部结构也非常复杂，与其他厂家相联系的只是其中一个部门，而且其内部也存在产品供应关系，用一个节点表示这些复杂关系显然无法实现，这就需要将表示这个厂家的节点分解成很多相互联系的小节点，这些小节点就构成了一张网，被称为子网，其模型如图2-9所示。子网模型比较适合对企业集团的描述。

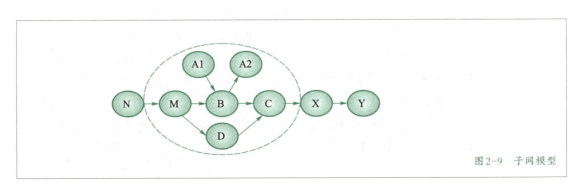

图2-9　子网模型

借助以上对子网模型的描述，可以把供应链网络上为了完成共同目标、通力合作并实现各自利益的企业形象地看成一个企业，这就是虚拟企业，如图2-10所示。虚拟企业的节点可用虚线框起来。虚拟企业是在经济交往中，一些独立企业为了共同的利益和目标在一定时间内结成的相互协作的利益共同体。虚拟企业组建和存在的目的就是获取相互协作并产生的效益，一旦这个目的已完成或利益不存在，虚拟企业即不复存在。

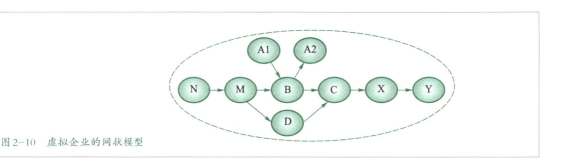

图2-10　虚拟企业的网状模型

行业洞察

认识供应链的三个维度

2017年10月，国务院办公厅发布的《关于积极推进供应链创新与应用的指导意见》提出，要"创新发展供应链新理念、新技术、新模式"。供应链可以从三个维度去理解：第一，供应链是战略思维；第二，供应链是模式创新；第三，供应链是技术进步。

中国已成为世界第二大经济体，是拉动世界经济发展的主要动力，因此中国企业必须具有自己的全球供应链战略思维。物流与供应链本质上是人类社会的一种实践活动，普遍存在于国民经济的生产、交换、分配和消费等各项社会活动过程中，是以企业为活动基点的。供应链可划分为国家供应链、产业供应链、城市供应链与企业供应链四个层面。在这四个层面中，企业供应链是基础，产业供应链与城市供应链是重点，国家供应链是根本。

严格地说，供应链管理也是一种模式创新，是移动互联网、大数据、云计算支撑下的模式创新。而在各种创新中，模式创新对传统模式具有冲击力。供应链管理的发展正在改变传统的商流、物流、信息流与资金流的运作模式。

供应链更是一种技术进步，这种技术进步体现在供应链可视化、绿色供应链、协同供应链、虚拟供应链、供应链金融、供应链风险、服务供应链、智慧供应链、物流机器人、区块链等各个方面。

第三节　供应链的设计

在我国经济由高速增长阶段转向高质量发展阶段的今天，供应链已成为企业运营的基础。随着供应链管理的深化，人们逐渐认识到单一供应链已逐渐落后于这个日新月异的时代。现代企业拥有多项业务能力已是普遍现象，不同产品或服务在供应链各个环节需要不同的策略。因此，对企业来说，设计一个科学的供应链是非常关键的。

微课：供应链的构建

一、供应链设计的概念

供应链设计是供应链管理中一个重要的战略决策问题，供应链设计直接影响供应链的运行效果。供应链设计是指从更广泛的思维空间、企业整体角度勾画企业蓝图。有效的供应链设计可以提高客户服务水平、降低系统成本、提高竞争力，而无效的供应链设计会导致浪费和低效。

首先，在供应链的设计中，创新性管理思维和观念较为重要，要把供应链的整体思维观融入供应链的构思和建设中，企业之间要有并行设计才能实现并行运作模式，这是供应链设计中最为重要的思想。

其次，供应链设计要考虑环境因素。一个设计精良的供应链在实际中并不一定能按照预想的情形运作，甚至无法达到预想的要求，这是主观预想与实际效果的差距，原因并不一定是设计或构想不完美，而是环境因素在起作用。因此，构建和设计一个供应链，一方面要考虑供应链的运行环境（区域、政治、文化、经济等因素），同时还应考虑未来环境的变化对实施供应链的影响。因此，要用发展的、动态的理念来设计供应链，无论是信息系统的构建还是物流通道设计都应具有较高的柔性，以提高供应链对环境的适应能力。

从企业角度看，供应链的设计是一个企业的改造问题，供应链所设计的内容任何企业或多或少都在实施。供应链的设计或重构不是要推翻现有的企业模式，而是要从管理思想革新的角度，以创新的观念武装企业。

二、供应链设计的原则

在供应链的设计过程中，要从宏观和微观两个原则展开分析，应遵循一些基本原则，以保证供应链的设计和重建能满足供应链管理思想得以实施和贯彻的要求。

1. 宏观设计原则

从宏观角度分析，供应链的设计应遵循的原则包括以下七个方面：

（1）顺序设计原则。在系统建模设计中，顺序设计原则是指可以采取自上而下和自下而上两种设计方法。自上而下的方法是从全局走向局部的方法，自下而上的方法是从局部走向全局的方法；自上而下是系统分解的过程，自下而上是一种集成的过程。在设计供应链系统时，往往是先由高层主管做出战略规划与决策，规划与决策的依据来自市场需求和企业发展规划，然后由下层部门实施决策，因此供应链的设计是自下而上和自上而下的综合。

（2）简洁性原则。简洁性是供应链的一个重要原则，为了使供应链具有灵活快速响应市场的能力，供应链的每个节点都应是简洁的、具有活力的，能实现业务流程的快速组合。例如，供应商的选择就应以少而精的原则，通过和少数供应商建立战略伙伴关系，减少采购成本，推动实施JIT采购法和准时生产。生产系统的设计更是应以精细思想为指导，努力实现从精细的制造模式到精细的供应链这一目标。

（3）集优原则。供应链各个节点的选择应遵循强强联合的原则，达到实现资源外用的目的，每个企业只将精力集中于各自核心的业务过程，就像一个独立的制造单元化企业。这些单元化企业具有自我组织、自我优化、面向目标、动态运行和充满活力的特点，能够实现供应链业务的快速重组。

（4）协调性原则。供应链业绩好坏取决于供应链合作伙伴关系是否和谐，因此，建立具有战略伙伴关系的合作企业关系模型是实现供应链最佳效能的保证。一个好的供应链系统应能充分发挥系统成员和子系统的能动性、创造性及系统与环境的总体协调性。

（5）动态性原则。不确定性在供应链中随处可见，许多学者在研究供应链运作效率时都提到不确定性问题。不确定性导致需求信息的扭曲。因此，要预见各种不确定因素对供应链运作的影响，减少信息传递过程中的信息延迟和失真，提高时效性。这就要求供应链的设计必须遵循动态性原则。

（6）创新性原则。创新设计是系统设计的重要原则，没有创新性思维就不可能有创新的管理模式，因此在供应链的设计过程中，创新性是一个很重要的原则。要构建一个创新的系统，就要敢于打破各种陈旧的思维框架，用新的角度和视野审视原有的管理模式和体系，进行大胆的创新设计。进行创新设计时要注意以下四方面：一是创新必须在企业总体目标和战略的指导下进行，并与战略目标保持一致；二是要从市场需求的角度出发，综合运用企业的能力和优势；三是发挥企业各类人员的创造性，集思广益，并与其他企业共同协作，发挥供应链整体优势；四是建立科学的供应链和项目评估体系及组织管理系统，进行技术经济分析和可行性论证。

（7）战略性原则。供应链设计应有战略性观点，通过战略性观点考虑减少不确定性影响。从供应链的战略管理角度考虑，供应链设计的战略性原则还体现在供应链发展的长远规划和预见性，供应链的系统结构发展应与企业的战略规划保持一致，并在企业战略指导下进行。

2. 微观设计原则

从微观角度分析，供应链的设计应遵循的原则包括以下五个方面：

（1）成本控制原则。成本管理是供应链管理的重要内容。供应链管理中经常出现成本悖反问题，即各种活动成本的变化模式常常表现出相互冲突的特征。解决冲突的方法是平衡各项成本使其达到整体最优，供应链管理就是要进行总成本分析，判断哪些因素具有相关性，从而使总成本最小。

（2）多样化原则。供应链设计的一条基本原则就是要对不同的产品、不同的客户提供不同水平的服务。要求企业将适当的产品在适当的时间、适当的地点传递给适当的客户。一般的企业生产多种产品，因此要面对产品的不同客户要求、不同的产品特征、不同的销售水平，也就意味着企业要在同一产品系列内采用多种战略，例如在库存管理中，要区分出销售不同速度的产品，销售最快的产品应放在位于最前列的基层仓库，依次摆放产品。

（3）推迟原则。推迟原则就是产品的运输时间和最终产品的加工时间应推迟到收到客户订单之后。这一思想避免了企业根据预测在没有实际产生需求的时候运输产品（时间推迟）并根据对最终产品形式的预测生产不同形式的产品（形式推迟）。

（4）合并原则。在战略规划中，将小批量运输合并成大批量运输具有明显的经济效益。但是，同时要平衡由于运输时间延长可能造成的客户服务水平下降与订单合并的成本节约之间的利害关系。通常当运量较小时，合并的概念对制定战略规划有一定作用。

（5）标准化原则。标准化原则的提出解决了满足市场多样化产品需求与降低供应链成本的问题。如生产中的标准化可通过可替换的零配件、模块化的产品和给同样的产品贴不同的品牌标签而实现。这样可以有效地控制供应链渠道中必须处理的零部件、供给品和原材料的种类。服装制造商无须存储众多客户需要的确切号码的服装，而是通过改动标准尺寸的产品来满足消费者的需求。

三、供应链设计的方法

1. 网络图形法

通过网络图形法设计供应链常常采用以下两种方式：一是单纯从物流通道建设的角度设计供应链；二是从供应链定位的角度选择在哪个地方寻找供应商，在哪个地方建设一个加工厂，在哪个地方组装，在哪个地方要有一个分销点等。设计所采用的工具主要是图形（如网络图），直观地反映供应链的结构特征，这种供应链的设计方法称为网络图形法。在设计中可以借助计算机辅助设计等手段进行。

网络图形法在描述供应链的组织结构及分布特征上比较直观，但不能反映供应链的性能特征（如经济特性），对分析供应链性能作用较小，但在供应链的组织分布结构描述上则是常用工具。

2. 数学模型法

数学模型法是研究经济问题普遍采用的方法。把供应链作为一个经济系统问题来描述，可以通过建立数学模型来描述其经济数量特征。比较适用的数学模型是系统动力学模型和经济控制论模型。特别是系统动力学模型更适合供应链问题的描述。系统动力学模型能良好地反映供应链的经济特征。

3. CIMS-OSA框架法

CIMS-OSA即计算机集成制造系统开放体系结构，它的建模框架是基于一个集成模型的四个建模视图：功能视图、信息视图、资源视图和组织视图。CIMS-OSA标准委员会建立了关于企业业务过程的框架，这个框架将企业的业务过程分为三个方面：管理过程、生产过程和支持过程。可以利用这个框架建立基于供应链管理的企业参考模型，特别是组织视图和信息视图，对供应链重构很有帮助。

四、供应链设计的步骤

供应链设计步骤如图2-11所示。

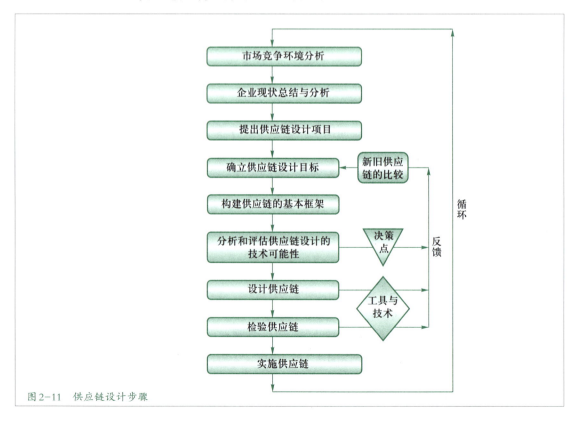

图2-11　供应链设计步骤

1. 市场竞争环境分析

市场竞争环境分析的目的在于找到针对哪些产品市场开发供应链才有效。企业要从现有的产品需求是什么，产品的类型和特征是什么去着手分析。分析市场特征时，要对卖家、用户和竞争者进行调查，提出诸如"用户想要什么""他们在市场中的作用有多大"之类的问题，以确认用户的需求和因卖家、用户、竞争者产生的压力。这一步要按照重要性排列出每种产品的市场特征，同时对市场的不确定性做出分析和评估。

2. 企业现状总结与分析

企业现状总结与分析主要是分析企业供需管理的现状（如果企业已经实施供应链管理，则分析供应链的现状）。这一步骤的目的在于研究供应链开发的方向，分析、发现、总结企业存在的问题及影响供应链设计的阻力等因素，而不在于评估供应链设计策略的重要性和适用性。

3. 提出供应链设计项目

提出供应链设计项目主要是针对存在的问题提出供应链设计项目，分析其必要性。围绕供应链的可靠性和经济性两大核心要求了解产品，提出供应链设计的目标，这些目标包括提高服务水平和降低库存与投资之间的平衡，以及降低成本、保障质量、提高效率、提高客户满意度等。

4. 确立供应链设计目标

确立供应链设计目标一般是根据基于产品的供应链设计策略提出供应链设计的目标。

主要目标在于获得高用户服务水平和低库存投资、低单位成本之间的平衡，同时还应包括以下目标：① 进入新市场；② 开发新产品；③ 开发新分销渠道；④ 改善售后服务；⑤ 提高用户满意程度；⑥ 降低成本；⑦ 通过降低库存提高工作效率等。

5. 构建供应链的基本框架

通过分析供应链的组成，构建供应链的基本框架。

供应链节点企业主要包括制造商、设备提供商、工艺服务商和供应商、分销商、零售商及用户，企业还应确定选择与评估的标准。

分析供应链节点企业的组成，构建供应链的基本框架；供应链的组成包括产品设计公司、制造工厂、材料商、外发厂（如表面处理）、物流伙伴；确定选择和评价的标准，包括质量、价格、准时交货、柔性、提前期（Lead Time，L/T）和最小订货量（Minimum Order Quantity，MOQ）、服务和管理水平等指标。

6. 分析和评估供应链设计的技术可能性

在可行性分析的基础上，结合本企业的实际情况为构建供应链提出技术选择建议。这也是一个决策过程，如果认为方案可行，就可进行下面的设计；如果不可行，就需要重新设计供应链，调整节点企业或建议客户更新产品设计。

7. 设计供应链

设计供应链需要解决的问题包括：

（1）确定供应链的组成，包括供应商、设备、工厂、分销中心的选择与定位、计划与控制。

（2）明确原材料的来源问题，包括供应商、价格、运输等问题。

（3）进行生产设计，包括需求预测、生产什么产品、生产能力、供应给哪些分销中心、价格、生产计划和跟踪控制、库存管理等问题。

（4）进行分销任务与能力设计，包括产品服务于哪些市场、运输、价格等问题。

（5）进行信息管理系统设计。

（6）进行物流管理系统设计等。

在供应链设计中会用到许多工具和技术，包括：归纳法、集体解决问题、流程图、模拟软件和设计软件等。另外，还要进行第三方物流的选择与定位、计划与控制等，以确定产品和服务的计划、运送和分配、定价等，设计过程中需要各节点企业的参与，以便未来有效实施。

8. 检验供应链

供应链设计完成后，应通过一定的方法、技术进行检验或试运行，如不能顺利运行，返回第四步重新设计；如果没有发现问题，就可实施供应链管理。

9. 实施供应链

供应链实施过程中需要核心企业的协调、控制和信息系统的支持，使整个供应链成为一个整体。但是，对于企业而言，市场环境是不断变化的，企业的供应链影响因素也会随着市场环境的变化而变化，因而企业的供应链也要随之进行调整。所以企业供应链的设计应该是一个循环过程。当影响企业的市场因素发生变化时，企业原有的供应链结构不利于企业效用的有效发挥，因而就需要企业修正或者重新设计供应链。

宁波舟山港的全球服务供应链

宁波舟山港是我国重要的集装箱远洋干线港、国内最大的铁矿石中转港和原油转运港、国内重要的液体化工储运基地，以及华东地区重要的煤炭、粮食储运基地，是国家的主要枢纽港之一。宁波舟山港是世界一流的现代化、综合型天然深水良港，兼具水路、公路、铁路、航空、管道等多种运输方式的多式联运服务中心。目前已形成以南北沿海、沿江港口为两翼，水路、公路、铁路并进的"枢纽港"发展格局，江海联运、水水中转、海铁联运、海河联运、公路"双重"运输等联动，为区域经济发展提供更加便捷、高效、经济的物流供应链服务。

2021年，宁波舟山港完成货物吞吐量12.24亿吨，连续13年位居世界第一；完成集装箱吞吐量超3 108万标准箱，稳居世界第三位。宁波舟山港承担了长江经济带45%的铁矿石、90%以上的油品中转量，1/3国际航线集装箱运输量，以及全国约40%的油品、30%的铁矿石、20%的煤炭储备量。

宁波舟山港之所以取得如此辉煌的成绩，其成功秘诀就在于其服务供应链的设计和运作。第一，内拓腹地，精心织密内地"无水港"节点网络，通过构建"一纵一横一射"三条跨区域、大容量、快速化的物流大通道，全面融入全国"三纵五横"骨干通道，促进了宁波舟山港与腹地"无水港"的有效对接；第二，外拓市场，构建国际港口节点的合作网络，以"一带一路"沿线国家和地区为重点，已与世界上180多个国家和地区的600多个港口开通250多条航线，形成了全球一流的物流服务供应链。

问题：

1. 宁波舟山港作为全球最大的货物贸易物流服务港，其供应链管理的基本思路是什么？

2. 查阅资料，描述宁波舟山港全球服务供应链的主要节点组成。

技 能训练 <<<<<<<<<<<<<<<<<<<<<<<<<<<<<<<<<<<<<<<<<<<<<<

一、实训名称

利用身边素材设计一个供应链。

二、实训目标

对形成供应链的各要素进行分析、整理、判断，并最终构建不同产品的供应链，达到利用身边素材构建一个供应链，培养供应链管理思想的目标。通过供应链结构分析与设计方面的训练，使学生掌握不同产品供应链的结构和基本的构建方法，并学会分析企业供应链结构的优点与不足，进而设计出更加科学的企业供应链。

三、环境要求

物流实训室：

（1）进行软件和动画实训时，应配备计算机40台。

（2）进行实景实训时，应配备5组桌椅。

四、情境描述

农产品供应链的原料供应阶段表现为农产品的种植；经储藏运输环节进入制造阶段，表现为深度与方向不同的加工过程，形成种类繁多的各类产品；再次经仓储运输进入流通领域，经批发零售送达客户手中。

服装供应链的设计首先要从详细的市场考察出发，确定产品类型后组织原材料的供应，组织生产，一般在配送环节进行产品的包装，进而通过网购直销、实体店批发零售进入流通销售阶段，最后送达客户手中。

机械产品供应链首先从订单开始，通过对订单的整合形成零配件的采购订单，零配件经运输后进入组装制造过程，并最终按客户要求送达客户。

五、工作流程

工作流程如图2-12所示。

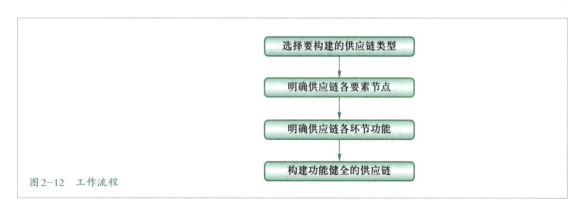

图2-12　工作流程

六、操作步骤

（1）选择要建立的供应链产品类型。

（2）在适当位置选择代表供应链不同节点的图片，并应用正确的功能工具，组成供应链。

（3）验证所形成的供应链效果。

七、注意事项

在实训过程中要充分运用生活中积累的经验，全面考虑，特别是需要多家供应商的时候。

注意工具的选用。

八、实训报告

请填写表2-2中的实训报告。

表2-2 实 训 报 告

《供应链管理》实训报告					
班级		姓名		时间	
实训内容	利用身边素材设计一个供应链			分数	
实训目的					
实训步骤					
我的做法					
我的结论					
我的想法					

同步测试 <<<<<<<<<<<<<<<<<<<<<<<<<<<<<<<<<<<<<<<<<<<<<<<<<<<<

一、判断题

1. 推式供应链是以零售商为核心企业，根据产品的销售和库存情况，有计划地把商品推销给客户，其驱动力源于供应链下游顾客的需要。（   ）

2. 推式供应链对市场变化做出反应需要较长的时间，可能会导致一系列不良反应。（   ）

3. 拉式供应链是以客户为中心，关注客户需求的变化，并根据客户需求组织生产。（   ）

4. 在拉式供应链运作方式下，供应链各节点集成度较高，有时为了满足客户的差异化需求，不惜追加供应链成本，属卖方市场下供应链的一种表现。（　　）

5. 推式供应链和拉式供应链各有优点及局限性，并且两者的优缺点之间存在较强的互补关系。（　　）

6. 推—拉混合式供应链结合了推式供应链和拉式供应链的优点，既可以为顾客提供定制化的产品和服务，又可以实现规模经济。（　　）

7. 在链状结构供应链上存在的资金流、物流、信息流方向是相同的。（　　）

8. 理论上网状供应链模型可以涵盖世界上所有的企业，把所有企业都看成是其中的一个节点，并认为这些节点之间存在一种需求与供应关系。（　　）

9. 在供应链网络上，为了完成共同目标、通力合作并实现各自利益的企业可以被看成是一个企业，这就是所谓的虚拟企业。（　　）

10. 供应链设计中的顺序设计原则是指在系统建模设计中，可以按照自上而下和自下而上的顺序进行设计。（　　）

二、单项选择题

1. （　　）是供应链的驱动因素，一条供应链正是从客户需求开始，逐步向上延伸的。
    A. 生产计划　　　　　　　　B. 安全库存
    C. 战略需要　　　　　　　　D. 客户需求

2. 推式供应链是以（　　）为核心企业，根据产品的生产和库存情况，有计划地把商品推销给客户，其驱动力源于供应链上游制造商的生产。
    A. 供应商　　　　　　　　　B. 制造商
    C. 分销商　　　　　　　　　D. 客户

3. 在推式供应链中，生产和分销的决策都是根据（　　）的结果做出的。也就是说，制造商是利用从零售商处获得的订单进行需求预测。
    A. 企业计划　　　　　　　　B. 库存需要
    C. 顾客需求　　　　　　　　D. 长期预测

4. 拉式供应链是以（　　）为中心，关注客户需求的变化，并根据（　　）需求组织生产。
    A. 供应商　　　　　　　　　B. 制造商
    C. 分销商　　　　　　　　　D. 客户

5. 人们把推动阶段和拉动阶段之间的分界点称为（　　）切入点。

A. 生产计划 　　　　　　　　　B. 安全库存

C. 战略需要 　　　　　　　　　D. 客户需求

三、多项选择题

1. 在正常销售情况下，链状结构供应链上的资金流方向是（　　　　　）。

　　A. 需求方向供应方流动 　　　B. 供应方向需求方流动

　　C. 供应方、需求方双向流动 　　D. 供应方、需求方单向流动

2. 网状供应链多存在于（　　　　　）中。

　　A. 产业供应链 　　　　　　　B. 全球网络供应链

　　C. 生产企业 　　　　　　　　D. 零售企业

3. 从宏观角度分析，不属于供应链设计原则的是（　　　　　）。

　　A. 推迟原则 　　　　　　　　B. 创新性原则

　　C. 多样化原则 　　　　　　　D. 战略性原则

4. 供应链的设计可以采用（　　　　　）等。

　　A. 网络图形法 　　　　　　　B. 数学模型法

　　C. CIMS-OSA框架法 　　　　 D. 头脑风暴法

5. 以下选项中是推—拉混合式供应链的优点的是（　　　　　）。

　　A. 降低了库存与物流成本

　　B. 满足了顾客的差异化需求

　　C. 实现了规模生产和规模运输

　　D. 提高了快速反应能力，降低了企业风险

四、简答题

1. 什么是推式供应链？推式供应链有哪些优缺点？

2. 什么是拉式供应链？拉式供应链有哪些优缺点？

3. 什么是推—拉混合式供应链？

4. 供应链的结构有哪些？

5. 供应链设计的概念、原则、方法、步骤是什么？

五、论述题

1. 推—拉混合式供应链如何结合推式供应链和拉式供应链的优势并避免了两者的不足？

2. 对学校当地的某个企业进行调研，根据调研所收集的资料，绘出该企业的供应链示意图，并回答该供应链的类型和核心企业。

知识目标

● 掌握供应链预测的意义和方法

● 了解供应链缺陷分析的流程

● 熟悉供应链管理的瓶颈

● 了解规避供应链风险的方法

● 掌握供应链合作伙伴关系的要点

● 熟悉供应链战略匹配

技能目标

● 能够进行供应链自身缺陷分析

● 能够通过消除供应链瓶颈、规避供应链风险和改善顾客服务质量等环节
　对某一供应链进行优化

● 能够为某一企业建立供应链合作伙伴关系并做好战略匹配

素养目标

● 培养风险防范意识，塑造新格局下的安全经营观

● 培养战略合作意识，塑造新环境下的团结协作观

【思维导图】

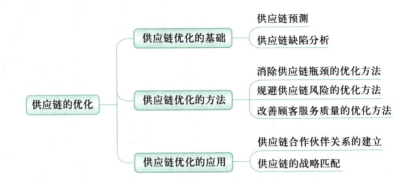

【引例】

"帮宝适"与"牛鞭效应"

"牛鞭效应"最早来自宝洁公司在生产管理中发生的案例。20世纪90年代中期,宝洁公司在对"帮宝适"婴儿尿布的销售状况进行检查时,发现一个奇怪的现象:零售商店的尿布销售虽然存在波动,但并不明显;然而分销商给宝洁公司的订单却波动得很厉害,进一步调查发现,供应商订购原材料的波动量更加惊人,由此导致了供应链上信息传递的扭曲。这就是著名的"牛鞭效应"。这显然会增加整条供应链节点企业的库存,增加成本,并降低整条供应链的稳定性。那么,如何优化供应链,使得供应链的效率更高呢?

引例分析

"牛鞭效应"的存在,使供应链各级需求变化日益显著,从而导致安全库存沿供应链向上游增大而积压了大量超过市场需求的库存。抑制"牛鞭效应"对大幅度减少库存具有决定性的影响。

第一节 供应链优化的基础

一、供应链预测

1. 供应链预测的意义

预测是对事物的演化预先做出的科学推测,供应链预测是供应链中所有计划的基础。回顾在第二章中学习的推—拉观点(Push-pull View),供应链中所有的推动流程(Push Process)都是建立在对顾客需求预测的基础上的。而拉动流程(Pull Process)是根据对市场需求的响应来进行的。就推动流程来说，供应链管理者必须规划活动的水平，包括生产、运输、采购以及定价等活动的水平；而对于拉动流程来说，供应链管理者们必须确定可用产能以及库存水平。无论对于推动流程还是拉动流程，供应链的管理者要做的第一步都是预测，预测顾客的需求是多少。

李宁牌产品供应链上的预测过程，如图3-1所示。"李宁"在荆门工业园内有7家核心供应商，7家核心供应商分别组建服装集团和鞋业集团，在该工业园内从事服装和鞋类生产。其中，广东顺德永达制衣有限公司、广东顺德勤顺针织有限公司、广东佛山南海KEE拉链公司、上海的面料提供商四家公司共同组建的湖北动能体育用品有限公司为李宁牌产品提供运动服装，它们也必须通过预测确定产量和库存水平。同样，由广东佛山力天鞋业有限公司、厦门厦福立鞋业有限公司、生产鞋底的泉州怡德公司合资成立的湖北福力德鞋业有限公司为李宁品牌提供慢跑鞋、足球鞋、篮球鞋、休闲鞋等各类运动鞋，它们也需要做好预测工作。而它们的供应商也必须进行预测，以便为它们及时提供原料。

说一说：供应链预测的重点在哪里？

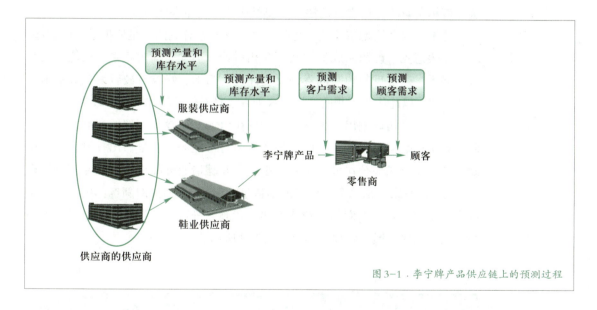

图3-1 · 李宁牌产品供应链上的预测过程

但是，当供应链的每个企业都独立进行预测的时候，预测过程常常是困难的，会造成需求与供给相脱离。而当整条供应链的企业合作进行预测的时候，结果就准确得多，这样可以提高整条供应链的绩效水平。很多供应链上的领导者都是通过合作预测来提高供给与需求匹配的能力。

一些有稳定需求的成熟产品较容易预测，如食盐与纸巾这样的日常用品。但是，当原材料供应量和成品需求量都难以预估时，进行预测难度将大大增加。例如，高档服饰就属于难以预测的商品，它们的销售季节比较短，一旦这类商品产量过大或不足，损失就很难弥补。因此，对这些商品进行准确预测就很重要，预测能够提供科学依据，能够避免一些决策失误。

2. 供应链预测的方法

预测通常是困难的，但是这并不能阻止人们进行预测。供应链的管理者在做出预测之前需要对众多因素进行了解，如过去的需求量及销售量、产品的提前期、计划价格折扣，以及竞争者采取的行动。例如，某饼干品牌计划在十月份进行打折销售，那么未来需求就有可能向十月份转移，企业在预测的时候必须考虑这个因素。

预测方法可分为定性预测与定量预测。定性预测是依靠预测者的知识及经验等做出的预测。定量预测则是通过对数据的分析而做出的预测。比较常用的预测方法主要包括：

（1）定性法（Qualitative）。定性法主要依赖于人的主观判断。在缺乏足够的统计数据或原始资料以及对某些影响因素难以量化或专家的见解十分重要的时候，采用这种方法是合适的。常见的定性预测方法包括：一般预测法、市场调研法、小组讨论法、历史类比法、德尔菲法等。

这里主要介绍德尔菲法。德尔菲法又称专家意见法，是依据系统的程序，匿名发表意见，即团队成员之间不互相讨论，不发生横向联系，只能与调查人员联系，通过反复填写问卷，反复征询、归纳、修改，最后汇总成基本一致的看法，以此作为预测的结果。这种方法具有广泛的代表性，较为可靠。

例：某公司研制出一种新产品，现在市场上还没有相似的产品出现，因此没有历史数据可以获得。但该公司需要对可能的销售量做出预测，以便于确定产量。于是该公司成立了专家小组，并聘请业务经理、市场专家和销售人员等8位专家，预测全年可能的销售量。8位专家通过对新产品的特点、用途进行了解，并对人们的消费能力和消费倾向进行深入调查，给出了个人判断，经过三次反馈得到预测结果如表3-1所示。

表3-1　专家反馈结果表　　　　　　　　单位：千件

专家编号	第一次判断			第二次判断			第三次判断		
	最低销售量	最可能销售量	最高销售量	最低销售量	最可能销售量	最高销售量	最低销售量	最可能销售量	最高销售量
1	500	750	900	600	750	900	550	750	900
2	200	450	600	300	500	650	400	500	650
3	400	600	800	500	700	800	500	700	800
4	750	900	1 500	600	750	1 500	500	600	1 250

续表

专家编号	第一次判断			第二次判断			第三次判断		
	最低销售量	最可能销售量	最高销售量	最低销售量	最可能销售量	最高销售量	最低销售量	最可能销售量	最高销售量
5	100	200	350	220	400	500	300	500	600
6	300	500	750	300	500	750	300	600	750
7	250	300	400	250	400	500	400	500	600
8	260	300	500	350	400	600	370	410	610
平均数	345	500	725	390	550	775	415	570	770

在预测时，最终一次判断是综合前几次的反馈做出的，因此一般以最后一次判断的数值为依据。如果按照8位专家第三次判断的平均值计算，则这个新产品的预测平均销售量为：

$$\frac{415+570+770}{3}=585（千件）$$

将最可能销售量、最低销售量和最高销售量分别按照0.50、0.20和0.30的概率加权平均，这样预测平均销售量为：

$$570\times0.50+415\times0.20+770\times0.30=599（千件）$$

用中位数计算，把第三次判断的数值按预测值高低排列如下：

最低销售量：　300　370　400　500　550

最可能销售量：　410　500　600　700　750

最高销售量：　600　610　650　750　800　900　1 250

中间项的计算公式为：中间项 $=\frac{n+1}{2}$（$n=$项数）

最低销售量的中位数为第三项，即400（千件）。

最可能销售量的中位数为第三项，即600（千件）。

最高销售量的中位数为第三项和第四项的平均数，即700（千件）。

将最可能销售量、最低销售量和最高销售量分别按照0.50、0.20和0.30的概率加权平均，则预测平均销售量为：

$$600\times0.50+400\times0.20+700\times0.30=590（千件）$$

（2）时间序列分析法（Time Series）。时间序列分析是建立在以下假设基础上：与过去需求相关的历史数据可用于预测未来的需求。历史数据可能包含诸如趋势、季节、周期等因素。这种方法依赖于一个假设，即过去的需求数据是未来需求的指示器。常见的时间序列分析法主要有简单移动平均、加权移动平均、指数平滑、回归分析等。

（3）因果联系法（Causal）。因果联系法是假定需求与某些内在因素或周围环境的外部因素有联系。通过预测这些外界因素的变化来预测未来的结果。常见的因果联系法主要有回归分析、经济模型、投入产出模型等。

说一说：在供应链预测中，应贯穿于始终的是什么？

（4）仿真法（Simulation）。这种方法通过模拟消费者选择来预测需求。通过这种方法，企业可以结合时间序列分析法和因果联系法回答一些问题，如某家具品牌提高价格会带来何种影响？竞争者降价会带来何种影响？

3. 预测的基本步骤

供应链的预测一般来说有六个基本步骤，如图3-2所示。

图3-2 供应链预测的基本步骤

第一步，明确预测目标。 所有预测目标都是用来支持以预测为基础的相关决策的，因此明确这些决策是非常重要的。例如，生产产品的数量、库存量、订购量等。而且供应链上受此影响的各方要能意识到决策与预测之间的关系。例如，郑州的饼干销售商在国庆节期间打折销售，销售量大涨，如果承运方事先不知道这个信息，就可能出现饼干售罄而没有库存及时补充到货架的情况，进而影响商场的信誉，也影响相关企业的经济利益。

第二步，整合供应链的需求计划和预测。 企业应将预测与供应链中所有使用预测信息或影响需求的计划活动联系起来，如产能计划、生产计划、促销计划等。它们之间的联系建立在信息系统以及人力资源管理的基础上。企业应建立一个由来自不同部门（或不同企业）的人员组成的团队，这样可以得到更有效的预测。

第三步，分析顾客群。企业应对供应链上的顾客群进行市场细分，不同的细分市场有不同的特点，这样可以使预测更准确、更容易。

第四步，识别影响预测的主要因素。企业必须识别影响预测的主要因素，并对这些因素做出正确的分析，这是做出合理预测的关键步骤。影响需求预测的主要因素包括需求、供给、可替代产品的价格与质量等。在需求方面，企业要确定需求量是呈上升趋势还是下降趋势，或是季节性波动。要注意的是，这些预测都必须基于需求数据，而不是销售数据。

第五步，选择预测方法。在选择预测方法时，企业需要明确与预测有关的维度，包括产品组、顾客群等。企业应知道在每个维度内需求的区别。对于不同的维度，可用不同的预测方法，当然将上面提到的四种方法结合起来运用是最有效的。

第六步，设定预测绩效和误差范围。企业应明确绩效评估方法，以评估预测的准确性和时效性。例如，超市利用预测值从供应商那里订购月饼，供应商用一个月的时间完成订购月饼的供应，针对供应商一个月的补给时间，超市必须保证预测在销售季节开始一个月前完成。在销售季节结束之后，超市要对实际销售量和之前的预测值进行比较以评估预测的准确度，然后制订新计划，以降低将来预测的误差。

需要注意的是，供应链管理者应了解预测的特点，例如无论预测方法多么科学，预测也难免和实际有差距，因此要兼顾预测结果和预测误差，长期预测的准确性通常比短期预测低。供应链的管理者们可以利用预测的这些特点来优化供应链。

案例启发

便利蜂利用预测的特点改进绩效

便利蜂是拥有先进物流系统的连锁便利店，依靠的是小批量的频繁进货。在其进行采购时，就充分利用了预测的特点。

调查发现，便利蜂利用长期预测的准确性通常比短期预测的准确性低的特点，以改进绩效。它建立的补货制度能在几个小时内对订单进行快速反应。例如，商店经理需要在上午10：00下订单，商店的供应商能在当天晚上19:00交货，这样商店的经理只需要预测当天晚上的销售量即可，预测时间相比销售时间仅提前不到12小时。

　　想一想：越处在供应链上游的企业，其预测误差值越大吗？考察几条自己身边的供应链，从消费者终端开始，记录每日售出商品的数量，再考察商店每日的订货量、批发商的订货量，来回答这个问题。

二、供应链缺陷分析

　　要对整条供应链进行管理，离不开预测。然而预测是和实际情况有差别的，这会给供应链的管理带来一定的缺陷。下面讨论供应链的缺陷问题。

说一说：对
供应链缺陷
进行分析的
前提是什么？

1. 供应链缺陷分析的流程

　　要对整条供应链进行优化，必须首先进行供应链的缺陷分析。供应链缺陷分析流程如图3-3所示。

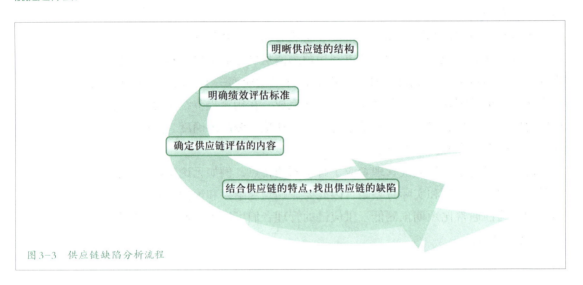

图3-3　供应链缺陷分析流程

　　首先，明晰供应链的结构。供应链是一个网链结构，是从原材料采购开始经过中间产品到最终产品，从供应商、制造商、分销商、零售商直到最终消费者，组成一个功能网链结构。

　　其次，明确绩效评估标准。供应链是由很多相互关联、交叉的企业组成的，对供应链进行绩效评估不能仅仅以单一企业为考察对象，而应考虑以一个完整的供应链整体进行绩效衡量。如果缺乏总体的绩效衡量，就可能出现供应商对最终消费者的看法和决策与零售商的做法完全背道而驰的现象。

　　再次，确定供应链评估的内容。一般来说，在评估供应链整体绩效的时候，应从以下四方面入手：一是成本，即供应链整体所发生的成本，包括订货、原材料的获取、运输、仓储、信息等所有直接与间接的成本；二是顾客服务，即整条供应链企业所提供的总体客户满意程度；三是资产的使用情况，包括固定资产与流动资产；四是时间，代表企业对最终消费者需求的反应能力，是从顾客订货开始到顾客拿到产品为止所需的时间。

最后，结合供应链的特点，找出供应链的缺陷。供应链是复杂的，又是动态的，众多供应链又形成交叉结构，企业间存在竞争，但又离不开合作。供应链不同环节的目标互相冲突或环节之间的信息传递发生延误和扭曲，都会导致特有的供应链缺陷。

2. 供应链的缺陷

（1）"涟漪效应"。从接单到交货之间的流程，由很多活动互相连接和配合才能完成，这称为订单履行流程。期间所需要的订单处理时间、生产前置时间、生产组装时间、配销运送时间等的总和，称为订单履行周期。"涟漪效应"是指在描述一个事物造成的影响逐渐扩散的情形。在供应链管理上是指某一活动的延误，其对供应链产生的影响如图3-4所示。例如某个零件的缺失，将造成整个供应链订单履行周期与效率的延误，就像在水面投入一颗小石子泛起一圈圈的涟漪，扩散到整个水面。"涟漪效应"对供应链会产生很多负面影响，如停工待料、压货或缺货、无法准时交货、降低顾客满意度等。

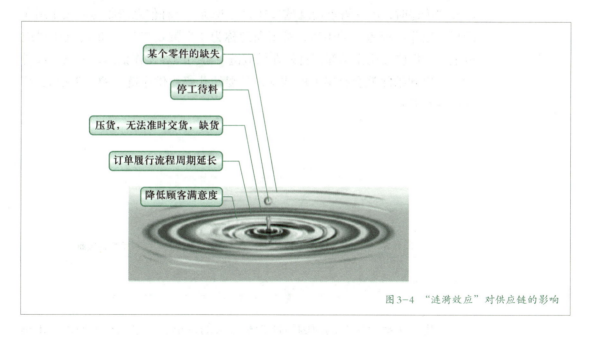

图3-4　"涟漪效应"对供应链的影响

（2）"牛鞭效应"。不仅宝洁公司，还有许多企业（如惠普公司）都发现了**"牛鞭效应"，也就是订单的波动沿着供应链从零售商到批发商到制造商再到供应商不断加剧的现象。**虽然惠普公司的产品需求有一定的波动，但是从打印机部门再到集成电路板部门接到的订单波动则大得多。这使得惠普公司很难按时完成订单，或者就要增加成本来完成订单。

服装和杂货业也有类似的现象。某婴幼儿奶粉供应链不同环节的需求波

微课：牛鞭
效应

动如图3-5所示，横轴代表的是时间，纵轴代表的是订单数量。可以看出，订单的波动沿着供应链向上从零售商到制造商不断增大。

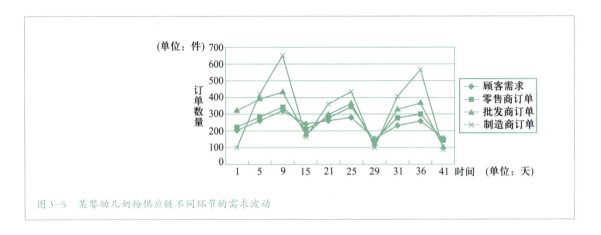

图3-5　某婴幼儿奶粉供应链不同环节的需求波动

供应链上的这种需求变异放大现象，使信息流从最终客户端向原始供应商端传递时，出现需求信息越来越大的波动，这种信息扭曲的放大作用在图形上很像一根甩起的牛鞭，被形象地称为"牛鞭效应"。一般将处于供应链上游的供应方比作梢部，将处在供应链下游的顾客比作根部，一旦根部抖动，传递到梢部就会有很大的波动，某婴幼儿奶粉供应链上的"牛鞭效应"如图3-6所示。

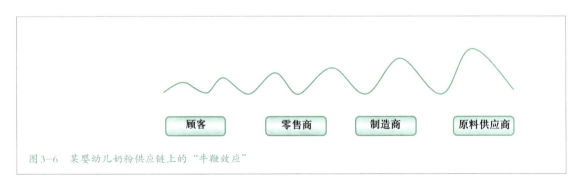

图3-6　某婴幼儿奶粉供应链上的"牛鞭效应"

产生"牛鞭效应"的原因可能为被夸大的订单、价格变动（如预期市场价格上升而大量订购）、前置时间（如订单更改后所需的待料时间延长）、需求预测，以及批量订购的不准确等。由于"牛鞭效应"，供应链上的企业必须履行比顾客需求量更大的订单，这显然增加了供应链中的生产成本、库存成本、运输成本，以及发货与收货的劳动力成本。"牛鞭效应"延长了供应链中的补货提前期，使得供应链上企业的生产计划比需求平稳时更难安排，生产能力和库存甚至不能满足订单的要求。"牛鞭效应"的存在导致过大的订单波动，使得供应链上的企业很难按时履行订单，增加了零售商的缺货率，降低了产品的可获性水平；"牛鞭效应"对供应链每个环节都有负面影响，从而损害了供应链企业之间的合作，使得供应链的协调更加困难。

谈一谈：
1. 思考"牛鞭效应"的特点。
2. 讨论"牛鞭效应"对供应链上游企业的影响。

第二节 供应链优化的方法

"涟漪效应"和"牛鞭效应"共同作用，使得对供应链的优化成为必然的选择。企业应从不同角度，选择不同策略和模式对供应链进行优化。以下从三方面探讨供应链优化的问题。

一、消除供应链瓶颈的优化方法

供应链瓶颈就是供应链所存在的最薄弱环节。这个环节就像瓶子的颈部一样是一个关口，再往上便是出口，但如果没有找到正确的方向，也有可能一直被困在瓶颈处。供应链整体绩效优化取决于供应链的最薄弱环节，这就是供应链物流上的"瓶颈"。优化供应链物流的绩效必须从最薄弱环节入手，才能显著改善供应链。因此要提高整个供应链的物流绩效水平，必须找出存在于供应链物流上的瓶颈、分析成因、评价瓶颈、消除瓶颈，并形成一种不断循环的持续改进状态。

1. 约束理论

艾利·高德拉特博士[①]在《目标》一书中提出了瓶颈管理的理论与方法，在该书的英文版中，瓶颈管理并不是用"Bottleneck Management"，而是针对瓶颈问题的解决，提出了一种关于"约束"（Constraint）的管理理论，命名为约束理论（Theory of Constraints，TOC）。"约束"可以与中文的"瓶颈"相对应。

约束理论是一套管理理念和管理工具的集合，把企业在实现目标过程中存在或潜伏的制约因素称为"瓶颈"或"约束"。在进行供应链优化时，应逐一识别和消除这些"瓶颈"，使得企业的改进方向与改进政策明确化，以提高供应链的绩效水平。TOC优化供应链如图3-7所示。

说一说：供应链的瓶颈有哪些表现？

约束理论适用于供应链优化，其原则在供应链运行中也同样适用，体现在以下几方面：

要追求供应链中需求与供应的动态平衡，而不是静态平衡，动态平衡是供应链各环节同步运行的结果；要使资源的利用具有灵活性，从平衡物流

---

① 艾利·高德拉特博士，以色列物理学家、企业管理大师，"TOC制约法"的发明者。他的第一部作品《目标》，大胆借用小说的笔法，说明如何通过逻辑推理解决复杂的管理问题。

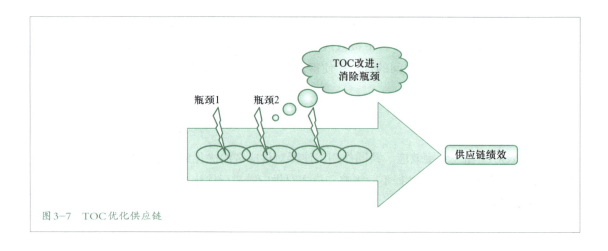

图 3-7   TOC优化供应链

的角度出发，应允许在非关键资源上安排适当的闲置时间或增强供应链运行的柔性；约束上10分钟的损失是整个供应链上10分钟的损失，这会导致下游环节因不能得到及时的供给而造成生产中断、交付延迟、质量问题等严重影响；企业在优化供应链的基础上，可以通过一些优化方法实现供应链的协同，如库存与运输的整合，同时考虑系统资源约束。

2. 消除供应链瓶颈的步骤

任何一条供应链都存在瓶颈，供应链越复杂，约束也越多。供应链优化就是要不断寻找这些瓶颈，从这些瓶颈入手进行改善。

第一步，发现"瓶颈"。 即研究整个供应链，收集相关信息，发现供应链运行的问题，就是供应链的"约束"，即供应链的"瓶颈"。

第二步，分析"瓶颈"形成的原因。 对整个供应链进行诊断，分析有哪些原因可能导致这个"约束"，从而形成供应链的"瓶颈"。由于内外部环境的不确定性，供应链物流瓶颈是客观存在的。供应链产生物流瓶颈的原因很多，按照影响因素是否存在于供应链内部，可以分为内生原因和外生原因。内生原因包括企业利益博弈、信息不对称。外生原因，即外界的不确定性因素，存在于供应链外部。这些因素常常具有不可预测性，通常会导致供应链节点企业之间物流的不平衡，从而产生瓶颈，主要包括外界的突发事件、市场的不确定性等。分析产生瓶颈的原因，为解决问题创造条件。

第三步，提出解决方案。 抓住主要矛盾或矛盾的主要方面，针对问题逐一突破，化解"瓶颈"，提出解决方案。

第四步，对解决方案进行试运行。 经试运行后，如果情况良好，就形成机制，变成规范，在供应链伙伴中进行推广，作为供应链的运行准则。

第五步，循环解决新问题。 旧问题解决了，新问题又会出现。当新问题出现后，依据上述步骤，循环解决出现的问题。

微课：消除供应链物流瓶颈的优化方法

二、规避供应链风险的优化方法

供应链并非总是多赢的。当企业追求供应链的效益时，容易忽视供应链的风险。供应链是一个链式结构，它的特点决定了供应链的缺陷，由此带来了供应链风险。

1. 供应链风险

（1）供应链风险的产生。许多机构和学者都对风险进行了大量研究，一个经典的风险定义是"在某种策略选择下企业所得与损失的概率分布的差额"。

供应链中任何一个环节出问题，都可能影响供应链的正常运作。许多案例表明，一旦供应链风险真实发生，往往会给供应链节点企业造成巨大损失，甚至导致供应链的彻底断裂。这些事实使得学者们开始关注供应链风险的管理与控制问题。

供应链风险是指供应链节点企业在生产经营过程中由于各种事先无法准确预测的不确定性因素带来的影响，造成供应链效率下降和成本增加，使供应链实际绩效与预期目标发生偏差，甚至造成供应链的失败和解体，从而给供应链系统整体造成损失。

供应链风险是由于各种不确定性因素的存在而产生的，而"牛鞭效应"的存在使得供应链风险被放大，供应链网络上的企业之间是相互依赖的，任何一个企业出现问题都有可能波及和影响其他企业，影响整个供应链的正常运行，甚至导致供应链的破裂和失败，因此有学者把供应链风险也称为供应链的脆弱性。

气象学上著名的"蝴蝶效应"，是指在一个动态系统中，初始条件的微小变化，将能带动整个系统长期且巨大的链式反应。通过一系列链式过程，误差被叠加放大，在一些临界点上造成巨大影响。供应链就是这样的非线性系统。

（2）供应链风险的来源。很多风险因素都影响着供应链的正常运行，识别这些可能的风险因素，对参与供应链节点企业来说是非常重要的。关于供应链的风险来源问题，不同学者有不同的看法。总的来说，可分为内生风险和外生风险。

① 供应链的内生风险。供应链的内生风险表现在以下四个方面：

第一，供应风险，表现在提前期的不确定性、订货量的不确定性等。部分供应商的产品如果质量不符合要求，就会影响整个供应链中产品的质量；如果采用独家供应商策略，供应链中企业面临的风险就更大，一个环节出现问题，整个链条就会出现问题。

第二，信息风险，表现在当供应链规模日益扩大、结构日趋繁杂时，信

说一说：总结规避供应链风险的优化方法。

息传递延迟以及信息传递不准确性都会增加，使整个供应链陷入困境。在数据传输过程中，被竞争者窃取以及信息基础设施故障也会加大供应链的风险。

第三，财务风险，表现在某些企业在生产运营中可能会占用供应链上下游企业大量的资金，如果这个企业财务状况不够稳定，将随时导致对整条供应链的致命打击。

第四，管理风险，表现在制度本身的不确定性。管理制度的修改和变更、管理制度实施方法的差别和强度都会增加供应链的风险。

② 供应链的外生风险。供应链的外生风险表现在以下两个方面：

第一，市场需求风险。表现在市场是有波动的。影响销售的市场因素是多方面的，一旦出现不可预料的不利因素就可能导致销售量下滑，市场出现逆转，整个供应链可能立即崩溃。

第二，环境风险。表现在自然环境风险、产业政策风险、汇率风险等多方面。自然环境风险主要包括水灾、火灾、地震、雷击、风暴、陨石撞击、冰雪侵害、火山爆发、山体滑坡、外界物体倒塌、空中运行物体坠落，以及其他各种不可抗拒的原因所造成的损失等，这些风险一般都难以控制和预测。产业政策对供应链的影响是巨大的，如果产业政策支持供应链中的行业发展，就会为供应链的顺利运行提供良好的政策保障，反之，则会给供应链带来不可预测的巨大损失。汇率风险也会影响供应链的运行，尤其是和进出口关系密切的供应链，会影响供应链中企业的利润，对供应链的影响也是巨大的。

2. 规避供应链风险

不做好供应链风险控制，会使企业陷入困境并直接或间接地影响上下游企业以及整个供应链，规避供应链风险就显得十分重要。

供应链风险管理可分为四个阶段，如图3-8所示，分别为识别风险、确定规避风险方案、执行和实施方案、监控供应链风险管理过程和结果。在供应链风险管理的过程中，需要供应链诸多节点企业联合起来进行风险的识别，其重点可以放在以核心企业为代表的供应链风险管理上，通过对供应链中的企业进行规避风险方案的制定与实施，采取措施监控供应链风险管理的执行情况。

对于供应链风险的规避，可以从以下五个方面考虑：

（1）建立合作伙伴关系。供应链各节点企业要实现共赢，客观上要求进行合作。因此，供应链中的企业建立紧密的合作伙伴关系，是供应链风险规避的一个重要先决条件。

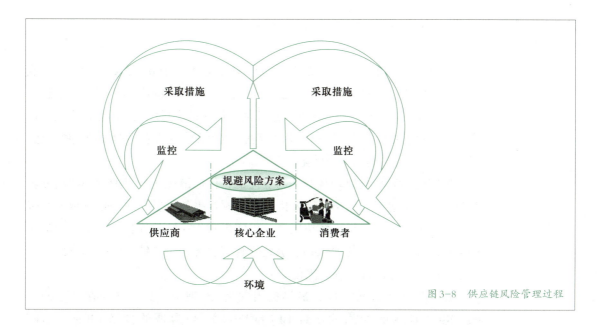

图3-8 供应链风险管理过程

（2）建立高效的信息传递渠道，优化决策过程。利用现代化的通信和信息手段管理并优化整个供应链体系，实现信息共享，使供应链企业之间实现无缝连接，所有供应链企业分享业务计划、预测信息、POS数据、库存信息、进货情况，以及有关协调货流的信息，从而使供应链上的消费者、零售商、分销商、制造商、供应商、物流运输商等合作伙伴在信息共享的基础上进行协同工作。一般来说，若供应链上下游企业之间加强信息交流和沟通，就能减少信息扭曲，减轻供应链风险。

（3）供应链设计柔性化。供应链上的企业在合作过程中，通过在合同设计中互相提供柔性条款，可以消除部分外界环境不确定性的影响。柔性设计是规避供应链风险的一种重要手段。还可设计柔性化的多头供应链，多头供应商机制不仅使供应链具有足够的柔性，而且能在供应商之间形成竞争，保证产品的质量和供应。

（4）对供应链进行流程重组。针对供应链进行流程重组，对于供应链中各企业的采购、制造、营销和物流等过程采取跨职能部门的平行管理，把多余的工作、不确定性和延误率降到最低；对产品的生产、包装和运输实行全面质量管理；对分销网络和运输路线进行优化，把非核心业务外包等，通过这些方式保证供应链的安全和高效运行。

（5）建立应急处理机制。在供应链风险管理中，首先应尽量消除各种风险隐患，减少风险发生。但是发生一些风险事件是在所难免的，所以供应链节点企业要对风险事件的发生有充分的准备，制定应变措施和应对风险事件的工作流程，将损失降到最小。

三、改善顾客服务质量的优化方法

1. 顾客服务评价

在整个供应链中，谁是顾客？如果以本企业为一个节点，那么处于本企业供应链下游的就是顾客。企业与这些下游企业和终端顾客构成的供应链的运行基础是顾客关系。有效协调顾客关系才能对供应链进行优化。但是，现实是在供应链的顾客关系中，矛盾和冲突的存在是必然的。企业应及时发现这些问题，对顾客服务质量进行改善与优化。

供应链的运行是以顾客服务为导向的，供应链优化的目的就是提高顾客服务质量，促进顾客价值[①]最大化。提高顾客服务质量的前提是发现顾客服务过程中的问题，然后再解决问题，以实现对供应链的优化。每个企业都应根据自己在供应链中的地位和层级建立顾客服务评价系统，随时解决出现的问题，以对供应链进行持续优化。

在顾客服务评价方面，最早提出的是7Rs理论。其定义为在合适的时间（Right Time）、合适的场合（Right Place），以合适的价格（Right Price）和合适的方式（Right Channel or Way），向合适的顾客（Right Customer）提供合适的产品或服务（Right Product or Right Service），使顾客的个性化需求（Right Want or Wish）得到满足，这就是顾客服务的7Rs理论。

7Rs理论是对顾客服务的全面概括，具有普遍性。任何服务都是企业以特定产品和服务在一定时间和场合下，以顾客愿意接受的价格和方式满足消费者需求的过程，任何服务都是特定顾客在一定时间和场合下，以他认为合适的价格和方式获得产品和服务以满足需求的过程。这7个要素在顾客服务过程中缺一不可。

当然，企业的产品和服务不能满足所有顾客的需求，它的适用对象是特定的顾客。即使这类产品和服务能满足特定顾客的需求，也有层次和程度的区别。

因此，虽然顾客服务是由7Rs构成的，但是顾客服务的价值有大小之分，质量有高低之别，每个顾客的每种服务都是不相同的，具体的顾客与顾客需要的服务是不同的，因此它又有特殊性。这种特殊性决定了顾客服务的多样性、丰富性和价值性，从而使企业的选择性增大，营销管理水平的高低、顾客服务质量的高低得以体现。

需要注意的是，不同细分市场上各个指标在物流服务质量中对顾客满意度的影响是不同的。例如，在收货过程中，货品精确、货品完好程度、货品

---

① 顾客价值可以定义为顾客对于公司所提供的所有产出物，包括产品、服务和其他无形资产的感知。

质量是核心，代表了订单完成的完整性，合适的产品和服务显得尤为重要。

2. 改善顾客服务质量的优化步骤

在对顾客服务质量进行改善时，要注意的是，一个企业不可能同时在所有方面都表现卓越。但是一个企业要想获得成功，就必须在某个方面做得较为突出，与众不同，而其他方面也没有明显短板，才能达到目标。比如，大型连锁超市往往把价格放在第一位，其次是丰富的商品种类；而连锁餐饮企业最注重终端，它的分店几乎遍布各个主要城市，其次是服务。

在对供应链进行改善顾客服务质量的优化时，可以采取以下步骤：

第一步，建立顾客服务质量评价指标。需要注意的是，在建立评价指标体系时，不仅要考虑企业对顾客服务的现实性与过程性，而且要考虑顾客的感受。因此，在建立顾客服务的评价指标体系时，可以建立两套指标体系：一套指标体系是基于企业的指标体系，要考虑产品或服务的市场定位、市场占有率、市场覆盖率、企业对顾客的响应时间、价格水平、员工服务态度等方面；另一套指标体系是基于顾客的指标体系，侧重对顾客获得产品或服务的时间、需求满足程度等进行评价。

第二步，对指标体系进行分析和对比。接下来要做的是把基于企业的指标体系分析结果和基于顾客的指标体系分析结果进行对比。侧重重要项目的分析对比，如指标结果的一致性、指标结果的差异性、各细分市场顾客的稳定性与波动性、指标结果和历史指标结果对比的稳定性与波动性、不同地区指标结果的一致性与差异性。

第三步，寻找导致结果的原因。对第二步的分析结果进行原因分析，细化为新的指标体系，可以用现场访问法寻找波动性、差异性原因。

第四步，制定改善顾客服务质量的方案。针对波动性、差异性制定改善顾客服务质量的方案，而对具有一致性、稳定性的方案进行鼓励与强化。

第五步，对方案进行推广，培训员工，持续改善顾客服务质量，不断优化供应链。

格力电器：注重顾客价值

珠海格力电器股份有限公司（简称"格力电器"），作为一张知名的民族电器品牌名片，其成功引领市场的关键在于轻资产重价值，坚持质量为先，注重顾客价值。格力电器贯彻落实党的二十大报告指出的"弘扬诚信文化，健全诚信建设长效机制"，以客户需求为导向，严抓质量源头控制和体系建设。2018年，格力电器荣获第三届"中国质量奖"。2019年，格力电器参与起草的《质量管理基于顾客需求引领的创新循环指南》（GB/T 38356-2019）获批成为中华人民共和国国家标准。2020年格力家用空调全球市场占有率达到20.1%，已连续16年稳定保持全球第一位；在国内市场，格力中央空调连续10年占有率全国第一位。

长期以来，格力电器坚持质量第一、顾客满意等理念，实施从以渠道为中心向以用户为中心的模式转型，不断满足全球消费者对美好生活的向往。例如，新冠肺炎疫情全面加快家电行业供需、渠道、营销模式等多维度变化，作为家电产业实现价值的重要环节，家电企业渠道的落脚点更多在于产品本身的价值以及满足用户的需求。其"以旧换新"活动的优质高效推进，构建了基于消费端与回收端全链路打通的家电回收体系，在碳达峰和碳中和目标背景下，将老旧空调产品回收拆解为可再生、可再用材料，变废为宝，赋予了产销供应链运作更多内涵。

第三节　供应链优化的应用

有助于供应链优化的管理杠杆可分为两大类。一类是措施导向杠杆，如共享供应链上的信息，改进激励方法；另一类是关系导向杠杆，如在供应链内部建立合作与信任的关系。

微课：供应
链合作伙伴
关系

一、供应链合作伙伴关系的建立

供应链中的任何企业都是其上游企业的客户，也是下游企业的供应商，所以合作对于供应链上的任何企业都很重要。

供应链合作伙伴关系（Supply Chain Partnership，SCP），就是供应商、制造商与销售商之间的关系。供应链合作伙伴关系可以定义为供应商与制造商之间、制造商与销售商之间互相合作与信任，在一定时期内共享信息、共担风险、共同获利的协作关系。

1. 供应链合作伙伴关系概述

供应链中企业间的战略伙伴关系在供应链管理模式中被强调得最多。

（1）企业合作关系的发展。企业合作关系大致经历了三个发展阶段，即传统的企业关系到物流关系，再到合作伙伴关系，如图3-9所示。

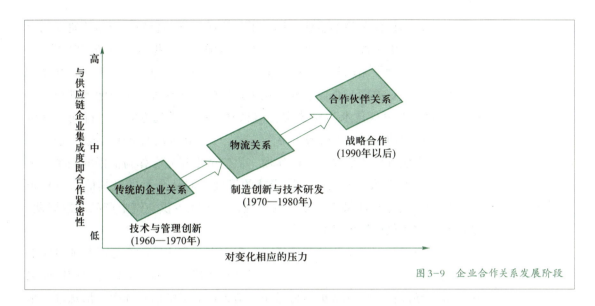

图3-9 企业合作关系发展阶段

第一阶段为传统的企业关系阶段,在传统观念中,企业关系主要是"买—卖"关系,所以企业的管理理念是以生产为中心的,企业间缺乏沟通与合作。第二阶段为物流关系阶段。在传统的企业关系向物流关系模式转化方面,准时制和全面质量管理等一些先进的管理思想起到了推动作用。企业意识到只有加强部门间、企业间的合作与沟通,才能达到物流同步化的要求。但是,基于简单物流关系的企业合作关系,还有一定的局限性,如在信息共享、协作性、同步性,以及柔性等方面都不能很好地适应激烈的市场竞争。企业需要提高合作的层次,企业关系由此进入第三阶段——合作伙伴关系阶段,产生了基于战略伙伴关系的企业集成模式,如图3-10所示。

说一说:信息技术在其中起到怎样的作用?

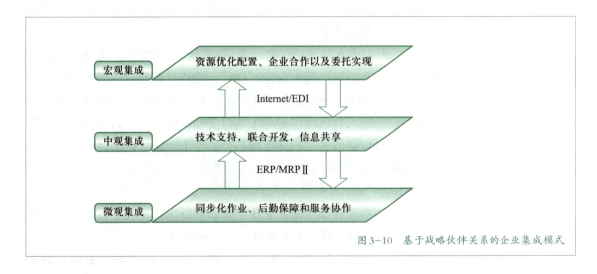

图3-10 基于战略伙伴关系的企业集成模式

说一说:

1. 如何建立合作伙伴关系?

2. 供应链合作伙伴关系对供应链的优化能起到什么样的作用?

具有战略伙伴关系的企业,体现了供应链优化的思想。产品从研发到投放市场的周期大大缩短,柔性和敏捷性显著增强,虚拟制造与动态联盟强化了业务外包这种策略的利用。企业间从宏观、中观、微观都实现了相互作用的集成。在宏观方面,企业之间实现了资源的优化配置,进行业务外包;在中观方面,以信息技术为支撑实现信息共享;在微观方面,进行同步化生产,并提供后勤保障,进行服务协作。这是一种高级别的企业集成模式。

(2)供应链合作伙伴关系的作用。供应链上建立合作与信任的关系对于供应链来说是有很大益处的,供应链的管理者们都会考虑对其他供应链企业的影响,关心其他供应链企业的福利,并会减少供应链上产品的总周期,从而提高整条供应链的绩效水平。

当供应链各节点企业彼此信任时,它们在制定决策时会考虑其他供应链企业的目标;当供应链上的企业建立了合作伙伴关系时,为优化供应链而采用的措施导向管理杠杆就更容易运作;销售量的详细信息和生产信息进一步共享,方便供应链企业的协调生产和分销决策,使供应与需求更好地匹配。

行 业洞察

WR 和凯马特的伙伴关系

Whitehall Robbins(WR)是一个非处方药生产厂商,与凯马特建立了零售商-供应商伙伴关系。在预测上,两者一开始并不能达成一致。但是,实践证明WR的预测更准确。因为对自己的产品,它比凯马特有更加深入的了解。例如,在对龟裂膏的需求进行预测时,凯马特没有考虑季节性的需求。此外,在制订配送计划时,WR的计划人员可以将影响产品的相关事宜,诸如计划的停工时间考虑进去。

WR在另一方面也能获益。以前,凯马特在销售季节到来之前会订购大量的季节性产品,还会推出促销活动。这样,退货日趋频繁,因为凯马特很难正确预测它的销售量。而目前,WR按照"每天低成本"的原则为凯马特供应一周的货物,凯马特就可以避免大量订货和季前促销,这样就大大降低了退货量。季节性商品的库存周转次数从3次上升到10次以上,而非季节性商品的库存周转次数从12~15次上升到17~20次。

一般来说,零售商和供应商建立伙伴关系的巨大优势在于,供应商掌握订货量的情况,这影响了对"牛鞭效应"的控制能力。

在快速响应战略中,通过客户需求信息的传递,供应商可以获取订货量的情况,从而缩短提前期;在供应商库存管理中,零售商提供需求信息,供应商做订购决策，这样就可以对订货量的变化进行控制。不仅如此，供应商做出的对订货量更加准确的决策可以减少整个系统的成本，以降低预测的不确定性。并且，整个供应链中一些不必要的流程可以被删除，为重构供应链中的企业伙伴关系提供机会。

2. 建立供应链合作伙伴关系的步骤

建立供应链合作伙伴关系有四个关键步骤。

第一步，评估合作关系的价值。 供应链上的企业应明确合作能给双方带来的利益。如果供应链上的企业不认为供应链总利润的增长会公平分享，它们就不会采取有利于合作的行动，所以公平是一个比较重要的标准。除此之外，供应链各节点企业还要能够确认每个企业的贡献和它们能够获得的利益。

第二步，确定标准，选择供应商，选择合作伙伴。 在合作关系价值评估达成初步意向的基础上，确立供应链合作伙伴建立的标准，并依此选择供应商和各合作伙伴。

第三步，正式建立合作关系。 此时要注意确认供应链各节点企业的运作角色和决策权力，并建立有效的冲突解决机制。在确认供应链各节点企业的运作角色和决策权力时，要考虑因合作伙伴关系产生的依赖性。相互依赖要求加大管理力度，如果不能良好地管理，可能会增加交易成本；在任何关系中都会出现冲突，冲突的解决方案对合作关系的影响是巨大的，有效的冲突解决机制能显著加强任何供应链关系。

第四步，实施和加强合作关系。 这个步骤包括实施和加强合作关系，或者解除无益的合作关系。

3. 合作伙伴的选择

（1）供应链合作伙伴的类型。在集成化供应链管理环境下，供应链合作关系运作需要减少供应源的数目，并且需要加强合作，制造商会在全球市场范围内寻找最适合的合作伙伴。合作伙伴可分为重要合作伙伴和次要合作伙伴。重要合作伙伴是数量少而精的、与制造商关系密切的合作伙伴。而次要合作伙伴是数量相对多的、与制造商关系不十分密切的合作伙伴。供应链合作关系的变化主要影响重要合作伙伴，而对次要合作伙伴的影响较小。

根据合作伙伴在供应链中的增值作用及其竞争实力，合作伙伴分类矩阵如图3-11所示。纵轴代表合作伙伴在供应链中的增值作用，对于一个合作伙伴来说，如果不能对增值做出贡献，那么它对供应链中其他企业就没有吸引力。横轴代表某个合作伙伴与其他合作伙伴之间的区别，表现在设计能力、特殊工艺能力、柔性设计、项目管理能力等方面。

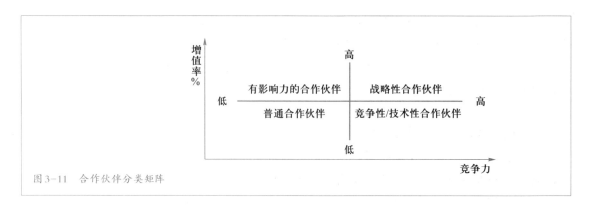

图 3-11　合作伙伴分类矩阵

在实际运作中，要根据不同的目标选择不同类型的合作伙伴。对于长期需求而言，需要合作伙伴能保持较高的竞争力和增值率，因此尽量选择战略性合作伙伴；对于短期或短暂市场需求，只需选择普通合作伙伴来满足需求，以保证成本最小化；对于中期需求而言，可根据竞争力和增值率对供应链重要程度的不同，选择不同类型的合作伙伴，即在有影响力的合作伙伴、竞争性合作伙伴和技术性合作伙伴中做出选择。

（2）合作伙伴选择的常用方法。选择合作伙伴，要考虑到很多因素，选择方法也很多，下面介绍几种目前国内外较常用的方法。

① 直观判断法。直观判断法主要是指通过倾听和采纳有经验的采购人员意见，或直接由采购人员凭经验做出判断。常用于选择一些像辅料供应商这样的非主要原材料的合作伙伴。

② 协商选择法。企业从众多供应商中选出几个供应条件对自己较为有利的合作伙伴，同它们分别进行协商，再确定适当的合作伙伴。这种方法适用于采购时间紧迫、投标单位少、竞争程度小、订购物资规格和技术条件复杂的情况。

③ 招标法。由企业提出招标条件，各招标合作伙伴进行竞标，然后由企业决标，最后与提出最有利条件的合作伙伴签订合同或协议。这种方法一般在订购数量大、竞争激烈的情况下采用。

④ 采购成本比较法。这是对于供货质量和交货期都能满足要求的合作伙伴，通过计算采购成本进行比较分析，选择采购成本较低者作为合作伙伴的一种方法。采购成本一般包括售价、采购费用、运输费用等。

⑤ ABC成本法。现在一种被称为"ABC（Activity-Based Costing）"的新成本计算方法正在不断地被应用于物流界，它是通过计算合作伙伴的总成本来选择合作伙伴。

除了以上介绍的几种方法外，企业也可采用层次分析法、神经网络算法等来选择合适的合作伙伴。

二、供应链的战略匹配

进行战略匹配对于企业的成功是至关重要的，企业应从战略全局的角度来规划供应链，使供应链战略和竞争战略以及营销战略、产品开发等职能战略相匹配，从而优化供应链。

1. 供应链战略

供应链战略是指从企业战略的高度对供应链进行全局性规划，确定原材料的采购和运输，产品的制造或服务的提供，以及产品配送和售后服务的方式。供应链战略不仅关注企业本身的问题，而且通过在整个供应链上进行规划获取竞争优势。很多学者采用了马歇尔·费希尔（Marshall L.Fisher）的观点，他根据产品的需求模式把供应链战略划分为两类：有效性供应链战略和反应性供应链战略。

费希尔把产品按照需求模式分为两类：功能性产品和创新性产品。功能性产品包括可以从大量零售店买到的主要产品，这些产品满足基本需求，需求稳定且可以预测，并且生命周期较长。如食盐、面粉、卫生纸等。但是，稳定性意味着竞争较激烈，可获取的利润较低。

创新性产品是那些为满足特定需求而生产的产品，企业在产品或技术上进行创新来满足消费者的特殊需求，如时尚商品。尽管创新性产品能使企业获得更高的利润，但是创新性产品的需求不可预测，而且产品的生命周期一般较短。

有效性供应链战略是指能以最低成本把原材料转化成零部件、半成品、成品，以及在供应链中运输等供应链战略。功能性产品的需求可以预测，生产此类产品的企业可以采取各种措施降低成本，在低成本的前提下妥善安排生产活动。因此，生产功能性产品的企业应该采用有效性供应链战略。

反应性供应链战略强调对需求做出快速反应，所对应的产品是创新性产品。这是因为创新性产品所面临的市场是不确定的，产品的生命周期也较短，企业面临的重要问题是迅速把握需求变化的时机并及时对变化做出有效反应。

供应链战略与产品需求类型的匹配关系如图3-12所示。

	功能性产品	创新性产品
有效性供应链战略	匹配	不匹配
反应性供应链战略	不匹配	匹配

图3-12 供应链战略与产品需求类型的匹配关系

2. 供应链战略与竞争战略之间的关系

竞争战略是有关企业如何在一个行业内或市场中进行竞争的决策，是指导企业开展经营活动的基本战略。迈克尔·波特提出了三种基本竞争战略，即低成本战略、差异化战略和目标集聚战略。供应链战略是企业的一项职能战略。

要理解竞争战略与供应链战略之间的关系，应从分析典型组织的价值链开始。

价值链是从原材料的选取到最终产品送至消费者手中的一系列价值创造活动过程。价值链始于新产品的开发，在这个阶段形成产品的说明书；在市场营销阶段宣传产品及服务，同时反馈消费者需求；在生产运作阶段制造产品；在分销阶段把产品提供给消费者；在服务阶段对消费者在售中或售后所提出的要求进行处理。财务、人力资源、会计、信息技术为价值链提供支持与协助。

供应链涵盖了采购、生产、物流、库存，以及服务等基本活动。为了执行企业的竞争战略，需要这些职能相互配合并发挥作用，而基本活动也都必须制定相应的战略，以保证这些活动能够顺利执行。供应链战略涉及采购、生产经营、物流、库存以及服务等职能，包括传统的供应战略、采购战略、生产战略和物流战略。供应链战略强调企业内部所有职能之间的密切联系。任何企业要获得成功，供应链战略和竞争战略一定要相互匹配。

价值链中的各个流程和功能决定企业的成败，它们之间也是一个不可分割的整体；而任何一个流程和功能出现问题都会导致整体供应链的失败。因此，竞争战略要和职能战略相互匹配，以形成统一协调的总体战略；企业的不同职能部门也要做好本部门的工作，以成功地执行这些战略；整体供应链战略的设计和各阶段的作用也必须协调，以支持供应链战略。

3. 赢得战略匹配

企业通过以下三个基本步骤使供应链战略和竞争战略相互匹配。

第一步，理解顾客和供应链的不确定性。企业要能够识别所服务的顾客群的需求。不同的顾客群在很多方面表现出不同的属性，例如每次购买所需要产品的数量、顾客愿意接受的响应时间、要求的服务水平、产品的价格、预期的产品创新周期等。不同群体的顾客需求差距是很大的。这些可以转变为"隐含需求不确定性"这一指标衡量。"隐含需求不确定性"是由于供应链只是针对部分需求而不是完整需求而造成的需求不确定性。需求不确定性是指顾客对某种产品需求的不确定性，而隐含需求不确定性是指供应链必须予以满足的需求部分和顾客需求特点是不确定的，它是供应链不确定性的直接后果。例如，仅仅为紧急订单供货的企业所面临的隐含需求不确定性，要高于以较长的供货期提供同样产品的企业。隐含不确定性（供应和需求）连续带如图3-13所示。

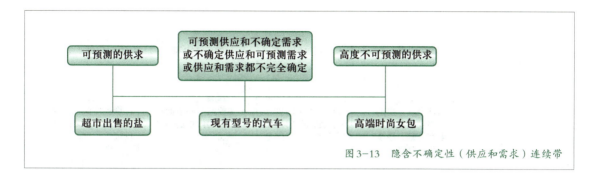

图3-13　隐含不确定性（供应和需求）连续带

超市销售的盐面临的是低隐含需求不确定性，供应链的不确定性也很低，结果是低水平的隐含不确定性；而高端时尚女包面临的是高隐含需求不确定性和高供应不确定性，因此其供应链面临着很高的隐含不确定性。

第二步，理解供应链能力。首先要理解供应链的响应性。供应链的响应性是指供应链完成以下任务的能力：对大幅变动的需求量的反应、满足较短供货期的要求、提供多品种的产品、生产具有高创新度的产品、满足高服务水平的要求。

响应性的获得要付出成本。例如要应对需求量的大幅变化，就要提高生产能力，这就会带来成本的增加。企业进行供应链管理，就是在响应性与成本之间进行权衡，对供应链各环节进行相应的计划、协调与控制，适应市场高质量、高柔性和低成本的要求。成本—响应性效率边界曲线如图3-14所示，它演示的是在给定响应水平下，所要花费的最低可能成本。

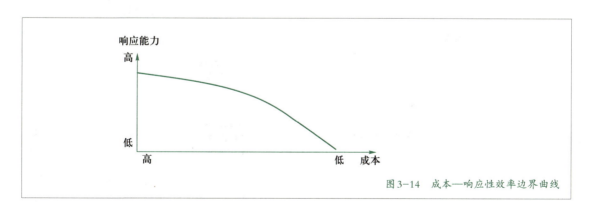

图3-14　成本—响应性效率边界曲线

如果给定成本与响应性之间平衡，任何一个供应链的关键战略选择就是确定提供的响应性水平。供应链的类别分布范围是，从仅仅强调响应性的各种供应链，到可能的最高盈利水平的各种供应链。响应性连续带如图3-15所示。

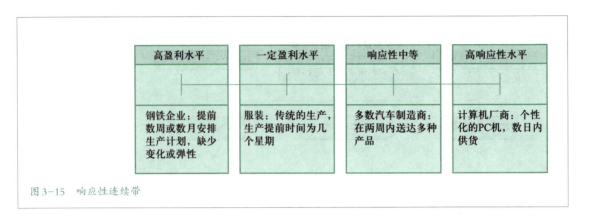

高盈利水平	一定盈利水平	响应性中等	高响应性水平
钢铁企业：提前数周或数月安排生产计划，缺少变化或弹性	服装：传统的生产，生产提前时间为几个星期	多数汽车制造商：在两周内送达多种产品	计算机厂商：个性化的PC机，数日内供货

图3-15 响应性连续带

微课：供应链的战略匹配

第三步，获取战略匹配。获取战略匹配，即供应链反应能力的高低应该与潜在需求不确定性一致。换句话说，潜在需求不确定性越高，则供应链的反应能力就越强，这样才能取得战略匹配。将竞争战略与供应链战略匹配起来实际上就是将顾客的需求特点与供应链的特点匹配起来（见图3-16）。而图中的阴影区就是战略匹配的区域。

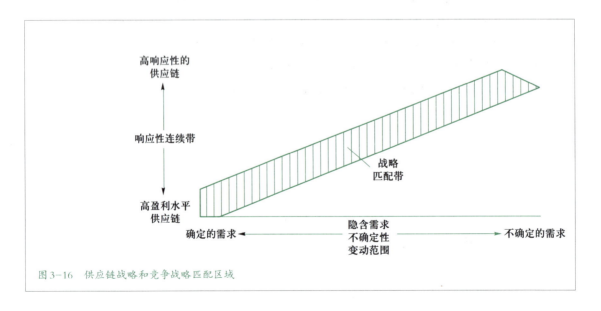

图3-16 供应链战略和竞争战略匹配区域

技能训练 <<<<<<<<<<<<<<<<<<<<<<<<<<<<<<<<<<<<<<<<<<<<<<<<

一、实训名称

建立供应链合作伙伴关系。

二、实训目标

使学生通过实训，熟悉供应链预测方法的应用，掌握供应链合作伙伴关系形成的要点和选择合作伙伴应考虑的主要因素，利用供应链合作伙伴选择的标准以及供应链合作伙伴选择的方案进行供应链合作伙伴关系的建立和加强。

三、环境要求

物流实训室，应配备：

（1）进行软件和动画实训时，应配备计算机40台；

（2）进行实景实训时，应配备5组桌椅。

四、情境描述

金鑫集团是一家从事组装的电器制造企业，为实现其全球发展战略，提高核心竞争能力，集团考虑选择与供应商光华制造、宝丽制造、诚信制造建立供应链合作伙伴关系，形成一种长期的战略联盟，以形成利益共同体。

五、工作流程

工作流程如图3-17所示。

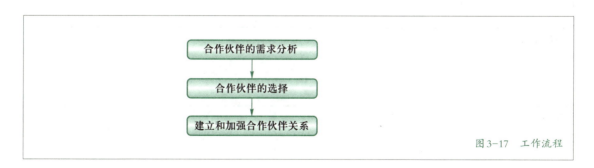

图3-17 工作流程

六、操作步骤

（1）从金鑫集团市场竞争环境需求分析和金鑫集团与其供应商的潜在利益分析两方面对企业合作伙伴的需求进行分析。

（2）选择供应商光华制造、宝丽制造、诚信制造其中一家企业为合作伙伴。

（3）根据建立合作伙伴关系方案结合光华制造、宝丽制造、诚信制造三家企业的现实情况建立和加强合作伙伴关系。

七、注意事项

（1）注意选择正确的流程。

（2）对合作伙伴的需求分析要全面。

（3）思考建立和加强合作伙伴关系方案与选择合作伙伴因素之间的关系。

（4）填写实训报告。

八、实训报告

请填写表3-2中的实训报告。

表3-2 实训报告

《供应链管理》实训报告					
班级		姓名		时间	
实训内容	建立供应链合作伙伴关系			分数	
实训目的					
实训步骤					
我的做法					
我的结论					
我的想法					

同步测试 <<<<<<<<<<<<<<<<<<<<<<<<<<<<<<<<<<<<<<<<<<<<<<<<<<<<<<<<<<<<<<<<

一、判断题

1. 供应链中所有的拉动流程都是建立在对顾客需求预测的基础上的，而推动流程是根据对市场需求的响应进行的。（　　　）

2. 当供应链上的每个企业都独立进行预测的时候，预测过程通常是困难的，会造成需求与供给相脱节。而当整条供应链上的企业合作进行预测的时候，结果就准确得多，这样可以提高整条供应链的绩效水平。很多供应链的领导者都是通过合作预测来提高供给与需求匹配的能力。（　　　）

3. 一些有稳定需求的成熟产品最容易预测。（　　　）

4. 供应链管理缺陷是可以完全避免的。（　　　）

5. 优化供应链物流的绩效必须从最薄弱的环节入手，才能显著改善供应链。（　　　）

6. 实施供应链管理总是可以实现多赢。（　　　）

7. 市场需求风险表现在市场是有波动的。（　　　）

8. 一般来说，零售商和供应商建立伙伴关系的巨大优势在于，零售商掌握订货量的情况，这影响了对牛鞭效应的控制能力。（　　　）

9. 价值链中任何一个流程和功能出现问题都会导致整体供应链的失败。（　　　）

10. 企业要能识别所服务的顾客群的需求。不同顾客群在很多方面表现出不同的属性。（　　　）

二、单项选择题

1. 无论对于推动流程还是拉动流程，供应链的管理者要做的第一步都是（　　　）供应链的结构。

  A. 预测   B. 管理

  C. 计划   D. 决策

2. 企业和下游企业及终端顾客构成的供应链的运行基础是（　　　）关系。

  A. 需求   B. 供应

  C. 顾客   D. 利益

3. （　　　）风险表现在提前期的不确定性、订货量的不确定性等。

  A. 供应   B. 信息

  C. 财务   D. 管理

4. 在实际运作中，企业要根据不同的目标选择不同类型的合作伙伴，对于长期需求而言，最好选择（　　）；对于短期或短暂市场需求，只需选择（　　）来满足需求，以保证成本最小化。

A. 有影响力的合作伙伴

B. 战略性合作伙伴

C. 竞争性合作伙伴和技术性合作伙伴

D. 普通合作伙伴

5. 企业在众多供应商中，选出几个供应条件对自己较为有利的合作伙伴，同它们分别进行协商，再确定适当的合作伙伴，这种方法是（　　）。

A. 直观判断法　　　　B. 协商选择法　　　　C. 招标法

D. 采购成本比较法　　E. ABC 成本法

三、多项选择题

1. 供应链的缺陷表现在（　　　　）。

A. 物流"冰山效应"　　B."涟漪效应"　　　　C."牛鞭效应"

D. 信息不对称效应　　E. 效益背反效应

2. 供应链的外生风险表现在（　　　　）。

A. 物流风险　　　　　B. 信息风险　　　　　C. 资金风险

D. 市场需求风险　　　E. 环境风险

3. 供应链的内生风险表现在（　　　　）。

A. 供应风险　　　　　B. 信息风险　　　　　C. 财务风险

D. 管理风险　　　　　E. 成本风险

4. 有助于供应链优化的管理杠杆可分为（　　　　）两大类。

A. 量本利分析杠杆　　B. 措施导向杠杆　　　C. 价值杠杆

D. 关系导向杠杆　　　E. 物流杠杆

5. 在供应链实际运作中，企业要根据不同的目标选择不同类型的合作伙伴，对于中期需求而言，可根据竞争力和增值率对供应链重要程度的不同，选择不同类型的合作伙伴，即在（　　　　）中做出选择。

A. 有影响力的合作伙伴

B. 战略性合作伙伴

C. 竞争性合作伙伴和技术性合作伙伴

D. 普通合作伙伴

E. 不能确定

四、简答题

1. 供应链预测有哪几个基本步骤？

2. 供应链缺陷分析的流程是什么？

3. 什么是"涟漪效应"？

4. 什么是"牛鞭效应"？

5. 对于供应链风险的规避，可以从哪几方面考虑？

6. 什么是供应链风险？供应链风险管理可分为哪些阶段？

7. 改善顾客服务质量的优化方法有哪些？

8. 建立供应链合作伙伴关系有哪几个关键步骤？

9. 选择合作伙伴的常用方法有哪些？

10. 企业怎样做才能使供应链战略和竞争战略相互匹配？

五、论述题

1. 试述对供应链进行改善顾客服务质量优化的方式。

2. 调研一家本地企业，论述其供应链战略的方向，并阐述是否与其竞争战略匹配？

第四章 供应链的运作

知识目标

● 掌握供应链运营的动力和制约因素

● 掌握供应链运营模式的选择

● 掌握供应链维持的原则

● 熟悉供应链协同管理的要点

● 了解供应链更新的意义

● 熟悉供应链更新的方法

技能目标

● 能够通过对供应链运营过程中动力和制约因素的分析，合理选择供应链
  运营模式

● 能够以某一供应链为例，模拟供应链协调管理的层级

● 能够根据市场情况，及时进行供应链各节点的更新

素养目标

● 培养规范经营意识，树立中国特色社会主义法治观

● 培养团队合作意识，树立互惠共赢协同合作观

● 培养系统创新意识，树立市场竞争中的创新发展观

【思维导图】

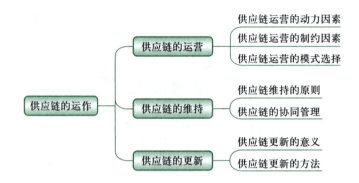

【引例】

欧普照明的供应链变革

中山市欧普照明股份有限公司（简称"欧普照明"）经过20年的高速发展，目前在行业中发挥着举足轻重的作用。但是随着竞争日益激烈和规模扩张速度日益放缓，以往被高增长掩盖的问题也随之出现。例如，库存太高，客户需要的产品没有，不需要的产品堆积在仓库，渠道也出现库存失衡、反应滞后等现象。欧普照明的供应链模式为产销分离模式，销售端负责成品库存和需求预测，称为销售端供应链，制造端负责原料库存和供应计划，称为制造端供应链。为了加强运营端对销售端的支持，并降低整体运营成本，公司决定将一位销售端总监转为销售端供应链总监。该销售总监在欧普照明有十多年的工作经验，任职后的第一件事情就是改善企业的需求预测管理，而不是简单地向制造端施压。这位前销售总监准确定位了整个供应链事半功倍的突破点——需求预测，这是在其前任手里一直被诟病但备受管理层关注的业务。应如何具体实施呢？

1. 供应链向前一步，借力客户，支持销售，实现双赢

（1）理念先行。整个团队接受全方位的专业供应链和需求计划管理培训，制订改善方案和计划，并用3个月时间对经销商进行宣讲培训。

（2）指标牵引。在销售端的配合下，企业与关键经销商签订新的协议。将公司原有的基于销售目标达成的返利，拆分为两部分，40%返利为指标达成，60%返利为预测准确性。如果公司开展促销活动（不会提前预告），则扣除促销因素再评估。在指标的牵引下，部分经销商每月因预测准确性而获得的返利达到20万元左右。公司实现了月月兑现。同时，公司将预测准确性和订单交付节奏两个对供应链有重要影响的指标也融入经销商评级体系，不同等级的客户可以获得不同的授信额度。

（3）规则明确。经销商仅做一个月常规产品预测。产品部门完成新品预测，销售部门完成促销预测。需求预测部门编制3个月基准预测，在品类层次上与其他预测部门相互校验，并做最终决策。不同的角色预测不同的产品和不同的时间段。

（4）系统支持公司推行经销商管理系统，不仅帮助经销商管理进、销、存，同时集成财务系统，每月评估库存和订单录入准确性。供应链要凭借数据来支撑其专业建议，并建立内部信用，因此，系统、数据、及时性和准确性都非常重要。

2. 快速实现供应商与经销商的双赢，将博弈链转变为信任链

该公司将经销商考核指标中融入供应链指标。6个月下来，销售业绩完全没有受到影响，预测准确性提升了30%，库存周转率提升了25%，订单交付率提升了15%，呆滞库存降低了34%，渠道库存结构更加健康。预测指标的增加以及对库存数据的监控等措施推动了供应商与经销商沟通桥梁的建立，供应商甚至主动帮助经销商预判销售走势，改善库存结构，并承诺协助预警和处理呆滞库存。供应商通过直接帮助经销商而实现对销售的有效支持，经销商的能力也因此实现提升。

3. 从供应计划走向需求计划，从需求计划走向全链路协同

相当一部分企业认为它们早已开始改善它们的供应链管理，如采购管理、物流管理、精益制造、库存优化、高级排产、供应商管理库存等，但聚焦于采购、库存、精益制造和供应计划领域的占90%，也就是说，供应链管理基本聚焦在供应链的后端——供应端，甚至是供应端中的执行端。但是，在市场竞争激烈、需求个性化的今天，单纯地聚焦于后端的供应链管理是远远不够的。这是因为供应链运营是受供应计划驱动的，供应计划是被订单和需求计划驱动的，订单和需求计划是被客户和市场行为驱动的。因此，市场和客户是供应链管理的风向标，任何改变只有从源头入手才会事半功倍。

引 例分析

供应链运营和管理绩效时刻受环境和节点的影响和制约。欧普照明的需求预测改革不仅带动了库存周转率的提升，而且促进了订单交付率的提升和整个渠道库存的改善。但考虑到环境的动态变化，以及节点的不可预测性，需要在供应链管理中适当留有弹性。

第一节　供应链的运营

一、供应链运营的动力因素

供应链运营有四个主要动力因素：库存、运输、信息和设施，这些因素相互作用，共同决定供应链的获利水平和对市场的响应速度。

1. 库存

按照物品在生产和配送过程中所处的状态，库存可分为原材料库存、在制品库存、成品库存，以及在途库存。库存是一个重要的供应链驱动因素，改变库存能大大改变供应链的获利水平和响应速度。例如，零售商可以通过增加库存来加快对客户的响应速度，提高对客户的满意度，但是大量的库存增加了零售商的成本，降低了获利水平。相反，零售商减少库存，获利水平就会提高，但是降低了对市场的响应速度。

（1）库存在供应链中的作用。供应链中产生库存的原因是供给和需求不匹配。供给和需求的缓冲作用是通过调节库存储备实现的，库存管理的根本目的是保证供给和需求的平衡。库存在供应链中的主要作用包括：

① 通过储备商品，在客户需要的时候能够及时满足客户，从而增加需求。库存存在于供应链各节点企业中，是供应链的主要成本来源。供应链的库存水平越高，其对市场的响应速度越快，客户的满意度越高，客户在需要的时候可以随时得到商品；相反，供应链各节点企业库存少，其对市场的响应速度就慢，客户在需要的时候不能及时得到商品，也就降低了客户的满意度。

② 在生产和配送过程中通过规模经济降低成本。在制造过程中，大批量生产可以降低成本；在运输过程中，大量运输可以节约费用。管理者应采取措施，在不增加成本或不降低供应链响应速度的前提下，尽量减少库存的数量，提高整个供应链的获利水平。

（2）库存决策的组成要素。为了有效提高供应链的获利水平和响应速度，管理者必须对以下三方面库存做出合理决策：

① 周转库存。周转库存也称经常库存，是指为满足客户在供应商两次送货之间所发生的需求的平均库存量。其目的是衔接供需，缓冲供需之间在时间上的矛盾，保障供需之间的活动顺利进行。这种库存的补充是按照一定的数量界限（批量订货）或时间间隔（订货周期）反复进行的。为了获得规模经济或享受数量折扣，销售商会增加订货量，这样会造成成本增加。

② 安全库存。中华人民共和国国家标准《物流术语》（GB/T 18354-2021）对安全库存的定义是：用于应对不确定性因素而准备的缓冲库存。

如果经营交易是完全可预知的，则只需要周转库存。由于需求是不确定的，可能会超出预期，所以要有一定的安全库存来满足不可预知的突发需求。供应链管理者面临的决策是如何确定安全库存量。例如，超市为了迎接黄金周假期的大量采购必须计算安全库存。如果安全库存量太小，超市将损失销售量及相应的利润；如果安全库存量太大，无法全部售出，就不得不在节日后打折销售。因此，选择安全库存就意味着在库存积压引发的成本和库存短缺所造成的销售量损失之间做出权衡。

③ 季节库存。季节库存是用来应对可预测的需求变化的库存。利用季节库存，在淡季建立大量库存，为无法提供充足产品的旺季做储备。管理者需做出以下决策：是否建立季节库存？如果建立季节库存，需要多少库存？如果企业能以较低的成本快速改变其生产系统的产量，就不需要季节库存；相反，如果生产系统的调整代价高昂，就必须在淡季建立季节库存。供应链管理者在做季节库存决策时，必须权衡保有额外季节库存的成本与产量调整所带来的成本。

供应链管理者在库存决策中面临的是获利水平和响应速度的权衡。增加库存会增加对客户的响应速度，但是会增加成本，减少供应链的整体利润。

2. 运输

运输是指产品在供应链不同环节之间的移动。

（1）运输在供应链中的作用。运输对供应链的获利水平和响应速度有很大影响。无论运输方式和运输量怎样变化，快速运输都能加快供应链的响应速度，但这增加了运输成本，降低了供应链的获利水平。

当企业面对的是那些要求高响应能力并愿意承担高昂费用的客户时，运输就可以作为提高供应链响应速度的一个驱动要素；如果面对的是那些以价格作为主要决策依据的客户，则可以通过低成本的运输方式来降低产品价格，这时响应速度就处于次要地位。厂商要在库存和运输之间进行权衡来提高响应速度和获利水平。

（2）运输决策的组成要素。厂商在设计和运营供应链时，必须考虑运输决策的组成要素。

① 运输方式。运输方式是指将产品从供应链网络的一个位置转移到另一个位置所采取的方式。现在可选择的运输方式有公路运输、铁路运输、水路运输、航空运输、管道运输等，每种运输方式都有其优缺点，企业应根据各自的情况选择合适的运输方式。

② 自营还是外包。每个企业应根据自身的情况进行选择，是在企业内部通过自己的运输部门运输还是外包给第三方物流公司，传统企业的大部分运输是由企业内部的运输部门完成的，第三方物流的发展为这些企业提供了新的选择。

运输决策是在运输费用（获利水平）和运输速度（响应速度）之间的权

衡。运输速度快，运输成本就高，但响应速度快。

3. 信息

信息贯穿于供应链的每一个环节，会影响供应链的其他动力因素，是供应链运营中最大的动力因素。

（1）信息在供应链中的作用。没有信息技术的发展，供应链运营就无法实现。

① 信息连接着供应链的不同阶段，使各阶段相互协调，对供应链的运作起到纽带作用。

② 供应链各阶段的日常运营离不开信息的支持。信息对供应链的日常运营起到基础支撑作用。哪些信息对降低供应链成本、提高响应速度有价值，如何在两者之间进行权衡，是管理者进行信息决策时要考虑的因素。

（2）信息决策的组成要素。企业为提高供应链的获利水平和响应速度，在进行信息决策时必须分析以下四个组成要素：

① 推式供应链与拉式供应链。在设计供应链流程时，管理者必须确定它们是推动流程还是拉动流程，因为不同类型的流程所要求的信息类型不同。

② 供应链协调与信息共享。实现信息共享，对提高供应链的响应速度和竞争力具有重要的作用。供应链管理者必须做出决策，怎样在供应链中进行协调，哪些信息在供应链中共享能实现协调运作。

③ 预测与总体规划。供应链管理者必须做出预测，然后根据预测制定总体规划以满足预测的需求。供应链管理者面临的一个重要决策是：如何在供应链的管理阶层以及整条供应链中都贯彻总体规划。总体规划是供应链内部分享的非常重要的信息。

④ 支撑技术。在供应链内部分享和分析信息有许多技术及方法，如互联网、电子数据交换（EDI）、射频技术（RFID）、企业资源规划（ERP）等，供应链管理者必须确定采用哪种技术、方法，以及如何将这些技术、方法与合作伙伴有机结合，实现真正的无缝衔接。

对于整条供应链来说，关于信息驱动要素最基本的权衡是获利水平和响应速度之间的权衡。准确的信息可以帮助企业降低库存和运输成本，从而提高供应链的整体获利能力和对市场的响应速度。

4. 设施

设施是供应链网络的实际地理位置，是商品储存、组装或加工的场所。设施可分为两大类：生产设施和仓储设施。设施的作用、选址、功效和柔性的决策对供应链的运营有很大影响。

（1）设施在供应链中的作用。如果把存货看成供应链中被传递的商品，运输看成传递方式，那么设施就是商品传递的起点或终点。

设施及其相应的能力，供应链的获利水平和响应速度，是供应链运营的一个关键驱动要素。例如，当产品集中在一个地方生产或储存时，就取得了规模经济效益，提高了获利水平。但是，大多数客户可能都位于远离生产设施的地方，在成本减少的同时，降低了供应链的响应速度。

（2）设施决策的组成要素。设施的决策是供应链设计的一个关键部分，企业在设施决策中必须考虑以下三个组成要素：

① 选址布局。企业的选址布局决策构成了供应链设计的大部分内容，如是为了获得规模经济而集中布局，还是为了提高对客户的响应速度，更靠近客户而分散布局。

② 设施产能。企业还必须确定设施的产能以及预期的功能。大量的超额功能会增加设施的柔性，并能对大幅度的需求变化做出敏捷的反应。但是超额的功能会增加资金投入，从而降低利润。公司必须权衡并确定各种设施的能力水平，以满足实际需要。

③ 设施作用。对于生产设施，企业必须决定设施布局是以产品为中心，还是以功能为中心。如果以产品为中心，为了生产不同类型的产品必须具备较多功能（如包装、加工、配送）；如果以功能为中心，为了生产不同类型的产品，只需具备较少的功能（如仅有加工或包装功能）。

管理者进行设施决策时面临的是由设施的选址、产能以及作用所决定的成本与这些设施为客户所提供的响应速度之间的权衡。

以上这些动力因素并非独立发挥作用的，而是通过相互作用来决定供应链的整体绩效。良好的供应链设计和运作能够实现相互合作、相互信任和协作，并通过适当的权衡来达到供应链的理想获利水平和响应速度。图4-1为供应链运营的动力因素。

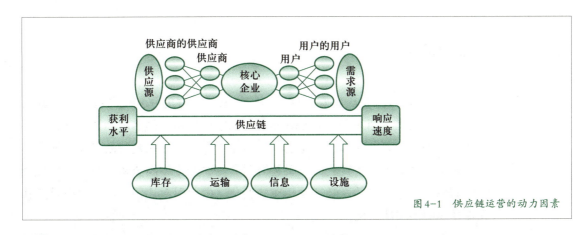

图4-1　供应链运营的动力因素

二、供应链运营的制约因素

1. 产品种类快速膨胀

随着消费者需求多样化越来越明显，制造商为了更好地满足消费者需求，便不断推出新产品，从而引起一轮又一轮的产品开发竞争，结果产品的品种数成倍增长。为满足市场的个性化需求，市场越来越细分，产品种类增多，大大增加了市场预测和满足需求的难度，从而使供应链运营复杂化。产品种类的增加带来了消费者需求的不确定性，使供应链上下游企业都背上沉重的库存负担，严重影响了供应链节点企业的资金周转，从而造成供应链成本上涨，利润下降。

2. 产品生命周期缩短

随着消费者需求的多样化发展，企业的研发部门加快研发速度，新产品投入市场的频率加快。与此相应的是产品生命周期的缩短，更新换代速度的加快，给企业带来巨大的压力，需要投入大量的资源。产品生命周期缩短增加了不确定性，这是因为供应商除了要应对产品需求的不确定性外，还要经常进行调整，以适应生产商的生产。在机遇减少的同时，不确定性还给供应链协调及创造供求平衡带来了巨大的压力。

3. 消费者需求不断增加

消费者需求的多样化和不确定性的增加，加大了企业把握市场的难度，与此同时，也对供应链管理提出了更高要求。由于市场提供的可供选择的产品越来越多，顾客对产品的质量、性能以及服务要求越来越高，供应链核心企业为了及时响应客户的需求，紧跟市场的脚步，也必须顺应市场，整合全世界的优质资源，以低廉的价格将优质的产品、高质量的服务提供给客户，这样才能在激烈的市场竞争中获胜，以维持供应链的运营。

 例启发

"蝴蝶效应"

"蝴蝶效应"是美国麻省理工学院气象学家洛伦兹1963年提出的。其大意为：一只南美洲亚马孙河流域热带雨林中的蝴蝶，偶尔扇动几下翅膀，可能在美国得克萨斯引起一场龙卷风。其原因在于：蝴蝶翅膀的扇动，导致其身边的空气系统发生变化，并引起微弱气流的产生，而微弱气流的产生又会引起四周空气或其他系统产生相应的变化，由此引起连锁反应，最终导致其他系统的实质性变化。

例如，一只风筝的误飞，导致大批列车晚点，造成巨大损失，就是典型的案例。2021年4月4日15：39，沪宁城际列车，因苏州园区至阳澄湖区间出现风筝缠绕接触引发设备故障，导致整条线路列车暂停运行。故障于当天16：48处理完毕，列车通行逐步恢复。

4. 供应链的复杂性和变化性增加

在供应链运营过程中，面临着许多问题。首先，供应链管理的要素和范围有很大拓展，从人、财、物到信息、技术、设备、知识等，管理对象无所不包，几乎涵盖了所有软硬件资源要素。其次，供应链系统是一个动态的、开放的有机整体，各要素之间交织成相互依赖、相互制约又相互促进的关系链，打破地域分布的限制，在全球范围内优化整合社会资源。最后，一些先进的管理思想，如准时生产制（JIT）、精益生产、快速反应、全面质量管理、业务流程再造等的运用，使得供应链运营更加复杂，要求以更快的速度、更优的方式、更有效的途径解决问题，既有时间要求，也有成本要求，同时还要快速响应市场，即有效率的要求。以上这些不确定性因素，有的来自外部环境，有的来自供应链上下游企业内部，使得供应链运营面临诸多问题和困难，制约着供应链的发展。

5. 业务外包导致供应链环节增加

现代竞争理论认为，企业应充分利用自身的资源优势，通过技术的重新设计和业务流程的重组，集中精力发展自己的核心业务，增强自己的核心竞争力，而将自己不擅长的业务进行外包，在全球范围内整合优质资源，充分挖掘外部专业机构的能力，利用它们的核心业务能力，形成强强联合。但是业务外包越多，所有权就越分散，供应链节点企业就越多，主体利益的矛盾性和供应链环节的不确定性就会增加，供应链的协同越困难，从而影响供应链整体的盈利水平。

6. 缺乏供应链方面的专业人才

供应链管理是一个跨组织、跨行业的管理理念，它涉及许多领域的高新技术，不仅需要专门的技术人才，而且需要精通各种管理理论、方法和手段，熟悉供应链专业知识的综合型人才。但是，我国供应链发展起步很晚，物流人员大多是从管理专业、交通运输专业等转行而来，缺乏供应链方面的知识，加之我国高校物流专业开设较晚，供应链方面的人才问题尤为突出。

供应链各节点企业面临着各种各样的不确定性因素，使得供应链的运行难以控制。同时这些制约因素也为供应链的改善提供了思路，随着这些制约因素影响的不断增加，供应链管理逐渐成为公司成败的关键因素。

谈一谈：你认为还有哪些因素制约供应链的运营？

要　求：1. 组织小组讨论，记录讨论结果。

2. 每组选出代表进行汇报，并同时打分。

3. 老师给出讲评，并进行总结。

三、供应链运营的模式选择

随着信息技术的发展，一些新的概念逐渐融入供应链管理实践，产生了许多新的模式。

1. 基于全球化供应链运营模式的选择

在经济全球化的环境下，国际上越来越多的企业进入中国市场，同时更多的中国企业也走向了世界，使原材料、半成品、产成品，以及技术、知识等资源在全球范围内流通，从而进入全球化供应链管理的新阶段。

全球化供应链管理是指以全球化的观念，现代国际网络信息技术为支撑，对供应链进行计划、协调、控制和优化，实现供应链的一体化和快速反应，以满足全球消费者的需求。

（1）全球化供应链管理的特征。

① 全球化供应链管理是以全球范围内的客户需求来驱动供应链运作，以快速满足全球消费者需求为经济目标。

② 全球化供应链从全球市场的角度对供应链进行全面协调，供应链各节点企业共担风险，共享利润，实现优势互补，降低各环节的交易成本，提高全球化供应链的整体盈利能力。

③ 全球化供应链管理以现代国际网络信息技术为支撑，高度集成的国际网络信息系统是其运营的技术基础。

（2）我国企业构建全球化供应链的模式选择。构建全球化供应链的过程，是供应链各节点企业的共同意识和共同价值观再造的过程，供应链各节点企业相互适应、相互认同后形成一种和谐的文化体系。管理全球化供应链的目标就是创造条件使所有供应链各节点企业都能从合作中受益。根据节点企业在供应链中所处位置的不同，供应链管理模式可以分为以制造商、批发商、零售商、物流商为主的四种供应链管理模式。

因此，不同的企业在组建或加入全球化供应链时，应根据自己的特点，选择合适的供应链管理模式。

行业洞察

全球供应链竞争：全新视角解读中国供给侧改革

中国企业过去单纯追求销售规模（高增长）的"销售驱动型"发展模式，轻视"采购驱动型"发展模式，是导致重资产运营、供应链效率低下、供应链管理成本过高的重要原因。而如果通过一个通往全球的供应链交易（B2B）平台，帮助中国企业快速深度融入全球供应链体系，提升供应链管理能力，降低供应链的交易成本，恰恰是切中了"降低成本"的要害。

没有任何国家在经济全球化大趋势下可以"自给自足"，企业也如此。中国企业应该在全球视角下快速融入全球供应链网络体系，赢得全球供应链才能够最终赢得天下。因此，无论是华为、中兴等大企业，还是各个细分行业的中小企业，都应该具有全球视野。当然，这需要中国出现一个全球供应链交易（B2B）平台，将中国的中小企业与世界连接起来。当然，这也需要中国建立起围绕全球供应链的现代服务业来帮助中国的中小企业快速融入全球供应链网络体系中。

党的二十大报告指出：坚持创新在我国现代化建设全局中的核心地位。在供给侧改革的五大发展理念中，"创新"居于首位，唯有创新才能够为经济持续健康发展提供源源不断的内生动力。因为"创新能力不强是中国经济的阿喀琉斯之踵"，那么如何实现中国的创新呢？将中国的创新融入全球创新体系之中，以及通过全球主流需求侧的创新需求来推动中国的创新，才是一条正确道路。这恰恰也是中国企业快速深度融入全球供应链网络体系的一个能够期待的结果。

2. 基于电子商务供应链运营模式的选择

电子商务改变了传统的供应链运作模式。电子商务供应链也称为"虚拟供应链"，供应链各节点企业间的商务活动是通过网络进行的，通过电子商务技术对物流、信息流和资金流进行有效控制，实现信息的共享。电子商务供应链网络模型如图4-2所示。

与传统的供应链相比，电子商务供应链运营模式具有以下特点：

（1）节约交易成本。通过互联网这个全球通用的网络，合作伙伴之间创建自动、无缝衔接的供应链，整个供应链就像独立的整体一样运作，企业能够进行快速订货、存货跟踪与管理，更加精确地履行订单并获得JIT制造的支持，提高客户服务水平。用互联网整合供应链，在缩短交易时间的同时，大大降低供应链内部各环节的交易成本。

（2）提高客户服务水平，降低存货成本。电子商务供应链可以向全球范围内的客户提供每周7天、每天24小时的全天候服务，对客户服务的响

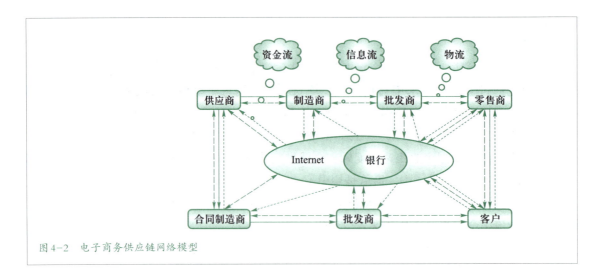

图 4-2　电子商务供应链网络模型

应更快，缩短了响应时间，降低了服务成本。而且，通过扩展组织的边界，供应商和客户通过网络共享库存信息，能够随时掌握存货信息，及时安排供货与发货，减少企业的存货，降低存货成本。

（3）降低采购成本。网络的发展、信息的共享，使采购效率显著提高，采购人员的数量大大减少，采购成本随之降低。

电子商务供应链将物流、信息流、资金流三者有机统一，通过互联网获取上下游客户端信息，实现线上协商价格、订立合同、发送订单、货物线上跟踪以及线上支付；排除了许多影响供应链的不确定因素，实现信息共享，电子商务供应链逐渐成为供应链节点企业实现共赢的核心内容。在信息时代，电子商务供应链将成为企业获取新的市场份额的催化剂。

3. 基于绿色供应链运营模式的选择

随着世界经济持续快速地增长，资源的消耗越来越严重，资源浪费与环境破坏事件频繁发生，人们越来越关注生态环境问题，提出了可持续发展战略。实施绿色供应链管理正是将"绿色"或"环境意识"与"经济发展"并重的可持续发展的一种有效途径。

绿色供应链是把循环经济理论和供应链相结合的产物，与传统供应链相比，具有以下特点：

（1）改变"一次使用"的观念，减少污染性原材料的使用，供应链节点企业把绿色材料选择、绿色采购、绿色生产计划、绿色包装、绿色仓储、绿色运输、绿色分销和回收处理等过程有机集成，取得整体最优化效益，真正实现供应链的绿色化。

（2）充分利用具有绿色优势的外部企业资源，并与具有绿色竞争力的企业建立战略联盟，使整个供应链的资源消耗和环境影响降至最低。

（3）把"绿色"与"环保"的理念融入整个供应链。

当前，绿色供应链管理的措施已被广大企业逐渐采用，许多国家颁布了环境立法，让生产商为其产品的逆向物流负责，包括旧产品和工业废品的处理。另外，全球性跨国公司均采取有效措施，整合它们的供应商、批发商等，改善设计和生产工艺来提高产品的可重用性，促进绿色供应链的发展。

查一查：利用网络搜集一些典型供应链企业的资料，并填写表4-1。

表4-1 不同类别的供应链企业

类别	企业名称
全球化供应链	
电子商务供应链	
绿色供应链	

社 会担当

绿色供应链串起六个环

党的二十大报告指出：推动绿色发展，促进人与自然和谐共生。一条绿色的长链，它的一端是自然界无比丰富的资源，串起制造业、运输业和销售业等产业，另一端连通亿万消费者。这是一条周而复始的链条，或回归自然，或重回前期的循环……这就是被视为解决环境污染的重要手段的绿色供应链，又称环境供应链（Environmentally Supply Chain, ESC）。如何让绿色供应链运转得更为流畅、高效，是近年来各国政府和企业无法回避的一大课题。

绿色供应链会串起许多环节，其中最主要的环节可用"六个绿"来表述。

（1）绿色采购，对环境不友好的材料，生产企业将拒绝采购。

（2）绿色制造，不节能环保的设计和生产技术，不能进入生产企业的厂房和车间。

（3）绿色销售，销售企业在售前、售中和售后都要确保消费者的安全和健康，注重环保和节能。

（4）绿色消费，教育和引导消费者选择绿色产品，崇尚自然，避免污染。

（5）绿色回收，确定最佳回收和处理方案。

（6）绿色物流，在整个物流活动的过程中，尽量减少环境危害，充分利用物流资源。

第二节　供应链的维持

一、供应链维持的原则

供应链是由多个企业组成的复杂有机体，具有复杂性、动态性和交互性的特点，在其组建和运营过程中，存在很大的风险性和不确定性。维持供应链的目的就是协调各节点企业间运作，通过采取各种方法减少供应链各节点企业之间的矛盾、冲突和内耗，实现1+1>2的效果。为了使供应链维持相对稳定性，在运行过程中，应坚持以下原则：

1. 合作信任原则

供应链本质上建立在合作和共赢的基础上，通过长期发展，建立相互信任、互惠互利、信息共享的合作关系。供应链各节点企业都是独立的经济实体，形成各自的管理模式和价值观念，为了使供应链正常运行，各节点企业必须摒弃传统的经营意识和经营模式，建立新的战略合作伙伴关系，注重合作双方的利益共享与风险共担，追求长期、稳定的合作关系。要求各个节点企业不再以自我为中心，而是实现供应链整体的行动协调和统一，培育团队合作精神，更好地响应客户需求。

这样，供应链上的成员不再是孤立的，而是一个整体，通过相互连接、依存、渗透和互动，形成合作式的网络系统和上下游企业间的无缝衔接，树立长远的战略联盟意识，从全局、系统的观点出发思考问题，从而积极主动地参与供应链的竞争与合作。

2. 目标一致原则

供应链各节点企业组成了一个有机整体，其运行过程是复杂的，在管理过程中所涉及的目标也是多样化的。当供应链的战略目标确定后，各节点企业应根据战略总体目标确定各自的分目标，并按计划有条不紊地完成各自的分目标。各自的分目标完成后，总体目标也就实现了。

各节点企业在设计自己的分目标时，应遵循目标一致原则。也就是说，分目标不能和总体目标相违背。如果为了自己的利益而损害供应链上下游企业的利益，那么合作将无法继续，整条供应链的运作将无法维持。为保证整条供应链的稳定运行，各节点企业应从全局出发，做到局部服从整体，分目标服从总体目标。

3. 利益均衡原则

利益是供应链各环节能够凝聚在一起的驱动力，各企业都有追求自身利益最大化的本能，在人员素质、技术水平和管理水平等方面的差异不同程度地影响各个企业的获利水平，其间的平衡决定供应链的稳定程度。只有当各企业都认为从供应链合作关系中获得的收益大于终止这种关系的成本时，才能维持供应链的稳定性。相反，当供应链成员企业合作的收益小于终止成本，或利益分配不均衡时，将会影响受损方合作的积极性，更严重的后果是受损方拒绝合作，导致供应链合作关系破裂，造成供应链的崩溃，直接影响供应链运作的稳定性。

在供应链整体利润一定的条件下，供应链各节点企业的利润分配是此消彼长的关系。各成员企业间的合作是建立在共同利益基础上的，当供应链维持稳定的时候，每个节点企业的活动，不仅在相互配合、协调过程中实现供应链整体利润最大化，而且参与者也获得了相应的利润。

4. 信息共享原则

信息共享对于提高供应链运作水平，减少"牛鞭效应"的影响具有重要的作用。共享信息是指供应链各节点企业间共同拥有的一些信息，如最终客户的需求信息、各节点企业的库存信息、产品营销信息、产品促销信息、物流信息等。在供应链中，由于各节点企业自身对信息的收集和处理不够充分，而自身的信息管理系统效率相对低下，以及供应链各节点间对信息的分散持有方式等，会造成信息的不完全和不对称。各节点企业由于信息不畅或没有完全实现信息共享等原因而面临诸多的不确定因素，导致供应链反应能力低下，供应链整体运作效率难以提升，并且由于不确定性因素普遍存在，供应链运作的稳定性受到很大影响。

实现信息共享，可以减少由于信息不完备和不对称所带来的风险，它不仅在供应链企业的整体运作中起到重要作用，而且对提高供应链的反应速度和竞争能力具有重要作用。加强各节点企业的合作，实现供应链的同步运作，消除供应链节点企业之间信息传递的障碍，减少因信息失真而导致过量生产、过量库存现象的发生，减少供应链的内耗，可以提高信息共享的程度，形成由顾客需求驱动的无缝供应链。实现良好的协调，降低供应链的成本，缩短各个环节的时间延迟，消除不确定性的放大效应，是维持供应链稳定运行、高效运作的关键。

5. 自律原则

自律原则要求供应链节点企业向行业的领头企业或最具竞争力的竞争对手看齐，不断对产品、服务和供应链绩效进行评估，并不断改进，以使企业保持自己的竞争力并获得持续发展。自律包括企业内部的自律、相比竞争对手的自律、相比同行企业的自律和相比领头企业的自律。企业通过遵循自律原则，可以降低成本，增加利润和销售量，更好地了解竞争对手，提高客户满意度，增加信誉，企业内部各部门之间的绩效差距也可以缩小，提高企业的整体竞争力。

6. 标准化原则

供应链管理离不开行业规范和标准，建立健全行业规范和标准是供应链高效运作的关键之一。为了维持供应链的稳定，供应链各企业应在标准化建设方面注意以下三方面：

首先，根据本企业的实际情况和国家标准、国际标准的执行情况，制定企业内部的管理标准；其次，根据运营流程，完成机构设置的标准化，业务流程的标准化，业务开发的标准化，客户开发及维护的标准化，数据库建设的标准化，与供应商、银行、终端客户接口的标准化，属地公司及配送站建设的标准化等；最后，加快与目前各类标准相应归口的标准委员会的联系与沟通频率，通过有关行业协会来加强标准化建设与推广。

总之，通过建立并认真执行行业规范和标准，可以保障物流畅通，实现物流产业的标准化、规范化和制度化，为提高供应链管理的效率与质量提供重要的技术支撑。

二、供应链的协同管理

供应链是一个有机整体，供应链的发展需要各节点企业的共同努力。当各企业以总体目标为导向，采取协调一致的行动时，就会产生 $1+1>2$ 的协同效应；相反，如果各企业各自为政，不仅无法产生协同效应，而且生存都会受到威胁。

1. 供应链协同与供应链协同管理的概念

供应链协同是指供应链中各节点企业为实现供应链的整体目标而共同制订相关计划、实施策略和运作规则，并共同约定承担相应责任，使供应链各企业协调同步，各环节无缝对接。各节点企业通过公司协议或联合组织等方式结成一种网络联合体，在这一协同网络中，供应商、制造商、分销商和客户基于信息和网络技术进行信息的共享，各企业在信任、承诺和弹性协议的基础上进行合作。供应链协同应以信息的自由交流、相互信任、协同决策、无缝连接的生产流程和共同的战略目标为基础。

供应链协同管理（Supply Chain Collabrative Management，SCCM），是针对供应链内各节点企业间的合作进行的计划、组织、协调和控制等职能。供应链协同管理通过将供应链上分散在各地、处于不同价值增值环节、具有特定优势的独立企业联合起来，以协同机制为前提，以协同技术为支撑，以信息共享为基础，从系统的全局观点出发，促进企业内外部协调发展，开创共赢局面，实现供应链各节点企业效益最大化。

2. 供应链协同管理的优势

与传统的供应链管理相比，供应链协同管理具有以下优势：

（1）供应链各节点企业不再是孤立的，而是彼此之间相互联系的，把整个供应链上的所有企业看成一个有机的整体。

（2）供应链各节点企业在信息共享的基础上，以提高整体供应链绩效为目标，进行相互沟通后的协同决策。协同决策不仅摆脱了供应链各节点企业单纯以自身利益最大化为目标，分散决策所造成的供应链整体绩效低下，而且也克服了传统集成式供应链管理中由单一的决策制定者来制定决策的理想化管理所带来的诸多障碍。

（3）供应链各节点企业的构成框架及其运行规则主要基于最终客户的需求和整个价值链的增值来考虑。

（4）各合作伙伴建立新型合作关系，即树立共赢意识，变竞争关系为合作关系。

（5）供应链协同关系的形成不仅可以使企业借助其他企业的核心竞争力来形成、维持甚至强化自己的核心竞争力，而且企业也将帮助自己的供应商和客户最大限度地提升其客户满意度，也就是说，供应链协同管理可以使整个供应链创造的价值最大化。

由此可见，供应链协同管理思想就是以协同技术为支撑，以信息共享为基础，坚持从系统、全局的观点出发，采取一种共赢的原则，使整个供应链中的个体更加亲密、相互信任、团结和同步，来提高整个供应链的柔性，并实现整个供应链价值最大化。

3. 供应链协同管理的层次

按照决策范围和时间的不同，供应链协同管理分为战略层供应链协同管理、战术层供应链协同管理和操作层供应链协同管理。

（1）战略层供应链协同管理。战略层也称决策层，是供应链管理的核心，处于供应链协同管理的最高层次，它决定了战术层和操作层协同的范围和程度。战略层供应链协同管理站在战略的高度，明确和强化供应链协同管理的思想，主要内容包括供应链网络的设计，文化价值的融合，发展目标的统一，以及风险分担、收益共享、协同决策和标准统一等，界定供应链管理的目标和范围，实现对供应链管理的总体规划。

（2）战术层供应链协同管理。在供应链协同中，战术协同处于承上启下的位置，是供应链协同管理的中心问题。供应链各节点企业在协同理念的指引下，互相合作，彼此信任，解决供应链运作中总成本最低化、总库存最小化、物流质量最优化之间的矛盾，实现供应链绩效最大化。战术协同涉及的内容主要包括需求预测协同、生产计划协同、采购协同、制造协同、物流协同、库存协同、销售与服务协同等。

（3）操作层供应链协同管理。在供应链协同中，操作层协同处于最低层次，它是战术层协同和战略层协同的基础和前提。战略层协同与战术层协同的所有内容都依赖于操作层，操作层供应链协同以信息技术为支撑，实现供应链各企业的同步运作和信息协同。供应链的协同运作建立在各企业信息共享基础上，协同运作的优劣取决于信息共享的程度，因此，信息与通信技术的发展是供应链实现协同的关键。

从支持信息协同的外部网络技术看，互联网技术的发展为各企业的协同工作搭建平台，目前许多公司致力于这方面的研发。支持信息协同的技术还包括条形码技术、电子数据交换技术（EDI）、电子订货系统（EOS）、GIS与GPS、射频识别技术等。这些技术的应用为供应链的协同提供了同步运作和信息协同的框架平台，还有大量支持协同的应用软件技术，如企业资源计划（ERP）、供应商关系管理（Supplier Relationship Management，SRM）、业务流程再造（Business Process Reengineering，BPR）等供企业选择，它们已经成为促成协同管理的关键。供应链协同管理的层次如图4-3所示。

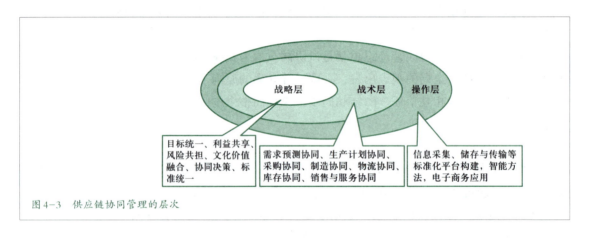

图4-3 供应链协同管理的层次

试一试：利用网络收集供应链合作"共赢"的例子。

要　求：1. 每个小组搜集一个案例，讨论并进行剖析，分析成功或失败的原因。

2. 制作幻灯片，每组选出一个代表进行汇报。

3. 老师打分，记入平时成绩。

第三节　供应链的更新

一、供应链更新的意义

经营环境的变化，可能会要求打破现有供应链组织形式而建立新的供应链。这说明供应链节点企业之间的关系不是一成不变的，它们会随着外部环境的变化以及自身的不断发展而改变现有合作关系，寻找新的、适合自身发展的合作者，这就造成了供应链的不稳定。供应链的突然断裂会波及供应链其他合作伙伴，对整条供应链造成巨大损失。因此，及时进行供应链的更新是十分必要的。

供应链更新的意义表现在以下四个方面：

1. 顺应自然发展规律

任何事物都有其生命周期，供应链也是如此。供应链存在着"绝对变化—相对稳定—绝对变化"的运动状态，也会经历产生、成长、成熟、衰退、解体的生命周期。所以，供应链的更新是一种必然现象。

2. 使资源得到最优配置

随着环境的不断变化，原有的供应链可能会存在一些问题，如市场反应迟缓、新产品研发滞后、不能满足客户的多样化需求等，供应链各节点企业的发展不均衡，要求打破原有供应链，在全球范围内重新寻求合适的伙伴，并对资源进行再分配，建立新的适应环境变化的供应链。

3. 使供应链运行由无序变成有序

对于整个供应链来说，并不存在一个中心控制者来指导各节点企业的行动，但整条供应链仍然表现出一种有序的状态，每个供应链节点企业要遵循相对简单的市场规律，不断根据供应链合作伙伴的动向采取行动，以寻求对环境的适应，这就会凸显整个供应链的有序运转。正是这种主动性以及它与环境的反复、相互作用，使整个供应链运行由无序变为有序，这也是整个供应链发展和进化的基本动因。

4. 供应链的各自组织能力要求供应链更新

由于供应链本身不断受到外界环境变化的影响，是市场变化的产物，为了满足客户不断增加的个性化需求，供应链需要随外界环境的变化而改变自己的组织结构、运行模式及相关产品。供应链系统本身要具有创新性和可变性，就必须摆脱原有的不均衡状态，改变运行过程中的失序、不规则和多样性，促使供应链在不断演变的过程中有效发挥各自组织能力，形成适应环境运行的良好供应链系统。

二、供应链更新的方法

随着现代科技的迅速发展，供应链所处的环境越来越复杂多变，影响着供应链的正常运作，降低了供应链的效率和响应市场的速度，这时就需要对供应链进行必要的变革，即供应链更新。

供应链更新有两种形式，即渐进的供应链更新和剧烈的供应链更新。渐进的供应链更新一般是局部的改进和完善，是一种量变；剧烈的供应链更新是供应链遭受重创时，严重影响供应链的运作而进行的重大更新，是一种质变。供应链更新的方法包括以下几种类型：

1. 供应链业务流程更新

与传统的业务流程再造不同，供应链业务流程更新强调的是在供应链管理环境下的业务流程重组，是从企业内部的流程重组向企业外部流程重组的发展，企业作为供应链的一个成员，应从供应链的全局出发，根据供应链上其他合作伙伴的资源优势，在企业内部重新设计自己的业务流程，以满足客户的需求为目标，对现行的业务流程进行根本性的再思考和彻底的再设计，将全面的质量管理贯穿于整个供应链运作过程，从市场调研阶段开始就注意成本的投入，在改造过程中"取消"所有不必要的工作环节和内容、"合并"必要的工序、"重排"必需的工作程序、"简化"必需的工作环节，节省不必要的投入，集中精力发展自己的核心业务，稳定内部作业流程，全面提升产品质量，提高服务质量水平，提高企业在整个供应链中的地位。

供应链业务流程更新不仅要考虑企业内部的流程重组，而且要考虑与其他企业通信和沟通方面的问题，与上下游节点企业间流程的衔接和协调，使供应链各节点企业同步运作。供应链环境下的业务流程更新要适应供应链的整个系统，所有合作伙伴的相关流程要同步实施再造或优化，以核心企业为中心，在企业之间多角度、全方位地进行流程更新，大胆取舍，形成核心流程，最后形成具有自己核心业务和核心竞争力的立体式、网络化业务流程。

2. 供应链信息技术更新

信息技术是供应链业务流程运行的动力源泉，信息技术为供应链流程更新提供了技术支持，提供了必要的工具和手段。流程再造中需要大量数据库、计算机网络等信息技术的支持，离开了信息，流程再造就无法实施。

传统的信息系统是为不同部门或单位独立设计的，由此形成了一个个信息孤岛，彼此之间缺乏信息沟通，不能有效地协调工作，当然企业的效率也很低下。信息共享是保持企业内部与企业之间业务流程高效运行的基础，通过信息共享可以减少成本、提高供应链节点企业的响应速度、减少库存等，从而使这条供应链更具竞争力。这就要求供应链各节点企业增加信息技术的投资来提高工作效率，增加彼此间的相互合作和信息共享。利用现代化信息技术，企业能够及时、准确、完整地获取流程所需要的各种信息，并促使企业内部及供应链上各节点企业的信息和知识能够实现完美的连接和整合。利用先进的网络和信息技术，真正实现信息共享，及时对信息进行分析和处理，将串行的工作流程转变为并行流程，加快整条供应链对市场的反应速度，提高对客户的服务能力。

3. 供应链组织结构更新

我国绝大部分企业的组织结构仍以传统的职能为中心，将完整的业务流程分布在多个职能部门，每个职能部门所从事的工作只是其中的一部分。以顾客订货处理流程为例，需要多个职能部门参与，先由销售部门接收订单，财务部门对顾客的资信水平确认后，由采购部门负责购进原材料或零部件，接着生产部门组织生产，生产完成后由物流部门为顾客配送。各部门之间彼此独立，信息传递缓慢，有时会发生信息扭曲，这种传统的组织结构已经不能适应供应链管理的要求，必须对其彻底进行组织更新。

对于组织结构更新来说，首先要将阻碍企业运营、影响企业战略目标实现的一切职能部门、人员、财力、物资等全部精简，彻底清除无效活动和浪费，集中于能为企业带来增值的组织结构优化调整；其次，企业要具有较强的学习能力，能根据环境形势的要求不断扩大和更新原有核心能力，提高企业自身和整个供应链的生存竞争能力；最后建立柔性的组织结构，要求组织结构对环境变化能及时做出能动反应，能够灵活地进行组织本身的转换，以适应环境的变化。

改造业务流程，将企业自身资源与外部资源有效结合，就要打破传统的组织壁垒和框架，改变原有的组织结构，进行组织更新。新型的供应链组织结构应以流程为中心，从原来的直线型结构转变成平行的流程网络结构，实现组织结构的扁平化、信息化和网络化。

4. 供应链文化变革

企业文化是指企业在长期生产实践中，逐步形成的为全体员工所认同、遵守，富有本企业特色的价值观念、经营准则、经营作风、企业精神、道德规范和发展目标的总和。它是一种通过一系列活动主动塑造的文化形态，当这种文化被建立起来后，会成为塑造内部员工行为和关系的规范，是企业内部所有人共同遵循的价值观，对维系企业成员的统一性和凝聚力起很大作用。

由于供应链上有许多节点企业，每个节点企业的文化各不相同，而且这些企业可能来自不同国家或地区，这给供应链管理带来了很大困难。要想使供应链能够高效、快速地运行，形成一个有机整体，就必须打破原有企业文化，整合成新的供应链文化，形成被供应链各企业接受的共同价值观、经营准则和发展目标，实现相互合作、相互信任、信息共享及共赢的目标。

5. 人才的引进与培养

人才是供应链管理的核心要素，供应链与供应链之间的竞争其实就是人才的竞争。人才的匮乏严重阻碍了供应链的更新，人才的不足被认为是我国企业开展供应链管理的最大瓶颈。

供应链业务流程变革需要大量人才，要求这些人才不仅受过专业的技术培训，而且掌握各种管理理论、方法和手段，熟悉与供应链有关的专业知识，具有国际视野与战略眼光。这些高级人才在短期内很难培训出来，因此需要在全球范围内整合人力资源，帮助企业开展供应链更新。

另外，企业要进行人才培养，对员工开展大批量培训。首先，变革是自上而下的，要让员工从思想上改变观念，理解此次变革的意义，重视变革；其次，针对供应链方面的专业知识和技能、业务流程变革等内容进行培训，让员工参与整个变革的过程，创造吸引、培养与激励人才的机制；最后，鼓励团队精神，打破职能部门之间的孤立局面，加强企业内部以及企业之间的交流与沟通，提高整条供应链的人才管理水平。

案 例启发

雅戈尔服装管理创新——构建协同供应链

雅戈尔集团股份有限公司（简称"雅戈尔"）创建于1979年，是全国纺织服装行业龙头企业，2021年度实现营业收入1 048亿元。经过40多年的发展，雅戈尔已形成以品牌发展为核心，以供应链协同为路径，多元并进、专业化发展的综合性国际化企业集团。

身处全球经济中的中国纺织服装企业正在形成一个共识：单打独斗的"个体竞争时代"已经告一段落，供应链之间的系统竞争成为摆在中国纺织服装企业面前的重大命题。未来的竞争，将是整个供应链的竞争。为此，该企业一直在践行"价值链整合管理"和"品牌整合营销"的经营理念，大力推进包括面料、生产、销售终端在内的上下游产业链的供应链协同。通过产业链的协同网络，雅戈尔的供应商、制造商、分销商和客户可动态地共享信息，紧密协作，以实施灵活、持续的高质量管理，实现共同的发展目标，保持产业链价值的最大化。

雅戈尔的成功运营折射出新时代企业运营的新理念，反映了科学构建以企业核心业务为主导的供应链，实施供应链管理能达到整体运营最优；而供应链节点企业间的协调和结盟，也能使每一个供应链上的经济体实现健康可持续发展。

技 能训练 <<<<<<<<<<<<<<<<<<<<<<<<<<<<<<<<<<<<<<<<<<<<<<<<<<<<

一、实训名称

供应链基本运作模拟演练。

二、实训目标

通过对供应链基本运作进行模拟演练，使学生掌握供应链运作的基本流程。

三、环境要求

物流实训室应配备：

（1）进行软件和动画实训时，应配备计算机40台；

（2）进行实景实训时，应配备5组桌椅。

四、情境描述

本实训为了降低供应链运作过程中以库存成本为代表的物流成本，采取拉式供应链这种现代供应链运作的主要形式，按客户订单的数量和品种组织生产，体现供应链运作的JIT特征，能够有效提高供应链效率，降低"牛鞭效应"的影响。

本企业是一家以生产电子产品为主的制造企业，由于电子产品更新速度快，企业采取产品定制策略，以保持其供应链的高敏捷性。

五、工作流程

工作流程如图4-4所示。

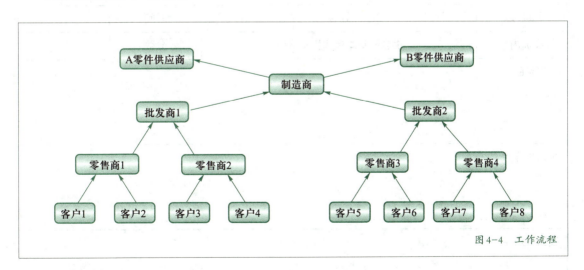

图4-4　工作流程

六、操作步骤

（一）信息流

流程一：选择不同客户向其指定零售商下订单。

流程二：各零售商汇集订单向其批发商下订单。

流程三：各批发商汇集订单向制造商下订单。

流程四：制造商向其供应商下订单。

（二）物流

流程一：各供应商向制造商发货。

流程二：制造商按订单要求向各批发商发货。

流程三：各批发商按订单要求向各零售商发货。

流程四：各零售商按订单要求向各客户发货。

七、注意事项

（1）注意每一轮不同的运作情况。

（2）每次下订单为一轮，实训共3轮。

（3）设定企业制造一件产品所需要的零件为A零件1件，B零件1件。

（4）填写实训报告。

八、实训报告

请填写表4-2中的实训报告。

表4-2 实 训 报 告

《供应链管理》实训报告					
班级		姓名		时间	
实训内容	供应链基本运作模拟演练			分数	
实训目的					
实训步骤					
我的做法					

续表

我的结论
我的想法

同步测试 <<<<<<<<<<<<<<<<<<<<<<<<<<<<<<<<<<<<<<<<<<<<<<<<<<<<<<<<<<<<<<

一、判断题

1. 供应链的库存水平越高，其对市场的响应速度就越慢，客户的满意度就越低。（　　　）

2. 在进货总数不变的情况下，增加订货次数，会减少库存成本。（　　　）

3. 安全库存是用来满足不可预知的突发需求的，如果需求是确定的，就不需要安全库存。（　　　）

4. 如果面对的是那些以价格作为主要决策依据的客户，可以通过低成本的运输方式来提高产品价格，这时响应速度就处于次要位置。（　　　）

5. 运输速度越快，运输成本就越高，但对市场的响应速度就越快。（　　　）

6. 大多数客户可能位于远离生产设施的地方，将产品集中在一个地方生产或储存，在成本减少的同时，也降低了供应链的响应速度。（　　　）

7. 供应链节点企业的减少，主体利益的矛盾性和供应链环节的不确定性，导致供应链协同很困难。（　　　）

8. 供应链所有权的分散使供应链运作变得很容易。（　　　）

9. 电子商务供应链的实施，能够降低存货水平，但不能缩短交易时间。（　　　）

10. 供应链的维持需要各节点企业相互信任、相互合作、信息共享。（　　　）

二、单项选择题

1. 业务流程再造的英文缩写是（　　　）。

　　A. ERP　　　　　　　　　　　　　　B. CRM

    C. BPR   D. EDI

2. 利用（　　　），在淡季建立大量库存，为无法提供充足产品的旺季做储备。

    A. 周转库存   B. 季节库存

    C. 安全库存   D. 循环库存

3. （　　　）是供应链运营中最大的动力因素。

    A. 库存   B. 运输

    C. 设施   D. 信息

4. 供应链运营的动力因素有（　　　）。

    A. 库存   B. 设施

    C. 产品种类的增加   D. 运输

5. 供给和需求的缓冲作用是通过调节（　　　）实现的。

    A. 库存储备   B. 设备

    C. 运输   D. 物流

三、多项选择题

1. 供应链运营的四个主要动力因素是（　　　），这些因素相互作用，决定了供应链的获利水平和对市场的响应速度。

    A. 库存   B. 运输   C. 设施

    D. 信息   E. 供应链环节增多

2. 供应链运营的制约因素包括（　　　）。

    A. 产品种类快速增加

    B. 产品生命周期缩短

    C. 消费者需求不断增加

    D. 供应链的复杂性和变化性增加

    E. 业务外包导致供应链环节增加

3. 供应链运营模式包括（　　　）。

    A. 全球化供应链   B. 电子商务供应链

    C. 绿色供应链   D. 供应链协同

4. 供应链维持的原则包括（　　　）。

    A. 合作信任原则   B. 目标一致原则   C. 利益均衡原则

    D. 信息共享原则   E. 自律原则

5. 供应链协同管理按照决策范围和时间的不同，分为（　　　）。

    A. 战略层供应链协同管理   B. 战术层供应链协同管理

    C. 操作层供应链协同管理   D. 组织协同管理

四、简答题

1. 简述库存的种类。

2. 简述供应链运营的动力因素。

3. 供应链运营的制约因素有哪些?

4. 供应链运营模式选择的方法有哪些?

5. 简述绿色供应链与传统供应链的区别。

6. 维持供应链运行应遵循的原则有哪些?

7. 什么是供应链协同管理,它具有哪些优势?

8. 简述供应链更新的意义。

9. 供应链更新的方法有哪些?

10. 简述企业为提高供应链的获利水平和响应速度要考虑的要素。

五、论述题

1. 试述供应链运营的动力因素。

2. 如何发挥电子商务供应链的优势?

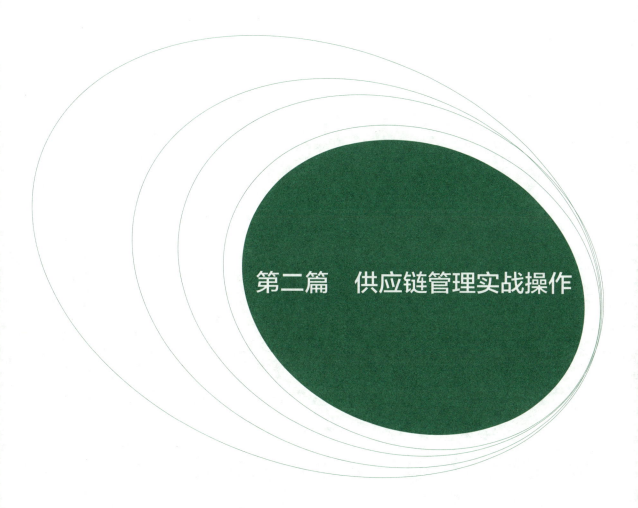

第二篇　供应链管理实战操作

第五章　制造商主导的供应链管理

知识目标

- 掌握制造商主导的供应链管理流程

- 熟悉供应链管理环境下制造商生产计划制订的方法

- 了解供应链管理环境下制造商的生产组织计划模式

- 掌握供应链管理环境下制造商的延迟生产策略

- 熟悉供应链管理环境下制造商生产系统的协调机制

- 掌握供应链管理环境下生产计划与控制总体模型

技能目标

- 能够构建以制造商为核心的供应链管理网络

- 能够制订供应链管理环境下制造商的生产计划

- 能够进行供应链管理环境下制造商的成本控制

素养目标

- 培养精益管理意识，树立知行合一的工作理念

- 培养计划控制意识，树立目标系统的运营理念

- 培养总体成本意识，树立降本增效的发展理念

【思维导图】

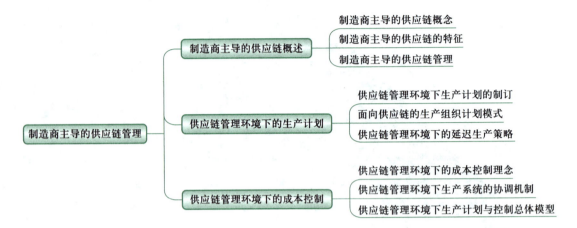

【引例】

华为的全球供应链项目

在供应链管理上，华为全球供应链（Global Supply Chain，GSC）项目的设计及管理较为成功。首先是全球的网络设计，其次是全球均衡的供应链运作。起初，客户需求主要来自市场部，现在却来自全球多个地区。怎样把需求汇总，怎样进行管理，都需要考虑。明确需求之后，自然要制订一个全球计划。

集成的销售与运作计划是必需的，也是华为公司前所未有的。这个集成的销售与运作计划是销售部门、生产部门、采购部门每个月都要进行的会议，通过这个会议，找出供需和供货能力之间的差距。目前，这个会议的效果良好，能够拿出措施弥补差距，进而满足客户需求，满足采购计划、发货计划和生产计划。

还需要考虑的是，全球统一的订单管理和全球的物流。以前的业务主要集中在国内，结构单一。但目前在海外，华为要采用大量第三方、第四方物流。当时，华为公司采取的策略是使国际上最好的物流公司成为华为的物流供应商，使华为公司的物流供应从深圳工厂到非洲都有所保证。当然，也有当地一些小型的物流公司负责从当地的海关到一些基站的站点运输，这些本地物流公司通过代表处获得认证，借此获得当地的运输资格。

经过两年左右的时间，这个项目取得了很大发展。后又与交付环节打通，在全球形成了非常好的网络化供应链。这时候，华为公司在全球有五个供应中心：中国、墨西哥、印度、巴西和匈牙利的供应中心。与此同时，还设立了中国、荷兰、阿联酋三个重要的区域物流中心。华为还设有多个采购中心，如中国、美国、日本、德国等采购中心，这些采购中心主要是电子元器件生产厂家或者重要工业品供应商，在当地设立采购组织，"集中认证，分散采购"得到了体现。

引 例分析

华为推进的全球供应链项目是以国际化视野和系统化思维来布局企业的生产、经营和管理，以此来强化企业的核心主导力，进而带动整条供应链。

第一节　制造商主导的供应链概述

一、制造商主导的供应链概念

供应链各节点企业具有不对称性，在供应链内部的交易中，具有优势的企业将迫不及待体现它的优势，制定更有利于自己的决策。按照是否具有主导力量，供应链可以分为主导型供应链和非主导型供应链。主导型供应链是指某一成员在供应链中占有主导地位，对其他成员具有较强的辐射能力和吸引能力，通常称该企业为核心企业或主导企业，而存在明显主导企业的供应链则称为主导型供应链，供应链中不存在明显主导者的供应链称为非主导型供应链。从供应链的主导者看，主导型供应链主要可以归结为四大类或四种模式：以制造商为主导的供应链、以零售商为主导的供应链、以批发商为主导的供应链、以集成物流供应商为主导的物流服务供应链。

制造商也称"生产厂商"，是指生产产品的企业。制造商以原料或零组件（自制或外购），经过较为自动化的机器设备及生产工序，制成一系列产品。制造商作为品牌产品的创造者，广为人知并被认为是供应链的源头和中心。一些成功的制造商，在各自所在的供应链中处于举足轻重的地位。但事实是：许多服务于工业领域的制造商并不广为人知，并不是所有的制造商在各自的供应链中都占据主导地位。

制造商主导的供应链是指制造商在其所处的供应链中拥有该供应链的"瓶颈"约束资源（技术、市场、原始资源、信息等），决定供应链的运行节拍与效率，在物流、信息流、工作流等资源配置方面胜任组织协调工作，能够实现并提升整体供应链的核心竞争优势。一般来说，在技术密集型、资金密集型、人才密集型的产业，制造商在供应链中往往处于主导地位。制造商主导的供应链结构如图5-1所示。

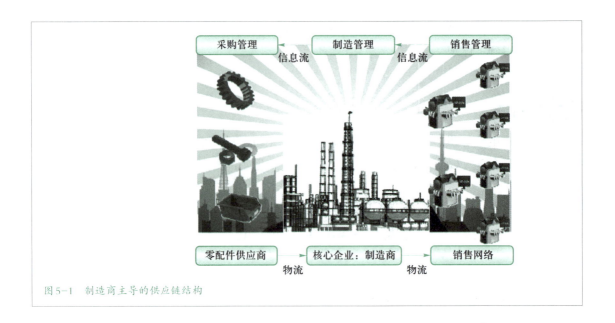

图 5-1　制造商主导的供应链结构

二、制造商主导的供应链的特征

作为供应链中的主导企业，制造商在整个供应链的运作中处于很重要的地位，因此也使制造商主导的供应链具有不同于其他类型供应链的特征，如图 5-2 所示。

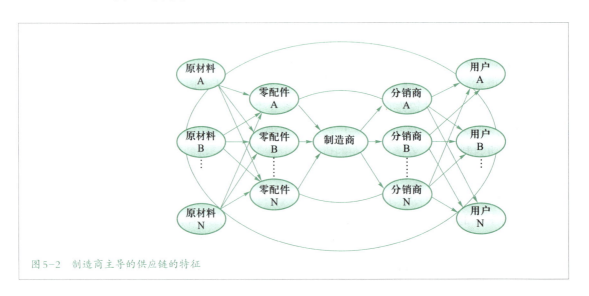

图 5-2　制造商主导的供应链的特征

1. 制造商处于供应链信息交换中心的地位

来自供应链下游（如最终用户）的需求信息通过不同层次和不同渠道的分销商传递到制造商，制造商经过处理，再把分解后的需求信息（如对某种配套件的需求量和需求日期）发送给上游供应商。一批订单完成后，再沿着相反的方向从上游企业（原材料供应商）将信息反馈给中游制造商，经制造商处理（如将与零部件有关的信息转变为产品信息）后，再反馈给下游企业（最终产品零售商）。在这里，制造商成了供应链上的信息交换中心。供需信息在此处交汇后，经处理生成各类信息传送到供应链各节点企业。由于供应链的运作效果很大程度上依赖于网链上的信息交换质量，因此，要想通过信息共享达到物流顺畅、产品增值的目的，就必须提高供应链上信息传递的质量。在这方面，制造商起到至关重要的作用。

2. 制造商扮演供应链上物流集散的"调度角色"

从产品制造过程看，首先要有提供原材料和配套零部件的供应商，这类物流由众多供应商从不同渠道流向制造商，经制造商加工装配成整机产品后，再流向销售商，最后到达最终用户，形成以制造商为集散中心的物流。在这里，制造商扮演了对物流集散、配送进行"调度"的角色：向供应商适时发出物料需求指令，向销售商适时发出供货指令，以保证各个节点都能在正确的时间得到正确品种和正确数量的零部件（或产品），既不造成缺货，又不造成库存积压，把对供应链总成本的影响降至最低。因此，供应链上产品能否增值，与主导企业对物流的"调度"水平高低有很大关系。

3. 制造商成为供应链的资金周转中心

制造商在供应链的资金周转中也处于核心地位。供应链不仅是一条连接从供应商到消费者的物流链、信息链、资金链，而且是一条增值链。物料在供应链上因加工、包装、运输等过程而增值给相关企业带来了收益，但是供应链节点企业必须同步协调才有可能使链上的所有企业都受益，而所有企业的受益都要通过供应链产品销售才能实现。整个资金链都是由制造商从用户回笼再分别拨给上下游企业，在这里，制造商作为资金周转中心的地位能够保障资金在供应链各节点中顺畅流动，进而实现物流的无阻性。如果资金不顺畅，不仅会影响供应链的正常运行，而且可能导致供应链瘫痪。

4. 制造商协调供应链的运作

供应链运作的好坏以及整个供应链竞争力的大小很大程度上取决于制造商的协调能力。供应链包含一个由建立、运行、解散构成的完整生命周期过程，在供应链的构建过程中，制造商被视为供应链的核心，从建立时的发起工作、运行过程中的协调工作，直到解体后的善后处理工作，制造商都起到连接和协调作用。制造商作为主导企业，是整条供应链的主导者，必须协调各方面的利益关系，以保证整条供应链的效益最大化。当然，制造商在追求整条供应链效益最大化的过程中也有可能损害某些个体企业的利益，作为主导者的制造商必须将利润在整条供应链中进行合理分配，以维护供应链的公平性和公正性，并推进供应链合作伙伴关系进一步发展下去。

5. 制造商掌握产品开发的主导能力

在供应链管理的条件下，制造商生产的产品在市场上的销售情况直接影响整条供应链各节点企业的运营情况，一旦其产品被淘汰，其他节点企业的资源就会不同程度地被闲置，造成资源的浪费。随着市场竞争的日益激烈，产品的生命周期越来越短，企业为了在市场上立足，只能不断推陈出新，利用产品上市给企业开辟新的市场，带来新的利润增长点。因此，制造商的产品开发能力大小直接影响供应链各节点企业的运营状况。制造商的产品开发能力强，就能不断推出新产品，不断引导用户形成新的消费热点，即始终有一种不断延续其在市场上发展的能力，不致因为一种产品被市场淘汰而导致全线崩溃。这样的制造商自然会产生一种吸引力，把为其提供原材料和配套件的企业聚集在自己周围，形成一种长期稳定的合作关系。

6. 制造商拥有较高市场占有率的产品

市场占有率较高，说明该企业在市场上拥有的市场份额较高，不论是对生产过程的稳定性还是对获利的可能性而言，高市场份额都意味着会给企业带来竞争优势，因此产品市场占有率较高会对其他供应商企业和销售商企业产生巨大的吸引力。进行配套件生产的供应商企业，总是希望能找到一家市场占有率高、实力雄厚的制造商作为合作伙伴。一方面，这样的企业实力雄厚，能够在一定程度上影响消费者的购买行为，在市场竞争中容易占据主动地位；另一方面，由于其市场份额大，从这样的企业获得的订单数量往往也很大，供应商企业容易取得规模效益。规模效益直接影响供应商企业投资改造自身设备以提高配套件质量、降低成本的积极性；而对于销售商来说，也可以获得更大销售量，获利更丰，整条供应链的规模生产、规模销售对供应链群体效益影响很大，有助于供应链不断走向良性循环。

7. 制造商的产品结构具有特殊性

除少数零售企业的供应链外，大部分供应链都是以产品制造过程为纽带形成的。供应链管理的关键在于企业把精力放在具有核心竞争力的部分，充分发挥优势，同时与全球范围内合适的企业建立合作伙伴关系，把非核心业务外包给其他合作企业完成。但是，如果制造商的产品结构不易被分解成能在不同时间和地域加工的零部件，就不容易为其他企业提供参与供应链的可能性，或者只能形成很短的供应链。在现有条件下，这类供应链多由加工—装配型企业构成，因为它们的产品可被分解为不同的零部件，可为其他企业成为某种零部件的供应商提供机会。另外，如果企业生产的产品本身是其他产品的附属零部件，尽管产品结构可以分解，也很难成为主导企业。例如，某企业专门生产汽车上使用的高级音响设备，产品质量较高，交货准时，为世界主要汽车制造商提供汽车音响，企业因此蓬勃发展。然而，汽车音响只是汽车上的一种附属小装备，不管它的产品多好，其产品结构决定了它只能是一个供应商，尽管它也有可能发展更下层的供应商企业，但这样的厂商也不可能成为供应链主导企业。

三、制造商主导的供应链管理

供应链管理是对从最终用户到原始供应商的关键流程的整合管理，并且提供产品、服务和信息给消费者以提升公司价值。成功的供应链管理要求跨职能的流程整合，包括企业内部关键流程及组成企业供应链的外部网络。制造商主导的供应链管理流程为：生产计划、产品设计、采购与生产、分销与售后服务，如图5-3所示。

说一说：如何表现制造商主导的供应链?

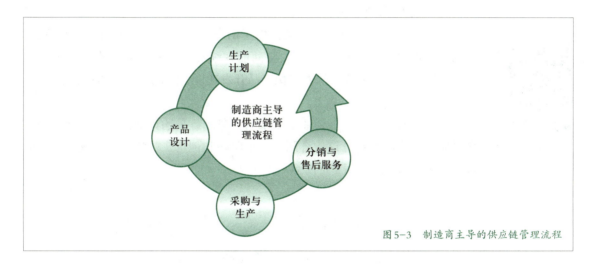

图5-3 制造商主导的供应链管理流程

1. 生产计划

通过对市场中商品供给量及其变化趋势进行科学预测，可形成编制生产计划的基础。

生产计划是对企业在计划期内应达到的产品种类、质量、产量和产值等生产活动指标、生产进度及相应安排的管理，它是指导企业计划期生产活动的纲领性方案，是企业生产管理的主要依据。生产计划是制造商企业内部运作的核心，企业制订生产计划的过程一般分成两部分，首先是制订主生产计划，其次是根据主生产计划制订生产作业计划。

2. 产品设计

面向供应链的产品设计的目的在于设计产品和工艺，以使供应链相关成本和业务得到有效管理，使产品生命周期内供应链总成本最小化。面向供应链管理的产品设计主要包括以下四方面：

（1）简化设计。简化设计是指减少设计方案中使用的零部件种类，使用通用件和标准件是为了减少相似零部件的种类和数量，通过合并库存减少采购成本。

（2）采取模块化设计。可以用少量的零部件模块提供大量可选配置，各个模块可以并行制造，从而缩短产品的提前期，在减少库存成本的同时提高客户服务水平。

（3）优化物流和包装。低密度的产品导致运输设备在远未达到最大载重量之前就被装满，因此运输成本非常昂贵。散装运输和包装运输的成本差距悬殊。通过在产品设计阶段计算零部件的质量体积比和价值质量比，可以合理规划原材料和零部件的包装、运输方式，尽可能降低物流和包装成本。

（4）组建跨部门的新产品开发团队。让供应商参与产品设计，加强设计人员和供应人员之间的协同，建立企业统一的零部件库，可以实现产品信息的共享，提高产品开发效率，减少由于消息流通不畅而造成的重复和返工。参与新产品开发的采购人员和供应商能在缩短时间和削减成本方面提出建议，更适时地开始采购，从而加快产品开发速度，降低供应链的总成本。

视频：生产商的供应商管理

3. 采购与生产

（1）采购。采购是指企业根据采购任务制订采购计划，根据采购计划联系供应商、洽谈和签订订货合同、订单跟踪和催货、验货入库、支付货款的过程。采购的作用如图5-4所示。

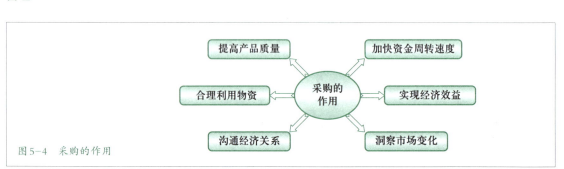

图5-4 采购的作用

视频：生产商的成品检验

（2）生产。在生产方面，制造商可以采取柔性化生产方式快速适应外部环境变化，灵活达成生产任务。生产的柔性包括两方面的含义：一是"质"的柔性，即生产系统能适应不同的产品或零部件的加工要求。生产系统能加工的品种（种类）越多，则生产制造的柔性越好；二是指"时间"上的柔性，即生产系统在不同零部件之间的转换时间越短，生产系统的柔性越强。推行"三化"，即产品系列化、零件通用化、标准化，以实现多品种生产条件下的高效率与低成本。

4. 分销与售后服务

（1）分销。当产品制造商的目标市场购买者众多、分布面相当广的时候，产品制造商需要借助分销商的分销渠道销售产品。分销商的销售渠道优劣、市场能力高低等因素直接影响制造商的盈利能力，同时也影响消费者对产品的满意度以及产品的市场定位。因此，对产品制造商来说，分销渠道管理非常重要。分销渠道管理主要包括以下几方面：

① 加强分销渠道的创新。渠道变革的最终目的是"成本下降，效率提高"，这方面可以通过减少流通环节，统购分销，产品集中出货，加快库存和资金周转率来实现。

② 加强对经销商的有效管理。第一，甄选与评估，选择经销商时，要广泛收集有关经销商的声誉、市场经验、产品知识、合作意愿、市场范围和服务水平方面的信息，确定审核和比较的标准。第二，沟通，促进渠道成员之间的相互理解、相互信赖及紧密合作，是分销渠道管理中一个重要的方面。第三，激励，对经销商的激励可分为直接激励和间接激励，直接激励包括制定严格的返利政策、价格折扣，开展促销活动；间接激励包括培训经销商和向经销商提供营销支持。第四，约束，做好进销存管理，即对经销商的销售额及增长率、销售目标做详尽的统计整理，以考核经销商的业务能力，也可将此作为制定奖惩政策的依据。

③ 加强对渠道的有效控制。建立一体化的垂直营销渠道。减少某些环节的重复浪费，消除渠道成员为追求各自利益而造成的损失。加强制造商的品牌能力建设，强势品牌力量能为制造商赢得垄断优势。构建长期的合作关系，制造商在市场开发、市场覆盖、寻找顾客、产品库存、为顾客提供服务等很多方面都离不开经销商的支持，因此，有必要与经销商建立长期合作关系。建立产销战略联盟，即从企业的长远角度考虑，制造商和经销商之间通过签订协议的方式形成风险—利益共同体。

（2）售后服务。售后服务是企业对客户在购买产品后提供多种形式的服务的总称。现代理念下的售后服务不仅包括产品运送、安装调试、维修保养、提供零配件、业务咨询、客户投诉处理、问题产品召回、人员培训，以及调换退赔等内容，还包括对现有客户的关系营销，传播企业文化。例如，建立客户资料库，宣传企业服务理念，加强客户接触，对客户满意度进行调查，信息反馈等。客户对产品利益的追求包括功能性和非功能性两个方面，前者更多地体现了客户在物质方面的需求，后者则更多地体现为精神、情感等方面的需求，如宽松优雅的环境、和谐完善的过程、及时周到的服务等。随着社会经济的发展和人民收入水平的提高，客户对产品非功能性利益越来越重视，在很多情况下甚至超越了对功能性利益的关注。在现代社会，企业要想长期盈利，走向强盛，就要赢得永久客户，保持客户忠诚度，提高客户满意度。企业在实施这一举措时，满意的售后服务便是成功的法宝之一。

第二节　供应链管理环境下的生产计划

一、供应链管理环境下生产计划的制订

供应链是一个多企业、多部门构成的网络化组织，一个有效的供应链企业计划系统必须保证企业能快速响应市场需求。有效的供应链计划系统集成企业所有的计划和决策业务，包括需求预测、库存计划、资源配置、设备管理、渠道优化、生产作业计划、物料需求与采购计划等。供应链是由不同企业组成的企业网络，有紧密型的联合体成员、协作型的伙伴企业、动态联盟型的战略伙伴。

作为供应链的整体，以主导企业为龙头，把各个参与供应链的企业有效地组织起来，优化整个供应链的资源，以较低的成本和较快的速度生产较好的产品，较快地满足用户需求，以达到快速响应市场和用户需求的目的，这是供应链企业计划根本的目的和要求。

1. 供应链管理环境下企业生产计划的特点

（1）开放性。经济全球化使企业进入全球开放市场，不管是基于虚拟企业的供应链还是基于供应链的虚拟企业，开放性是当今企业组织发展的趋势。供应链是一种网络化组织，供应链管理环境下的企业生产计划信息已跨越了组织的界限，形成开放性的信息系统。决策的信息资源来自企业的内部与外部，并与其他组织进行共享。

（2）动态性。供应链环境下的生产计划信息具有动态的特征，是市场经济发展的必然。为了适应不断变化的顾客需求，使企业具有敏捷性和柔性，生产计划的信息随市场需求的更新而变化，模糊的提前期和模糊的需求量，要求生产计划具有更多的柔性和敏捷性。

（3）集成性。供应链是集成的企业，是扩展的企业模型，因此供应链环境下的企业生产计划信息是不同信息源的信息集成，集成了供应商和分销商的信息，甚至消费者和竞争对手的信息。

（4）群体性。供应链环境下的生产计划决策过程具有群体特征，是因为供应链是分布式的网络化组织，具有网络化管理的特征。供应链企业的生产计划决策过程是一种群体协商过程，企业在制订生产计划时不仅要考虑企业本身的能力和利益，而且还要考虑合作企业的需求与利益，是群体协商决策过程。

（5）分布性。供应链企业的信息来源在地理上是分散的，信息资源跨越部门和企业，甚至全球化，通过 Internet / Intranet、EDI（电子数据交换）等通信和交流工具，企业能够把分布在不同区域和不同组织的信息进行有机集成与协调，使供应链活动同步进行。

2. 供应链管理环境下生产计划的编制

（1）集成纵向信息和横向信息。这里的纵向信息集成是指供应链自下游向上游的信息集成，而横向信息集成指生产相同或类似产品的企业之间的信息共享。在生产计划过程中，供应链上游企业的生产能力信息在生产计划的能力分析中独立发挥作用，通过在主生产计划和投入产出计划中分别进行的粗、细能力平衡，供应链上游企业承接订单的能力和意愿都反映到了供应链下游企业的生产计划中。同时，供应链上游企业的生产进度信息也和供应链下游企业的生产进度信息一道作为滚动编制计划的依据，其目的在于保持供应链上下游企业间生产活动的同步。

（2）发挥能力平衡作用。在传统的生产计划中，能力平衡只是一种分析生产任务与生产能力之间差距的手段，其结果是计划修正的依据。在供应链管理下的生产计划中，可以根据能力平衡的结构对计划进行修正，能力平衡可以发挥以下作用：

① 为修正主生产计划和投入产出计划提供依据，这是能力平衡的传统作用。

② 能力平衡是进行外包决策和零部件（原材料）急件外购的决策依据。

③ 在主生产计划和投入产出计划中所使用的供应链上游企业能力数据，反映了其在合作中所愿意承担的生产负荷，可以为供应链管理的高效运作提供保证。

④ 在信息技术的支持下，对本企业和供应链上游企业能力状态的实时更新，可以使生产计划具有较高的可行性。

（3）创新计划循环过程。在企业独立运行生产计划系统时，一般有三个信息流闭环，且都在企业内部。传统的计划循环过程如图5-5所示。

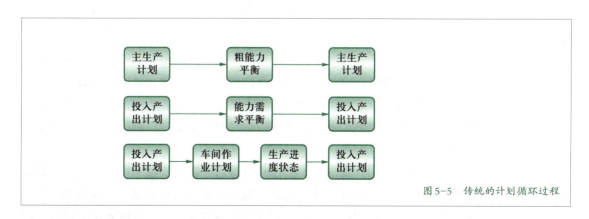

图5-5 传统的计划循环过程

在供应链管理下，生产计划的信息流跨越了企业，增添了新的内容，其循环过程如图5-6所示。

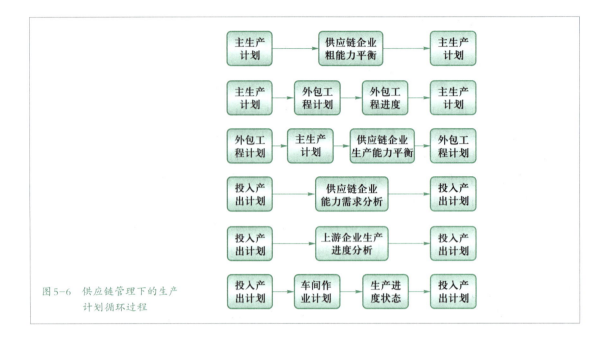

图 5-6 供应链管理下的生产计划循环过程

试一试：到当地一家生产企业做调查，了解其生产计划的制订过程。

回　答：1. 供应链环境下的计划与非供应链环境下的计划有何不同？

　　　　2. 计划在供应链活动中的重要作用有哪些？

二、面向供应链的生产组织计划模式

面向供应链的生产组织计划模式体现了"事前计划、事中控制"的总体指导思想，体现了纵向信息和横向信息的集成。面向供应链的生产组织计划模式的实施可分为计划制订、计划执行、计划控制和计划考核四个主要阶段。

1. 计划制订

（1）以销定产，建立主生产计划。主生产计划是企业销售计划和生产日程计划连接的纽带。主生产计划要将销售计划具体化，是以产品数量和日期表示的生产计划，它把产品的市场需求转化为对企业生产的实际需求，实现销售计划与生产计划的同步，做到以销定产。主生产计划的对象是最终销售的产品和相关需求的产品。

根据销售计划计算出主生产计划数量后，需要根据主生产计划历史数据和销售统计数据来判断该计划是否合理，并提出初步意见，然后根据供应链分厂资源情况进行粗能力平衡，同时对供应链配套厂家的配套系统进行相应平衡和协调，以避免出现盲目生产的现象。

企业进行粗能力平衡后，要进行外包决策，并制订外包计划，在执行过程中，要对外包生产进度进行分析和控制。企业在编制主生产计划时所面临的订单在两种情况下可能转向外包：一是企业本身或其供应链上游企业的生产能力无法承受需求波动所带来的负荷；二是所承接的订单通过外包所获得的利润大于企业自己进行生产所获得的利润。无论在何种情况下，都需要承接外包企业的基本数据来支持企业的获利分析，以确定是否外包。

（2）编制日装配计划，将生产任务细化到日。日装配计划主要是用来保证企业每月均衡生产、零部件按日配套而设立的。日装配计划是根据装配线生产能力将主生产计划分解到日。在编制日装配计划时，不仅需要考虑装配线的生产能力及配套件生产的衔接，还要考虑供应链上游配套企业承接订单的能力及生产进度，并进行生产进度分析，然后将供应链上下游企业的生产进度信息一起作为滚动编制计划的依据，以保证产品装配之前有所需的零部件和配套件。

（3）制订物料需求计划，保证零部件配套。企业根据产品装配计划和物料库存，进行企业能力需求分析，生成物料需求计划即零部件配套计划，并以订单的形式向各分厂及配套厂家下达。另外，为了保证零部件按优先级供应，配套及时到位，装配供应协调，可以在各分厂仓库设立监控点，控制上游分厂、零部件供应部门和配套厂家按物料需求，按时、保量向下游分厂仓库送料。这样既保证了整个供应链网络的正常生成，又保证了供应链各分厂、配套厂家适时、适量按需生产。

（4）计划修正。物料需求计划是在经过企业能力平衡的前提下制订的，在生成物料需求计划后，需要将供应链订单下发到各个分厂、采购部门和配套厂家征求意见，计划部门根据各个分厂、采购部门和配套厂家的反馈意见对主生产计划、装配计划、物流需求计划进行调整。

2. 计划执行

企业订单下达到供应链各个分厂、采购部门和配套厂家后，各分厂进一步进行细分能力平衡，制订分厂级生产计划。计划开始执行后，需要对生产组织计划的执行情况进行实时监控，分析将来可能出现的问题。在系统中，一般采取以下两种方法保证计划的顺利执行：

（1）依靠计算机网络，全面了解生产信息。企业的各种生产决策都离不开准确的信息。为了实现生产信息共享，需要建立一个不仅能覆盖企业各部门、分厂，而且能与各配套生产厂家、外部销售人员进行信息交流的整个供应链的计算机网络。

通过建立因特网/内部网网上电子看板，可以使供应链网络上的每一个企业通过因特网访问上游企业电子看板上的生产指令信息，从而落实自己分厂的详细进度计划。

（2）建立在线分析处理系统，实现生产异常预报。系统可以通过企业内部网和数据复制技术达到企业内部各部门之间的数据同步，利用因特网提供的 Web、E-mail、FTP 等服务来为各配套生产厂家、远程用户提供各种生产信息，了解配套件的生产情况和市场信息。在了解各方面生产信息的基础上，系统建立了基于企业因特网的在线分析处理系统，可以分析企业的生产状况、物流使用情况和库存情况，及时报告生产异常，预防生产问题的出现，从而保证生产的顺利进行。

（3）设立信息录入制度，确保信息的准确性。信息管理系统所有工作的出发点是信息准确无误、及时。为了防止系统出现"垃圾进、垃圾出"的现象，企业必须设立一套完善信息录入的制度。而且信息管理系统提供了多方位的审计功能，对于部门之间信息不一致的现象和可能出现的生产问题及时给出警报。

3. 计划控制

供应链环境下的企业生产控制和传统的企业生产控制模式不同，需要更多的协调机制（企业内部和企业之间的协调），体现了供应链的战略伙伴关系原则。供应链环境下的生产协调控制包括以下内容：

（1）生产异常控制。企业的生产是一个闭环系统，生产计划人员需要在预计生产异常和确定现有生产问题的基础上，对这些生产异常和生产问题进行分析，找出问题产生的原因。在确定问题产生的原因后，计划人员需要向有关责任单位提出建议，变事后补救为事前控制。针对无法克服的生产问题，计划人员需要在考虑各方面因素后重新修正生产计划。

（2）生产进度控制。生产进度控制的目的在于依据生产作业计划，检查产品的投入和产出数量、时间及配套性，保证产品准时装配出厂。供应链环境下因为许多产品是协助生产和转包的业务，其进度控制的难度较大，必须建立一种有效的跟踪机制，进行生产进度信息的跟踪和反馈。供应链管理在生产进度控制中有重要作用，依靠建立的供应链因特网/内部网网络平台和制定的信息录入制度，通过供应链管理系统实现供应链企业之间的信息跟踪机制和快速反应机制。

（3）供应链的生产节奏控制。供应链的同步化计划需要解决供应链企业之间的生产同步化问题，只有各供应链节点企业之间及企业内部各分厂、各部门之间保持步调一致，供应链的同步化才能实现。供应链形成的准时生产系统，要求供应链上游企业准时为供应链下游企业提供生产必需的零部件，供应链中任何一个企业不能准时交货，都会导致供应链不稳定或中断，进而导致供应链对客户的响应速度下降。因此，严格控制供应链的生产节奏对提高供应链的敏捷性是十分重要的。

4. 计划考核

计划执行只有监控而没有考核，监控就会流于形式。企业计划主管部门必须设立严格的计划考核制度，计划考核必须与责任人员的直接利益挂钩，即可以根据实际情况奖励计划执行情况好的单位和个人，对于计划执行情况差、严重影响企业生产进度的单位和个人必须及时处理。

三、供应链管理环境下的延迟生产策略

大规模定制已成为企业竞争的新前沿，定制生产有助于企业进入新市场，并吸引大量个性化需求不能被标准产品所满足的顾客。如果定制的产品在时间和成本上超过了客户的预期，又会失去现有客户。当然，如果无法实施和履行规模定制的承诺，那么对企业来说也是一种损失。因此，如果没有与之相应的低成本且高效率的供应链，大规模定制是难以实现的。既能使供应链总成本降到最低，又可以使供应链效率实现最优化的产品和流程设计，要遵循的基本原则就是"延迟"。延迟就是推迟关键流程的时间，在这些关键流程中，最终产品将形成其特定的功能、特点、标志，或者个性特色。

1. 延迟生产策略的基本内涵

延迟生产策略是一种在有效支持产品多样化的同时又保持规模经济的策略，其核心内容是：制造商事先只生产通用化或可模块化的零部件，尽量使产品保持中间状态，以实现规模化生产，并且通过集中库存减少库存成本，从而缩短提前期，使顾客化活动更接近顾客，增强应对个性化需求的灵活性。其目标是使恰当的产品在恰当的时间到达恰当的位置（3R）。因此，延迟生产策略的基本思想是：表面上的延迟实质上是为了更快速地对市场需求做出反应，即通过定制需求或个性化需求在时间和空间上的延迟，实现供应链的低生产成本、高响应速度和高顾客价值。延迟生产策略分为生产延迟和物流延迟。

微课：延迟生产策略

（1）生产延迟。生产延迟又称成型延迟，是指推迟最终产成品的形成作业直到获得确切的客户需求。理想的生产延迟应用是制造相当数量的标准产品或基础产品以实现规模化经济，而将最后的特点，诸如产品颜色的确定等推迟到收到客户的委托以后。生产延迟将产品差异化的任务，包括制造、集成、定制、本地化和包装尽可能向后推迟。生产延迟只要求供应商对一个产品系列的基本产品进行预估，而不是对一个系列的多个款式进行预估，避免了因预估偏差而产生的各种特别款式的库存和积压。生产延迟不仅更好地满足了消费者的个性化需求，而且能降低库存，加速资金周转。

（2）物流延迟。物流延迟又称时间延迟，是指推迟产品的运送时间，表现在地理上的延迟。在未收到客户订单时，采用集中库存方式，而不是将物

品存放在消费地点。一旦接到客户订单，立即从中心仓库或配送中心实施最优调度程序，将物品直接送到客户所在地仓库或直接快运给客户。物流延迟的基本观念是在一个或多个中心仓库或配送中心对全部货物进行预估，而将消费地库存部署延迟到收到客户的订单时进行，采用集中库存策略减少为满足所有市场区域高水平使用而要求的存货数量。物流延迟关注的焦点是时间，一件成品从形成使用价值到发挥使用价值的"空隙时间"内是不会创造任何价值的，反而会占用一定的空间成本与维护费用。物流延迟不仅可以通过降低库存成本创造价值，更主要的是可以通过压缩每种产品的"空隙时间"，加速资本周转，提高流动资本在一定时间内创造价值的次数。

生产延迟和物流延迟通过不同方法降低了由于顾客需求个性化和多样化而给企业带来的风险，同时又保持了生产的规模经济性。但延迟生产策略的实施要考虑企业的加工和物流能力以及对信息处理的精确程度和快速程度。具体采用哪种形式的延迟生产策略，取决于企业的实际情况以及顾客期望的发货速度和一致性。实施延迟生产策略的企业，大多数情况下是生产延迟和物流延迟同时采用。

2. 延迟生产策略的实施条件

并非所有的企业都可以采用延迟生产策略，即延迟生产策略的实施必须具备以下五个条件：

（1）产品特征要求。① 企业产品可模块化生产，产品在设计时可分解为几个较大的模块，这几个模块经过组合或加工便能形成多样化的最终产品，这是延迟生产策略实施的重要前提；② 产品零部件可标准化、通用化，产品可模块化生产只是一个先决条件，更重要的是零部件具有标准化与通用化的特性，这样才能彻底从时间上与空间上将产品的生产过程分解为通用化阶段和差异化阶段，并保证最终产品的完整；③ 价值密度大、价值高、收益高的产品，企业实施延迟生产策略才会有较大的收益。

（2）经济上具有可行性。实施延迟生产策略一般会增加产品的制造成本，除非产品的收益大于成本，否则没有必要实施延迟生产策略。企业在判断延迟生产策略在多大程度上适合在本企业运用，并论证为什么可以运用此种策略时，必须具备量化延迟生产策略成本和收益的能力。如果最终产品的制造在重量、体积和品种上的变化很大，推迟最终的产品加工成型工作能节省大量的运输成本，减少库存产品的成本，并简化管理工作，那么延迟生产策略的实施便会带来巨大的经济利益。

（3）交货期要求。通常来说，过短的交货提前期不利于延迟生产策略的实施，这是因为延迟生产策略要求给最终的生产与加工过程保留一定的时间余地；过长的提前期则无须采用延迟生产策略。

（4）客户需求方面。采取延迟生产策略的企业面对的需求应具备几个特点，即需求具有波动性、难以预测性、紧急性、差异化，以及产品线上各产品之间的负相关性。

（5）生产方面。采取延迟生产策略的企业需具备较强的生产能力、外部供应的及时性和品质保证、配套的信息技术系统。

延迟生产策略是一种为适应大规模定制生产而采用的策略，这种策略是在客户需求多样化条件下提出的，供应链管理体系运作是一个价值增值过程，而有效地利用延迟生产策略，对于提高供应链的价值增值水平具有举足轻重的作用。

第三节　供应链管理环境下的成本控制

一、供应链管理环境下的成本控制理念

1. 供应链管理环境下的成本控制

传统的成本控制方法在新的经济环境下具有明显的缺陷：从观念上分析，传统方法认为成本控制就是控制产品的生产成本，企业的成本控制范围仅限于生产消耗，而且没有用战略观念来进行成本控制；从时间上分析，传统的成本控制方法开始太晚而结束太早，很少对材料采购之前的成本和产品销售之后的成本进行控制；从空间上分析，传统的成本控制方法局限于本企业内部，没有结合供应链上游供应商与下游销售商的情况进行成本控制，也就是没有从供应链的角度，站在一个更高的层次来进行成本控制。

与传统的生产导向不同，供应链成本控制系统是一种需求拉动型的成本管理模式，它将客户需求及客户订单作为生产、采购的拉动力，以控制资金占用成本。它从整条供应链的角度考虑，同时实现改善服务和降低成本两个目标，即以最低的供应链成本维持一定程度的客户服务质量水平。供应链成本构成如图5-7所示。

图5-7中，供应链通信成本包括各节点企业之间的通信费用，如互联网的建设和使用费用、供应链信息系统开发和维护费用等；供应链总库存费用包括供应链各节点在制品库存和产品库存费用、各节点之间的在途费用；供应链各节点企业外部运输费用等于供应链所有企业之间运输费用的总和。供应链管理总成本是供应链成本的重要组成部分，由供应链核心企业产品成本综合体现，也是成本的冰山一角。其中，订单管理成本与面向客户的供应链端相关，而物料采购成本则与面向供应商的一端相关，两者大约占整个供应链管理成本的2/3。几乎同样重要的是库存持有成本，该成本占供应链管理总成本约20%，其中包括损坏、贬值和运营资金的机会成本。值得关注的是

说一说：供应链管理环境下企业为控制成本是怎样做的？

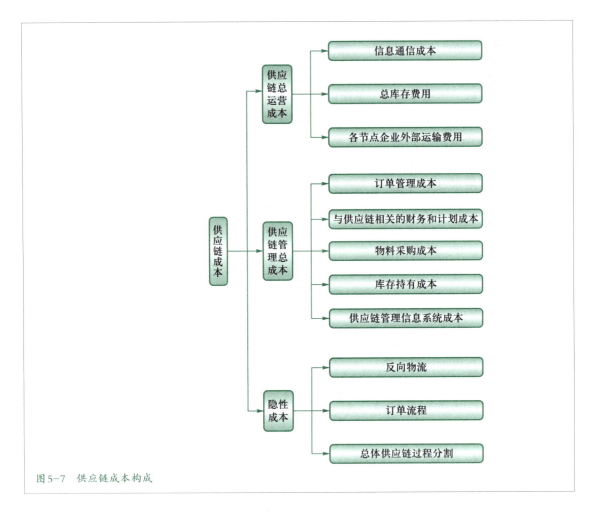

图 5-7　供应链成本构成

隐性成本，它是指不被现行会计核算体系所反映，或者被会计记账方法所掩盖，甚至不为企业认知的，却能引起供应链成本上升的费用支出项目。

供应链成本控制的目的不是降低供应链上的某一项成本，而是对整条供应链的成本进行控制。企业在供应链中不是孤立存在的，每个供应链节点企业只是整个供应链体系中的一个环节。要从供应链各个环节之间的关系和整条供应链的组成中找出降低成本、提高产品差异、增强竞争能力的方法，使企业、供应商与客户共赢。

2. 供应链管理成本控制的关键环节

（1）降低采购成本。作为整个供应链管理的重要一环，采购分析对于企业成本的控制相当重要，不仅要考虑最原始的物料成本，而且要考虑上游供应商的成本。可以采取以下措施降低采购成本：

① 降低产品价格。通过项目小组集中采购，扩大一次性采购的数量来促使所采购产品的价格显著下降。

② 降低采购管理成本。将注意力由巧妙降低采购产品的价格转为对基础成本的战略性管理上，以使采购成本降低。

③ 消除联络成本。购买商与供应商实施合作发展计划，并在成本、合作关系及利益共享等方面保持充分的透明度。

（2）压缩非增值时间。供应链管理的战略目标是建立一个无缝供应链，要求整条供应链像一个独立实体一样运作，从而能有效满足最终消费者的需求。时间压缩策略就是通过构筑时间竞争优势，寻求各种手段压缩、减少供应链业务非增值时间来实现供应链增值。供应链成本如图5-8所示。图中，材料库存和产品库存非但不能增值，还占用大量成本，是时间压缩的主要对象。

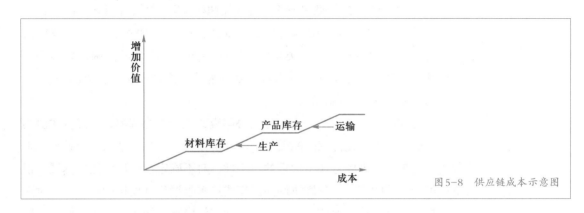

图5-8 供应链成本示意图

通过时间压缩策略，可获得更短的提前期、更好的订货控制、更低的库存水平，减少信息传递时的时间延迟，从而限制订货信息在供应链内部反向传播的"牛鞭效应"。

（3）增强信息化效能。加强信息化力度，使用高水平的软件，利用互联网控制成本。供应链成本控制软件要能实现企业ERP及财务数据等的互动与互联，实现接口开放，从而达到各系统之间以及各类软件之间的协调处理。

（4）严控隐性成本。

① 反向物流是产生隐性成本的主要原因之一，它指商品不是顺着供应链的方向自然流向下游企业或供应链伙伴和消费者，而是逆向向相反的源头方向流动。反向物流普遍存在于我国企业中，其成本占供应链总成本的20%以上，是供应链成本控制不可忽视的环节。可以通过以下措施有效消除和减少反向物流：首先，要规范物流过程操作，以减少货品的损坏；其次，通过加强与供应链上游合作伙伴的沟通，避免对订单理解不透，错误发货，并合理设置分销中心和仓储基地。

② 订单流程和处理方式的滞后，是产生隐性成本的另一主要原因。

③ 供应链应该是整体、一贯、相互紧密联系和合作的，但实际上，供应

链各环节有可能被人为地分割成若干独立的操作组合，对整体供应链过程对分割会使运行成本大增。

二、供应链管理环境下生产系统的协调机制

1. 供应链的协调控制机制

要实现供应链的同步化运作，需要建立一种供应链的协调机制。协调供应链的目的在于使信息无缝、顺畅地在供应链中传递，减少因信息失真而导致的过量生产、过量库存现象的发生，使整个供应链能与顾客的需求步调一致，也就是使供应链能同步化响应市场需求变化。

供应链的协调机制有两种划分方法。根据协调的职能可划分为两类：一类是不同职能活动之间的协调与集成，如生产—供应协调、生产—销售协调、库存—销售协调等；另一类是同一职能不同层次活动的协调，如多个工厂之间的生产协调。根据协调的内容可划分为信息协调和非信息协调。

2. 供应链的协调控制模式

供应链的协调控制模式分为中心化协调模式、分散协调模式和混合式协调模式三种模式。中心化协调控制模式把供应链作为一个整体纳入一个系统，采用集中方式决策，因此忽视了代理的自主性，对不确定性的反应比较迟缓，很难适应市场需求的变化。分散协调控制模式过多强调代理模块的独立性，对资源的共享程度低，缺乏通信与交流，很难做到供应链的同步化。比较好的协调控制模式是分散与集中相结合的混合模式。各个代理一方面保持各自的独立运作，另一方面参与整个供应链的同步化运作，保持了独立性与协调性的统一。

3. 供应链的信息跟踪机制

供应链的信息跟踪机制为供应链提供两方面的协调辅助：信息协调和非信息协调。信息协调主要通过企业之间的生产进度跟踪与反馈来协调各企业的生产进度，保证按时完成用户的订单，及时交货；非信息协调主要指完善供应链运作的实物供需条件，采用JIT生产与采购、运输调度等。

供应链节点企业在生产系统中使用跟踪机制的根本目的是保证对下游企业的服务质量。在企业集成化管理条件下，跟踪机制才能发挥最大作用。跟踪机制在企业内部表现为客户（上游企业）的相关信息在企业生产系统中的渗透。其中，客户的需求信息（订单）成为贯穿企业生产系统的一条线索，成为生产计划、生产控制、物资供应相互衔接、协调的手段。

三、供应链管理环境下生产计划与控制总体模型

1. 供应链管理环境下集成生产计划与控制系统的总体思路

（1）供应链管理环境下生产计划与控制系统概念的拓展。

① 供应链管理对资源概念内涵的拓展。传统的制造资源计划MRP Ⅱ 对企业资源这一概念的界定是局限于企业内部的，并统称为物料，因此MRP Ⅱ 的核心是物料需求计划（MRP）。在供应链管理环境下，资源分为内部资源和外部资源。

因此，在供应链环境下，资源优化的空间由企业内部扩展到企业外部，即从供应链整体系统的角度进行资源优化。

② 供应链管理对能力概念内涵的拓展。生产能力是一种企业资源，在MRP Ⅱ 系统中，常把资源问题归结为能力需求问题，或能力平衡问题。但正如对资源概念的界定一样，MRP Ⅱ 对能力的利用也是局限于企业内部的。供应链管理把资源的范围扩展到供应链系统，其能力的利用范围也因此扩展到供应链系统全过程。

③ 供应链管理对提前期概念内涵的扩展。提前期是生产计划中的一个重要变量，在MRP Ⅱ 系统中，这是一个重要的设置参数。但在MRP Ⅱ 系统中，一般把它作为一个静态的固定值对待。在供应链管理环境下，并不强调提前期的固定与否，重要的是交货期——准时交货，即供应链管理强调准时：准时采购、准时生产、准时配送。

（2）供应链管理环境下的生产管理组织模式。供应链管理环境下的生产管理组织模式和现行生产管理组织模式的显著不同，是供应链管理环境下的生产管理是开放性的、以团队为组织单元的多代理制。

在供应链联盟中，企业节点企业之间采取合作生产的方式，企业生产决策通过EDI/Internet实时地在供应链联盟中由企业代理通过协商做出，企业建立一个合作公告栏，实时地和合作企业进行信息交流。

企业内部也是基于多代理制的团队工作模式，团队有一个主管负责团队与团队之间的协调。协调是供应链管理的核心内容之一，供应链管理的协调主要有三种形式，即供应—生产协调、生产—分销协调、库存—销售协调。

供应链管理环境下生产计划与控制总体模型将上下游企业的信息传递到每一个环节，并有效应用于企业的生产计划中，实时监控供需差异，减少两者之间的波动幅度，从而减少整个供应链的波动幅度。由于供应商的供货能力对企业生产计划的制订有影响，因此，企业需要根据供应商的生产能力制订自己的生产计划；而当企业的客户需求变动时，企业也需要及时做出反应，减少需求变动带来的波动影响，并立即反映给上游供应商。这就需要依靠信息系统进行实时监控与调整，使生产计划与控制系统更能适应以客户为导向的复杂多变的市场需要。

根据前面的分析，制作了供应链管理环境下的生产计划与控制总体模型，如图5-9所示。

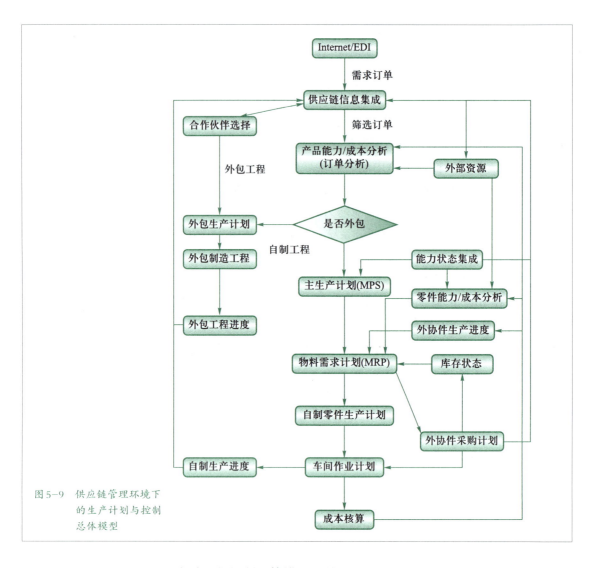

图5-9 供应链管理环境下的生产计划与控制总体模型

2. 生产计划与控制总体模型的特点

（1）生产计划模型的特点。

① 生产计划模型首次在MRP Ⅱ系统中提出基于业务外包和资源外用的生产决策策略和算法模型，使生产计划与控制系统更适应以客户需求为导向的多变市场环境的需要。生产计划控制系统更具有灵活性与柔性，更能适应订货型企业的需要。

② 生产计划模型把成本分析纳入生产作业计划决策过程，真正体现以成本为核心的生产经营思想。而传统的MRP Ⅱ系统中，虽然有成本核算模块，但仅仅是用于事后结算和分析，并没有真正起到成本计划与控制的作用，这是对MRP Ⅱ系统的改进。

③ 基于该模型的生产计划与控制系统，充分体现了供应链管理思想，即

基于价值增值与用户满意的供应链管理模式。

（2）生产控制模型的特点。

① 订货决策与订单分解控制。在对用户订货与订单分解控制决策方面，生产控制模型设立了订单控制系统，用户订单进入该系统后，要进行三项决策分析：价格/成本比较分析、交货期比较分析、能力比较分析。

最后进行订单的分解决策，分解产生两种订单（在管理软件中用不同的工程号表示）：外包订单和自制订单。订货决策与订单分解控制流程如图5-10所示。

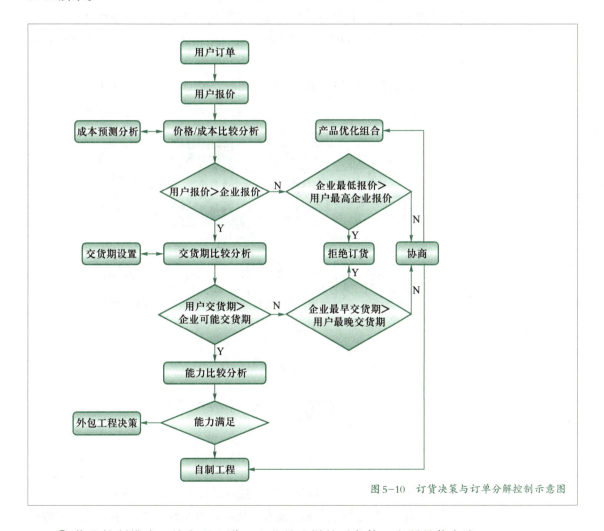

图 5-10 订货决策与订单分解控制示意图

② 作业控制模式。从宏观上讲，企业是这样的对象体：它既是信息流、物流、资金流的起点，也是三者的终点。对生产型企业对象做进一步分析可知，企业对象由产品、设备、材料、人员、订单、发票、合同等各种对象组成，企业之间最重要的联系纽带是订单，企业内部及企业之间的一切经营活

133

动都是围绕订单进行的。

通过订单驱动其他企业活动，如采购部门围绕采购订单而运作，制造部门围绕制造订单而运作，装配部门围绕装配订单而运作，这就是供应链的订单驱动原理。

面向对象的、分布式、协调生产作业控制模式，从订单概念的形成开始就考虑物流系统各目标之间的关系，形成面向订单对象的控制系统。

订单在控制过程中，主要完成如下几个方面任务：对整个供应链过程（产供销）进行面向订单的监督和协调检查；规划一个订单的计划完成日期和完成工作量指标；对订单对象的运行状态进行跟踪监控；分析订单完成情况，与计划进行比较分析；根据顾客需求变化和订单完成情况提出切实可行的改进措施。

订单控制过程可以用订单运行流程图简要说明，如图5-11所示。

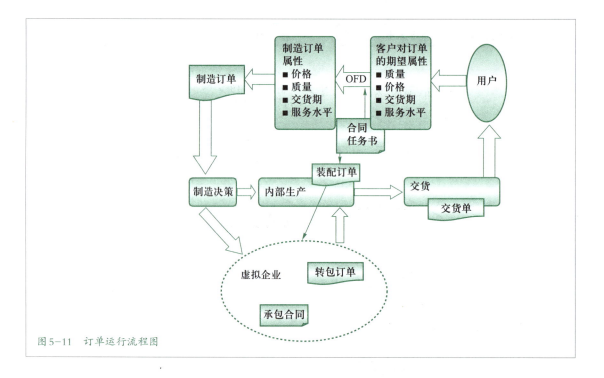

图5-11　订单运行流程图

面向对象、分布式、协调生产作业控制模式有如下五个特点：

第一，体现了供应链的集成观点，从用户订单输入到订单完成，供应链各部门的工作紧紧围绕订单运作。

第二，业务流程和信息流保持一致，有利于供应链信息的跟踪与维护。

第三，资源的配置原则更为明确统一，有利于资源的合理利用和管理。

第四，采用模糊预测理论和质量功能展开（Quality Function Deployment，

QFD）相结合的方式，将顾客需求订单转化为生产计划订单，使生产计划更贴近顾客需求。

第五，体现纵横一体化企业集成思想，在供应链的横向采用订单驱动方式，而在供应链的纵向则采用MRP基于资源约束的生产控制方法。

供应链环境下这种分布式、面向对象的协调生产作业控制模式最主要的特点是信息的相互沟通与共享，建立供应链信息集成平台，及时反馈生产进度有关数据，修正生产计划，以保持供应链各企业同步运作。

技 能训练 Ⅰ <<<<<<<<<<<<<<<<<<<<<<<<<<<<<<<<<<<<<<<<<<<<<<<<<<<<

一、实训名称
制造商主导的供应链构建。

二、实训目标
通过制造商主导的供应链构建，掌握制造商主导的供应链结构和构建方法。

三、环境要求
物流实训室，应配备：

（1）进行软件和动画实训时，应配备计算机40台。

（2）进行实景实训时，应配备5组桌椅。

四、情境描述
一般来说，国内服装企业的全程供应链可划分为四大阶段，即产品组织与设计、采购与生产、产品配送、销售和反馈，所有环节都围绕目标客户运转，整个过程在不断滚动循环和优化。

该公司完全打破了传统服装品牌常规的运作模式，开辟了一条完全不同的创新之路，最根本的在于其高效的以品牌运作为核心的协同供应链运作体系。该公司通过快速的产品组织与设计体系来塑造时尚；根据少量生产试销后的销售情况，把购买的白坯布再染色、生产、配送的延迟制造策略、并行工程策略、减少生产批量、部分外包等策略贯穿于整条供应链；通过高效默契的配合加速物流配送过程；通过及时、准确的销售信息来驱动整个供应链的各个环节协同高效运作，从而大大降低了整个供应链上的"牛鞭效应"和服装业面临的两大问题：预测不准和高库存。

该公司也对其供应链进行了非常有效的优化，把辅助性工作外包，而自行负责核心工作：如花色是通过购买的白坯布来染色；裁剪是自己做而把缝制工作外包；不是去做长期预测而是预留产能并根据销售情况不断迭代调整采购、生产和配送流程。这样与传统的服装企业顺序式、只能提前几个月进行预测，到了销售季节不能根据市场反馈情况进行调整相比，该公司35%的产品设计和原材料采购、40%~50%的外包生产、85%的内部生产都是在销售季节开始之后进行的。

五、工作流程

工作流程如图5-12所示。

图5-12 工作流程 | 定位制造商 → 选择供应链节点 → 形成供应链

六、操作步骤

（1）熟悉制造商主导的供应链中各节点企业的功能和位置。

（2）组建每组6~8人的小组，讨论以制造商为主导的供应链构建方案。

（3）以小组为单位建立以制造商为主导的供应链。

（4）开展制造商主导的供应链模拟运营，并进行记录。

（5）对各组制造商的生产能力、沟通协调能力、供应链集成能力进行评估。

七、注意事项

（1）构建供应链时考虑产品性质。

（2）填写实训报告。

八、实训报告

请填写表5-1中的实训报告。

表5-1 实 训 报 告

《供应链管理》实训报告					
班级		姓名		时间	
实训内容	制造商主导的供应链构建			分数	
实训目的					
实训步骤					
我的做法					

续表

我的结论	
我的想法	

技 能训练 Ⅱ <<<<<<<<<<<<<<<<<<<<<<<<<<<<<<<<<<<<<<<<<<<<<<<<<<<<<<<<<<<<<

一、实训名称

供应链管理环境下制造商内部管理岗位模拟。

二、实训目标

通过"制造商内部管理岗位"模拟实训，了解供应商内部各部门的职能，培养供应链管理整体效率最优的意识。

三、环境要求

物流实训室，应配备：

（1）进行软件和动画实训时，应配备计算机40台。

（2）进行实景实训时，应配备5组桌椅。

四、情境描述

制造商主导的供应链是指制造商在其所处的供应链中拥有该供应链的"瓶颈"约束资源（技术、市场、原始资源、信息等），决定供应链的运行节奏与效率，在物流、信息流、工作流等的岗位资源配置方面，胜任组织协调工作，能够实现并提升整体供应链核心竞争优势。实训要求构建供应链核心制造商场景，学生在实训中不断转换身份，模拟制造商内部管理岗位的工作流程。

五、工作流程

工作流程如图5-13所示。

图5-13　工作流程

六、操作步骤

（1）假设制造商是生产汽车或计算机等工业品的厂商，学生可以自己为企业命名。

（2）讨论进行供应链管理所涉及的岗位部门，对各岗位工作范围进行界定，并绘制企业内部管理结构图。

（3）给出制造订单，模拟各部门的工作流程并予以记录。

（4）模拟活动分轮进行，一轮代表一个经营周期，活动进行10轮。

（5）模拟活动完成后，评估每组成员的综合表现。

七、注意事项

（1）角色扮演时体会各角色分工之间的关联。

（2）填写实训报告。

八、实训报告

请填写表5-2中的实训报告。

表5-2 实训报告

《供应链管理》实训报告					
班级		姓名		时间	
实训内容	供应链管理环境下制造商内部管理岗位模拟			分数	
实训目的					
实训步骤					
我的做法					
我的结论					
我的想法					

同 步测试 <<<<<<<<<<<<<<<<<<<<<<<<<<<<<<<<<<<<<<<<<<<<<<<<<<<<<<<<<<

一、判断题

1. 在任何一个供应链中，都有一个企业处于主导地位，协调整个供应链的运行。（　　）

2. 一个制造商能否成为供应链的主导企业，与其产品特征无关。（　　）

3. 生产的柔性包括两方面含义：一是"质"的柔性，二是"时间"的柔性。（　　）

4. 渠道变革的最终目的是"成本下降，效率提高"。（　　）

5. 供应链成本控制的目的不是降低供应链上的某一项成本，而是整合供应链，对整条供应链的成本进行控制。（　　）

6. 材料库存和产品库存不是时间压缩的主要对象。（　　）

7. 反向物流不是供应链成本控制的对象。（　　）

8. 供应链的协调控制模式分为中心化协调、非中心化协调和混合式协调三种。（　　）

9. 物流延迟是指推迟最终产成品的形成作业直到获得确切的客户需求。（　　）

10. 供应链的服务跟踪机制为供应链提供两方面的协调辅助：信息协调和非信息协调。（　　）

二、单项选择题

1. 供应链管理环境下的库存成本不包括（　　）。

    A. 机会成本 　　　　　　　　　B. 协调成本

    C. 运输成本 　　　　　　　　　D. 订货成本

2. 被广泛应用于库存控制、生产控制、质量控制及其他许多管理问题的是（　　）。

    A. ABC分类法 　　　　　　　　B. 60天订货法则

    C. 订货点法 　　　　　　　　　D. 经济订货批量法

3. 降低采购成本不能采取的措施是（　　）。

    A. 通过项目小组集中采购来降低产品价格

    B. 通过基础的战略性管理来降低采购成本

    C. 成本清除

    D. 以牺牲供应商的利益为代价降低采购成本

4. 在供应链管理中，企业可以了解上游企业的生产进度，然后适当调节

（　　），使供应链的各环节紧密衔接在一起。

    A. 资源计划   B. 生产计划

    C. 营销计划   D. 财务计划

5. 巩固和发展供需合作关系的根本保证是（　　）。

    A. 信息共享   B. 资源共享

    C. 效益分享   D. 签订互惠互利的合同

三、多项选择题

1. 供应链管理中生产计划的信息组织与决策的特征是（　　）。

    A. 开放性   B. 动态性

    C. 集成性   D. 群体性

    E. 分布性

2. 传统库存控制的特点有（　　）。

    A. 单个企业的库存管理

    B. 单级库存管理

    C. 以单纯降低库存成本为主要目标

    D. 由使用者管理库存

    E. 需求放大现象

3. 企业采用信息技术后的信息流特点是（　　）。

    A. 信息流的采集与物流的过程同时发生

    B. 信息采用计算机集中存储，统一加工处理，消除了部门与部门交接处的冗余加工处理

    C. 信息是沿着权力结构传递的

    D. 能够快速反馈信息并由此控制和调节物流

    E. 用计算机传递、加工处理信息及时、准确

4. 供应链的不确定性来源有（　　）。

    A. 供应商的不确定性   B. 生产者的不确定性

    C. 库存的不确定性   D. 客户需求的不确定性

    E. 消费的不确定性

5. 供应链合作关系的制约因素有（　　）。

    A. 高层态度   B. 企业战略和文化

    C. 员工的工作态度   D. 信任

    E. 合作伙伴能力和兼容性

四、简答题

1. 什么是制造商主导的供应链？它具有哪些特征？

2. 制造商扮演供应链上物流集散的"调度角色"，体现在哪些方面？

3. 制造商对供应链的管理主要侧重于哪些方面？

4. 面向供应链管理的产品设计主要包括哪些内容？

5. 什么是生产延迟？

6. 什么是物流延迟？

7. 简述延迟生产策略的实施条件。

8. 供应链的协调机制有哪几种划分方法？

9. 简述供应链管理成本控制的关键环节。

10. 供应链成本由哪些部分构成？

五、论述题

1. 试述供应链生产计划与传统生产计划的区别。

2. 如何进行供应链管理环境下的生产系统协调？

第六章 批发商主导的供应链管理

知识目标

- 掌握批发商主导的供应链的模型、特点和管理方法
- 熟悉供应链管理环境下批发商采购管理的基本流程
- 了解供应链管理环境下批发商采购管理的基本特点
- 掌握供应链管理环境下批发商采购的成本控制方法
- 了解准时制采购的理念和特点
- 熟悉供应链管理环境下批发商准时制采购的流程

技能目标

- 能够构建以批发商为核心的供应链管理网络
- 能够实施供应链管理环境下的采购管理
- 能够实施供应链管理环境下的批发商准时制采购

素养目标

- 培养全球采购意识,拓展资源布局的国际化视野
- 培养规模效用意识,增强对商品的统筹管理能力
- 培养准时采购意识,强化守时诚信与降本增效观念

【思维导图】

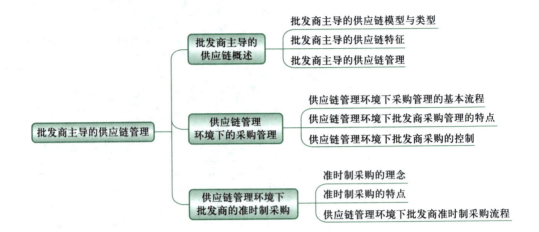

【引例】

中国轻纺城的供应链管理

浙江中国轻纺城集团股份有限公司（简称"中国轻纺城"）创建于1993年3月，坐落于浙江省绍兴市柯桥区。中国轻纺城集聚了各类纺织服装面料、家居用纺织品和产业用纺织品。全球每年有1/4的面料在此成交，与全国近一半的纺织企业建立了产销供应链合作关系。中国轻纺城率先实施知识产权保护，开展现代金融服务和物流服务，引导培育技术创新、品牌创建、时尚创造和产业链整合的新型公司化经营模式并取得良好成绩。

近年来，中国轻纺城基于数据市场的建设，将交易与商品进行分离，打造柯桥交易互用物流平台，切实消除弊端，还城市一个美丽空间。其智慧物流平台重构供应链生态：发货人只要在线上填写发货人、收货人、托运企业等信息，便可以完成市场揽货、分拣，直至托运配送全流程。中国轻纺城配置六个集货点和两个分拣中心，这大大提高了货物配送效率，对降低买卖双方的交易成本，并最终实现中国轻纺城市场交易和商品交割有序分离发挥了重要作用。

引 例分析

批发商作为供应链核心企业，以其服务于零售商和制造商的中间地位提高了大宗商品的流通效率和质量。特别是在与人们生活紧密相关的农产品、服装等轻工业品市场服务上具有独特优势。

第一节　批发商主导的供应链概述

批发商是指向制造商购进产品，然后转售给零售商、产业用户或各种非营利组织，不直接服务于个体消费者的商业机构。批发商处于商品流通的中间阶段，它从制造商那里获取商品，向零售商批销商品，并且是按批发价格经营大宗商品。其业务活动结束后，商品仍处于流通领域中，并不直接服务于最终消费者，如服装流通过程见图6-1。批发商是商品流通的重要环节，是调节商品供求的蓄水池，是沟通产需的重要桥梁，对提高社会经济效益、满足市场需求、稳定市场具有重要作用。

图6-1　服装流通过程

一、批发商主导的供应链模型与类型

随着信息技术的快速发展，市场竞争日益激烈，流通渠道逐步多样化，因此，有些人对批发行业存在的必要性产生了怀疑。同时，来自渠道上下游、外商资本介入等各方面的压力，使得批发业正遭受严峻的考验。作为传统流通领域中较为重要的一员，批发商能否在目前的市场经济领域焕发青春，发挥其应有的作用？实际上，批发商在目前的经济环境中仍然扮演着重要角色，它们依旧是销售渠道中的重要一环。消费品制造商、一些规模较小的零售终端等仍然比较依赖批发商。这使一些转型成功的批发商不仅生存下来，而且在供应链中拥有绝对的主导权，它们的顾客网络、物流配送服务等成为供应链的核心优势。

1. 批发商主导的供应链模型

批发商主导的供应链模型是指以批发商为核心企业的供应链结构模型，如图6-2所示。在这样的模型中掌握供应链主导权的是批发商。批发商是供应链的信息中心和资源整合中心，它所具有的核心能力与资源代表了整个供应链的竞争优势，在供应链中具有不可替代的作用。这些核心能力，或者是品牌，或者是产品开发与设计能力，或者是物流服务能力，或者是渠道等资源。

说一说：哪些可以作为核心企业的批发商？

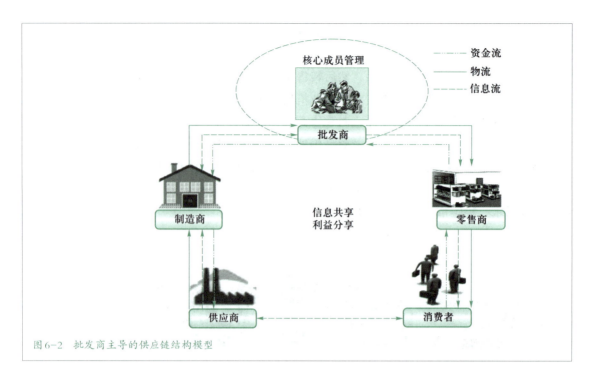

图6-2 批发商主导的供应链结构模型

作为供应链中的核心企业，批发商可以对供应链的整体资源进行调控，对供应链节点企业进行选择与管理。为此，批发商需要拥有核心竞争优势，以此来巩固自身在供应链中的主导地位。在实际经济生活中，在供应链中拥有主导权的批发企业大多拥有先进的电子信息技术，配备完善的物流配送体系。通过大型批发商的物流中心整合产品链条的资源，连接产品生产、加工、零售，使得产品供应链整体绩效得到提高，并且在物流配送系统的管理上，能部分地代替中小零售商进行物流作业，承担备货或分拣等各项物流职能，通过商品进货的广泛性和多样化来缩短零售商满足客户多样化需求的货物补给速度，从而大大节约中小零售商的各种经营费用。某食品批发商的供应链网状模型如图6-3所示。

从需求市场来说，批发商应要与供应链合作伙伴，特别是零售商一起建立客户快速响应系统，以更加快捷、更加人性化的方式满足客户需求，因此，批发商的流通功能应有意识地朝服务功能转化。

2. 批发商主导的供应链类型

随着互联网平台功能的拓展，批发商的流通中介功能越来越被削弱和忽视，其不断增加的物流配送等服务功能成为其获取竞争优势的关键。在实际商品流通过程中，批发商在供应链中一般是执行配送功能的，但供应链结构一般又取决于商品的特征、生产商所选择的渠道、消费者的购买渠道等。按照批发商经营商品类型的不同，一般可将供应链分为消费品批发商供应链和

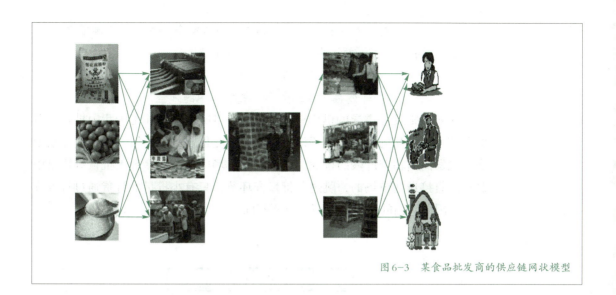

图6-3 某食品批发商的供应链网状模型

工业品批发商供应链。

消费品批发商主导的供应链结构如图6-4所示，在这三种消费品批发商供应链中，制造商—批发商—零售商—消费者是最传统的商品流通模式，也是本书侧重研究的对象，即图6-4中的第二种模式。但削减渠道的压力会使一部分批发商放弃传统业务和渠道，寻求新的利润增长点，与零售商的关系也会发生改变。

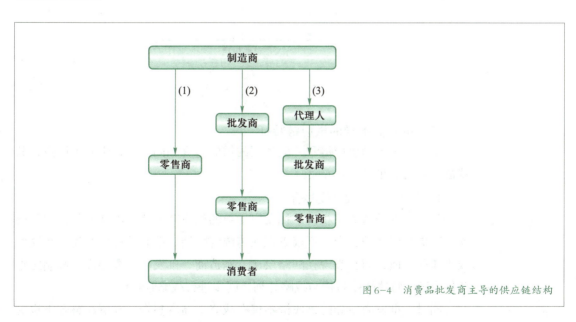

图6-4 消费品批发商主导的供应链结构

试一试：走进一家批发企业，了解并绘制这家企业的供应链模型。

要　求：1. 确定这个供应链模型的主导企业。

2. 分析该供应链模型的节点企业数目。

3. 明确该企业在这个供应链模型中的地位。

工业品批发商主导的供应链结构如图6-5所示。目前由于我国批发经营的萎缩，工业品的自销比例逐渐上升，也就是图6-5中的第一种模式逐渐增多，批发商面临着严峻的挑战。在工业品市场中，绝大多数大批量订货是由制造商直接送达市场的，跳过了批发商环节，只有小批量的订货通过批发商完成，因此它们的供应链模型也有所不同。

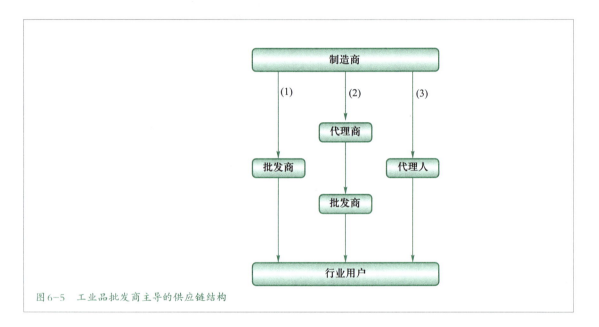

图6-5　工业品批发商主导的供应链结构

二、批发商主导的供应链特征

批发商主导的供应链和一般类型的供应链有相同之处，也有不同点，其特征主要表现在以下四方面：

1. 战略和战术的高度整合

与以往的渠道关系相比，批发商主导的供应链企业间的战略伙伴关系能够实现更高层次的整合，不仅表现在传统的购销关系和纯粹的物流关系这些战术作业层面，而且表现在战略层次，制造商、批发商、零售商一起制定整条供应链的整体战略目标与战略计划，同步进行战略管理。

同时，批发商主导的供应链不仅在战略上高度整合，在资源整合上也更具突出优势。在供应链中，单一企业在满足消费者需求方面所做的努力可能是微小的，或是低效益的。与精心挑选的几个供应商、零售商建立合作伙伴关系之后，批发商和制造商、零售商可以通过协商解决产品设计、生产、零配件供应，以及销售和配送中的问题，从而使各方受益。批发商作为核心企业，是供应链的主要管理者，是战略和资源整合的组织者，核心批发商通过对供应链中资源的集成化管理，避免了由于功能重复而造成的浪费，提高了供应链的效益与效率。

2. 信息流和物流的高度集成

批发商主导的供应链中，企业间不仅在物流、资金流方面相互融合，而且在信息流上高度集成，形成横向、纵向的信息网络渠道。

批发商主导的供应链的首要特征取决于批发商在供应链中的地位和性质。批发商作为供应链上的一个主要环节，起到承上启下的作用。菲利普·科特勒（Philip Kotler）在《营销管理》中将批发定义为：批发包括将商品或服务销售给那些以再出售或企业使用为目的的用户的过程中所发生的一切活动。批发又有"流通中介"之称。从供应链的角度看批发商，其物流和信息流双向传输的中介性更为突出，批发商信息传递如图6-6所示。

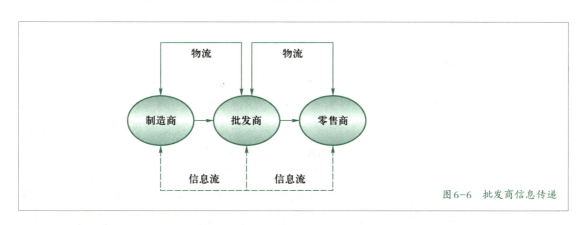

图6-6 批发商信息传递

物流和信息流是生产商、批发商、零售商三方共同的努力方向，其目的是通过商品的移动，以及依据信息而出现的从原材料到成品的转化，使物流、信息流过程达到增值。具体来讲，处在中间环节的批发商承担着确保库存、整合运输、传达信息，以实现流通上的快进快出并实现产销联盟的功能。将松散的独立生产商、零售商个体，变为一种致力于提高效率和增加生产力的合作力量。从本质上讲，完成了从生产商到零售商的物流控制以及从零售商到生产商的信息流控制，实现了一种渠道的整合，从而实现流通环节间的高速、低成本交流和协作。这种一体化、协调的供应链具有较强的响应能力，无疑将是企业主要的竞争优势所在。

3. 服务功能的准确定位

目前，批发商采用现代市场营销理论，将"以顾客为中心"的营销理念具体应用于自身的经营创新中。从供应链管理角度看，批发商的顾客有两个层次，一是直接服务对象——零售商，二是最终服务对象——消费者。成功的批发商往往都是顾客导向型的，通过与零售商结成供应链战略联盟巩固双方的合作，使自己立足于供应链系统中，把满足最终用户（消费者）的需求作为企业经营活动的出发点和归宿，通过把握消费者需求赢得主动权——这又正好与供应链管理的顾客导向型相一致，与零售商的理念不谋而合。共同的价值取向使越来越多的批发商致力于成为"零售支持型的服务提供商"。在市场竞争日益激烈的情况下，批发商的很多功能已经被生产商或零售商内部化。因此，批发商必须从单一功能向多功能服务升级，应定位为"商业后勤"，为零售商提供更为全面的支持和服务，帮助零售商更好地实现经营，实现功能转型。其中，物流服务和信息服务是其核心优势的体现。

物流是供应链中最为关键的一个环节，对物流的管理必然要应用供应链管理的技术与理论。强化批发商的物流功能，为零售商提供高效率的配送服务，是批发商功能转型至关重要的内容。

中国义乌国际商贸城的服务理念

中国义乌国际商贸城是浙江中国小商品城集团股份有限公司（简称"义乌商城集团"）为顺应国际化发展需求建造的现代化专业市场。它配套设施完善、环境优美、服务功能完备。中国义乌国际商贸城配套建有中央空调、货梯、电梯、内高架桥、大型停车场等设施，汽车可直接进入市场各楼层，并配备了专业的外商服务中心，采购商经营区和信息化管理系统。同时，融入多元人性化设计元素，提供餐饮美食、通信、中庭休闲、交通运输、金融等服务，是一个集购物、旅游为一体的国际化、商业批发型供应链综合服务平台。中国义乌国际商贸城通过数据汇集和深度挖掘，及时调整市场需求导向，进而带动了当地生产加工业的发展，通过"义新欧"中欧班列渠道，有效发挥了义乌小商品在"一带一路"沿线国家的影响力。2022年，义乌政府进一步加大了"数字产业化、产业数字化"的转型力度，贯彻落实党的二十大报告提出的"加快发展数字经济，促进数字经济和实体经济深度融合，打造具有国际竞争力的数字产业集群"，推进数字赋能与实体经济双效融合，使中国义乌国际商贸城的供应链服务能力进一步提升。

4. 系统增值性

批发商是典型的买进卖出的流通中介，如果企业站在自身的角度考虑问题，低买高卖无疑会损害零售商及终端消费者的利益，供应链不仅不会增值，反而会损失公平和效率。实际上，卓越的供应链领导者会把供应商提供的各种优惠让利给下游企业和消费者，把利润增长点放在高效物流配送和深化服务上，找到整个供应链的增值亮点。

批发商主导的供应链是一个将产品开发、供应、生产、市场营销和客户服务都联系在一起的整体，批发商应从系统观点出发思考增值过程：一方面，要根据客户需求不断增加产品的技术含量和附加值；另一方面，要不断消除客户不愿意支付的一切无效劳动与浪费，为客户带来真正的效益和满意的价值，同时使客户认可的价值大大超过总成本，从而为企业带来应有的利润。

想一想：批发商主导的供应链与一般供应链的特征有何异同？请进行差异比较分析。

三、批发商主导的供应链管理

批发商主导的供应链管理是以批发商为核心，从满足客户需求出发，利用计算机网络技术对供应链涉及的物流、信息流、资金流等全部活动进行计划、组织、协调与控制。供应链中的主导批发商只有利用这种集成思想，站在整体角度实施供应链管理，才能巩固自身的核心地位。批发商主导的供应链管理对象如图6-7所示。

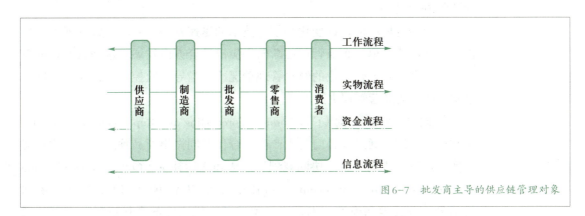

图6-7　批发商主导的供应链管理对象

1. 批发商主导的供应链管理内容

批发商主导的供应链管理内容主要包括以下三个方面：

（1）上游节点企业的管理。批发商主导的供应链对上游节点企业的管理主要针对生产商和供应商，批发商通过对生产商的管理实施对供应商的间接管理。这种管理模式更多的是基于契约模式的管理，靠市场需求计划推动的可靠性、货款给付的及时性等方式实现。在批发商主导的供应链中，其上游节点企业中最重要的是生产商，对生产商的管理直接影响到对下游客户的快速响应。在拉式供应链管理运作模式下，小批量定制化产品是满足客户个性化需求的关键，生产商以批发商的信息传递为纽带来组织生产。

（2）下游节点企业的管理。在供应链上拥有控制权的批发商，进行管理的首要任务是选择合适的零售商。在确定良好合作机制的基础上，批发商参与或协助零售商进行品牌推广和营销策划，甚至具体到成本削减、选址等细节。对零售商的管理还包括对物流配送的管理，发挥物流配送支持功能。批发商对零售商物流配送的支持可以有效降低物流成本，提高配送效率，实现快速、有效响应的目的。

（3）供应链信息的管理。在供应链实际运作中，要获得优良的绩效，除了各节点企业的自我努力外，在供应链层面上必须有一个共享的信息平台。供应链信息平台能够使供应链节点企业的信息实时共享，避免信息传递滞后带来的不对称后果。批发商是供应链的信息传递中介，从消费者传来的需求信息会拉动制造商生产，制造商的信息输出又直接影响下游企业的经营决策，因此，供应链管理在一定程度上就是供应链信息管理。

2. 批发商主导的供应链管理方法

随着对供应链管理思想的深入研究与运用，供应链管理方法也日渐成熟。这些方法主要包括快速反应（Quick Response，QR）、有效顾客反应（Efficient Customer Response，ECR）、作业成本法（Activity-Based Costing，ABC）和协同规划、预测和连续补货法等，此处主要介绍协同规划、预测和连续补货法。

随着经济环境的快速变化和信息技术的迅速发展，供应链管理理念不断被实践和深化，单一企业管理逐渐向供应链整合方向发展。这种新型管理系统不仅对企业和合作企业的经营管理情况给予指导和监控，而且通过信息共享实现联动的经营管理决策。

共同预测和补货（Collaborative Forecasting and Replenishment，CFAR）是利用互联网，通过零售商与生产商的合作共同做出商品预测，并在此基础上实行连续补货的系统。协同规划、预测和连续补货（Collaborative Planning Forecasting and Replenishment，CPFR），是在CFAR的基础上，应用一系列的信息处理技术和模型技术，提供覆盖整个供应链的合作过程，通过共同管理业务过程和共享信息来改善零售商和供应商之间的计划协调性，提高预测精度，最终达到提高供应链效率、减少库存和提高客户满意度目的的供应链库存管理策略。CPFR使供应链进一步推动共同计划的制订，即不仅合作企业实行共同预测和补货，而且原来属于各企业内部事务的计划工作也由供应链各企业共同参与。

CPFR的特点是协同、规划、预测和补货。CPFR的实施需要以CPFR概念为基础建立供应链体系结构，供应链体系结构可分为决策层、运作层、内部管理层和系统管理层。决策层主要负责管理合作企业领导层，包括企业联盟目标和战略的制定、跨企业业务流程的建立、企业联盟的信息交换和共同决策。运作层主要负责合作业务的运作，包括制订联合业务计划、建立单一共享需求信息、共担风险和平衡合作企业能力；内部管理层主要负责企业内部的运作和管理，包括商品的分类管理、库存管理、物流、顾客服务、市场营销、制造、销售和分销等；系统管理层主要负责供应链运营的支撑系统和环境管理及维护。

CPFR的内容可分成协同规划、协同预测以及协同补货3个阶段9个步骤，在其9个步骤中，步骤1与步骤2属于协同规划，步骤3至步骤8属于协同预测，步骤9则为协同补货，具体实施步骤如图6-8所示。

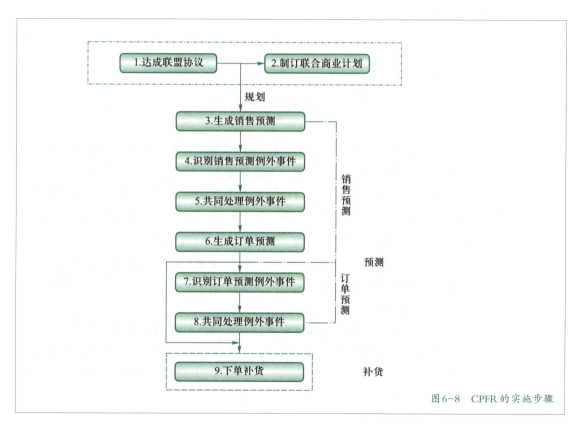

图6-8 CPFR的实施步骤

步骤1：达成联盟协议。首先，买卖双方应共同达成正式合作商业协议，明确合作目标与相关绩效衡量指标、协同合作的范围等。

步骤2：制订联合商业计划。依据纳入合作的产品项目，制定清晰的合作策略等。

步骤3：生成销售预测。使用最终消费者的消费资料，预测商品特定期间的销售量。

步骤4：识别销售预测例外事件。列出销售预测中可能出现问题的例外事项，如爆发性产品。对于异常的销售情形要实时监控，以调整策略。

步骤5：共同处理例外事件。当例外事件发生时，供应链上下游企业应采取措施增加或减少销售，以降低对库存的冲击。

步骤6：生成订单预测。订单预测较多由供应商或物流中心主导，基于销售预测或实际销售的结果，考量制造、仓储、运输产能等制约因素，预测未来各时期的订单。

步骤7：识别订单预测例外事件。这一步骤类似步骤4。

步骤8：共同处理例外事件。此步骤类似步骤5。

步骤9：下单补货。经过协同规划、预测阶段后，协同补货决策的困难将大大降低。

查一查：上网查询资料，分析CPFR在供应链实践中，在应用行业、成本、库存、改善合作关系等方面的应用价值。

第二节　供应链管理环境下的采购管理

采购是指经济主体为满足自身的某种需要，通过支付一定的价格向供应商换取商品和劳务的经济行为。无论是什么性质的企业，经营过程中所需要的各种物资不可能完全自给自足，企业运作必需的各种原材料、设备等必须依靠采购来获取。从价值角度看，采购对整个供应链的成本和利润有着较大的影响；从质量角度讲，通过采购企业可以将质量管理延伸到整个供应链，借以提高自身产品的质量水平；从时间角度看，采购是企业商务活动的基础环节，供应商对采购者响应速度的快慢是企业在竞争中能否取得优势的主要因素，也是快速响应思想的体现。

传统的采购管理是为保障企业物资供应而对企业采购活动进行计划、组织、指挥、协调和控制的管理活动，一般局限于企业内部。在供应链管理模式下，采购管理不再是单一部门、单一企业的事情，而是供应链所有企业必须面对的任务。

一、供应链管理环境下采购管理的基本流程

采购管理是供应链管理的重点内容之一。为使供应链系统能够实现无缝连接，并提高供应链企业的同步化运作效率，就必须加强采购管理。

在供应链管理模式下，采购管理工作要做到：恰当的数量、恰当的时间、恰当的地点、恰当的价格、恰当的来源。恰当的数量是指实现经济批量采购，既不积压又不造成短缺；恰当的时间是指实现及时化采购管理，既不提前也不滞后，做到既不给库存带来压力，也不给生产带来压力；恰当的地

点是指实现最佳的物流效率，尽可能地节约采购成本；恰当的价格主要是指达到采购价格的合理性，否则价格过高造成浪费，价格过低可能难以保证质量。恰当的来源是指选择合适的供应商，力争双方达到双赢。

1. 供应链环境下的采购作业流程

采购作业流程是具体执行采购任务的指南，是采购活动的具体操作程序，也是采购活动执行的标准。下面以批发商为例，论述具体的采购作业流程。

批发采购的作业流程会因批发商自身因素、采购模式、商品来源、采购方法等不同而有所不同，但其基本的采购流程大同小异。一般来说，批发商的规模越大，所采购的商品金额就越高，其采购的作业流程就越复杂；反之，则越简单。批发采购的作业流程主要由以下几个步骤组成：

（1）收集顾客需求信息，明确采购需求。批发商在采购商品之前，必须收集有关顾客需求的信息。在收集商品采购管理所需的信息时，最关键的是准确分析消费者的相关信息。一般来说，采购人员可以通过访问供应商、与销售人员交流及观察消费者行为了解有关消费者需求的信息。对顾客的相关信息进行基本了解后，采购人员就需要进一步明确采购需求。对采购商品名称、数量及采购时机形成准确的认识。

（2）制订采购计划。明确采购需求后，就要根据市场需求制订采购计划，包括采购商品的品种、采购数量等。

（3）选择供应商。制订采购计划后，批发商就可以开始市场调研，选择供应商。

（4）采购合同谈判。当货源已经选定，购买前评估也完成时，批发商就可以与供应商进行采购合同的谈判。对于不同行业的商品，合同涉及的具体内容和附加条款会有所不同，但采购合同必须与整条供应链的目标相适应。

（5）签订采购合同，发出采购订单。采购合同的条款和条件达成一致后，批发商就可以发出采购订单订购货物。

（6）跟单催货，验货付款。采购订单发给供应商后，批发商应对订单进行跟踪和催货。货物到达后，根据采购合同验货付款。

（7）采购评估。一轮采购结束后，需进行采购评估和总结。通过评估找出经验与教训，对供应商进行评估等。

采购作业流程如图6-9所示。

2. 供应链管理环境下采购管理的流程

供应链环境下的采购是由市场拉动的，能快速响应客户需求，这不仅要求降低采购成本，而且要求尽可能使存货、缺货成本降到最小。在这种管理模式下，采购管理的流程设计必须科学、合理，否则很难实现管理目标。供应链中的采购管理流程如图6-10所示。

说一说：供应链中的采购流程与一般采购有哪些区别？

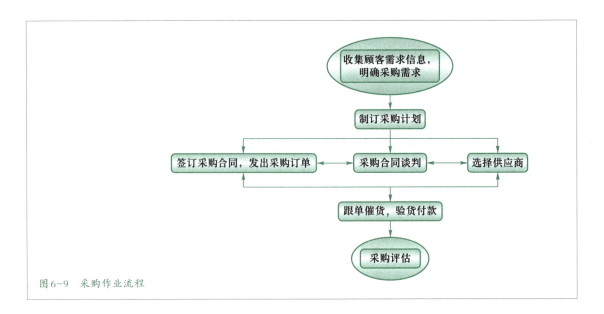

图6-9　采购作业流程

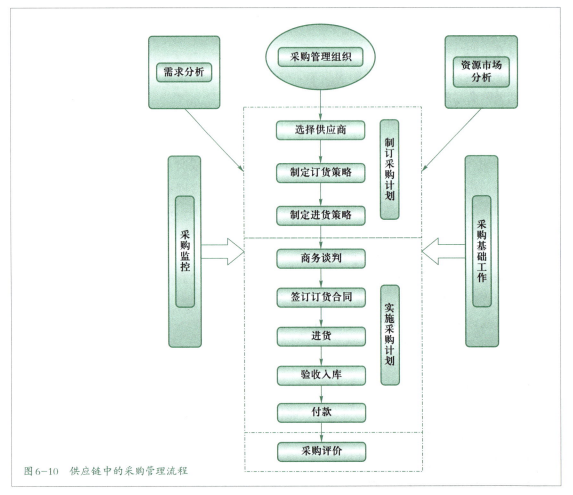

图6-10　供应链中的采购管理流程

试一试：选一家批发企业，简单描绘它的采购作业流程。

目　的：通过实地调研一家批发商，熟悉它的采购作业流程，体验采购员的工作氛围。

要　求：1. 绘制该企业的采购作业流程图。

2. 用角色扮演法进行采购谈判情境模拟。

视频：生产商的采购作业管理

二、供应链管理环境下批发商采购管理的特点

在供应链管理环境下，企业的采购方式和传统的采购方式有所不同。这些差异主要体现在如下几方面：

1. 它是一种基于需求的订单驱动采购

在传统的采购模式中，批发商采购就是为了补充库存，即为库存而采购。批发商不以零售商和消费者的反馈信息作为指导，采购过程缺乏主动性，采购部门制订的采购计划很难适应市场需求变化。在供应链管理模式下，采购活动是以订单驱动方式进行的，制造订单是在用户需求订单的驱动下产生的，充分依据用户需求进行采购。通过市场需求驱动商品采购订单，商品采购订单驱动制造订单，制造订单再驱动供应商的材料采购订单（见图6-11）。这种准时化的订单驱动模式，使供应链系统得以准时响应用户需求，从而降低了库存成本，提高了物流的效率和库存周转率。这种模式也是拉式供应链管理环境下采购管理的直接反映。

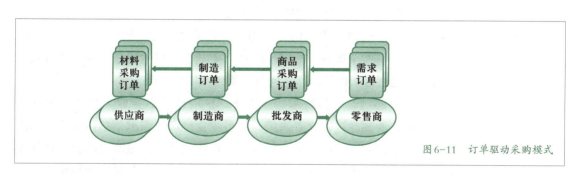

图6-11　订单驱动采购模式

订单驱动的采购方式有如下特点：

（1）交易成本降低。由于供应链节点企业之间建立了战略合作伙伴关系，签订供应合同的手续大大简化，交易成本大大降低。

（2）进行同步化运作。在同步化供应链计划的协调下，制造计划、采购计划等能够采取并行工程，缩短了用户响应时间，实现了供应链的同步化运作。

（3）以市场做引导。对于批发商来讲，采购什么商品以市场做引导，市场需求什么，它们就采购什么商品，大大地降低了商品库存成本。

（4）削减不必要的采购环节。对于制造商而言，采购物资直接进入制造

说一说：订单驱动采购模式的意义

157

部门，减少采购部门的工作压力和不增加价值的活动过程，实现供应链精细化运作。

（5）信息传递方式发生变化。在传统采购方式中，供应商对制造过程的信息不了解，企业甚至部门之间沟通不畅，但在供应链管理环境下，供应链信息化水平提高，供应商、生产商、批发商等能进行信息共享，提高了供应商的应变能力，减少了信息失真。同时，在订货过程中，供应商、生产商与批发商之间不断进行信息反馈，修正订货计划，使订货与需求保持同步。

（6）实现了面向过程的作业管理模式的转变。订单驱动的采购方式简化了采购工作流程，采购部门的作用主要是沟通企业内部各部门之间的联系，采购管理是基于过程的管理。

2. 它是一种供应商主动型采购

在供应链环境下，供应链节点企业以需求信息为纽带和动力，供应商随时根据市场需求调整供应，即根据需求状况及变化趋势调整自己的生产计划，做到及时补货，主动适时适量满足客户需求。供求双方是战略伙伴关系，如果需求方销售情况不佳，也会影响供应商，所以供应商会主动关注产品质量，快速、高质量地响应客户需求。在这种采购模式下，批发商的采购工作量大大减少，采购交易成本也大大减少。

3. 它是一种合作型采购

供应链管理模式下采购管理的第三个特点，是供应与需求的关系从简单的买卖关系向双方建立合作伙伴关系转变。

在传统的采购模式中，供应商与需求企业之间是一种单纯的买卖关系，因此无法解决一些全局性、战略性问题，而基于供应链模式下的采购方式为解决这些问题创造了条件。这些问题主要包括以下五个方面：

（1）库存问题。在传统采购模式下，供应链节点企业无法共享库存信息，上下游企业独立进行库存决策，不可避免地产生需求信息扭曲现象，因此供应链的整体效率不高。但在供应链管理模式下，通过双方的合作伙伴关系，供应与需求双方可以共享库存信息，因此采购的决策过程变得透明，减少了需求信息的失真现象。

（2）风险问题。供需双方通过合作伙伴关系，可以降低由于不可预测的需求变化带来的风险。

（3）通过合作伙伴关系可以为双方共同解决问题提供便利的条件，双方可以为制订战略性采购供应计划共同协商，减少日常琐事消耗的时间与精力。

（4）降低采购成本问题。通过建立合作伙伴关系，可以大大降低交易成本。由于避免了许多不必要的手续和谈判过程，信息的共享避免了因信息决策不对称可能造成的成本损失。

（5）合作伙伴关系消除了供应过程的组织障碍，为实现准时化采购创造了条件。

三、供应链管理环境下批发商采购的控制

在批发商的运营中，采购环节所占成本比重高、资金投入大，批发商采购管理的好坏直接影响商品的供应和库存、零售商的利益、对消费者需求的响应速度等，进而影响供应链的整体效益。在供应链管理环境下，批发商的采购控制包括采购制度控制、采购商品控制及采购成本控制等。

1. 采购控制制度

建立采购控制制度是批发商进行采购控制的有效手段，用制度规范采购行为，实施标准化采购作业是防范采购失误的重要方法。

（1）建立采购预计划制度。这是一种典型的事前控制，也就是在接受采购任务之前，专业采购人员必须填写采购预计划表（见表6-1），并将其作为个人业务的一份正式文件保存。

表6-1　采购预计划表

姓名　　　　　　　　　　　　　　　　　　　　　　　　　　　年　月　日

任务号	品名　　规格　　数量　　使用单位		
	特别说明		
供应商选择	单位名称		
	选择理由	□产品质量好 □产品质量符合要求、价格最低 □距离最近 □老客户 □其他	
价格预计		选择理由	□价格最低 □产品质量好 □老客户	市场最低价
进货方式选择	□火车 □汽车 □自提	进货天数	进货费用预计	
订货费用预计	总额	差旅费		订货天数 ＿＿天
		通信费		
		手续费		
		其他		

（2）建立采购评估制度。采购评估制度应包括三部分：一是自我评估，每次采购任务都要填制自我评估表；二是采购部门对采购人员的评估以及部门整体评估，此项评估应定期进行。采购评估既属于采购监督控制的内容，也是采购流程的总结环节，其目的是评定绩效、总结教训；三是在供应链环境下，采购任务不仅是单一部门或单一企业的事情，而是供应链所有企业的共同业务，其采购绩效和成本直接影响供应链的增值效果。因此，应建立供应链采购评估体系，从供应链的角度衡量采购业务，这样才能更符合供应链的整体合作理念。

（3）实施标准化作业制度。采购作业流程应标准化，按照标准化作业进行操作和控制，是采购的一种适时控制。这要求制定标准化采购操作流程，编制采购作业手册。同时规定采购员的权限，要求他们按照操作手册进行标准化采购作业。

（4）建立采购业务财务审计制度。采购是批发商的一项重要业务，由于它属于钱物交易，无疑会增加采购成本，影响零售商和消费者的利益。因此，要建立采购业务财务审计制度。

2. 采购成本控制

对于批发企业来说，采购成本的高低直接影响下游企业和最终用户的利益，进而影响供应链的竞争力。由此可见，采购成本控制至关重要，采用科学合理的采购方法能有效降低采购成本，达到控制成本的目的。下面介绍几种采购策略和方法。

（1）集中采购。通过采购量的集中提高议价能力，降低单位采购成本，是一种基本的战略型采购方式。批发商成立专业采购部门，对采购业务进行规划和管理，在一定程度上减少采购物品的差异性，提高采购服务的标准化，减少后期管理的工作量。批发商的行业性质也具有这种优势，它们注重量大从优的理念，往往是制造商青睐的采购对象，拿到的折扣优惠很可观。但集中采购也增加了采购部门与业务部门之间沟通和协调的难度，增加了后期调配的难度，因此，集中采购需要采购部门和其他部门，特别是销售部门和配送服务部门的通力合作。

（2）联合采购。集中采购是大企业将采购的规模优势扩大化的手段，但是可能导致没有多品类的产品线，对需求多样化的市场来讲有脱节风险。如何既保留集中采购的规模优势，又达到产品丰富化？联合采购是一个不错的选择，对于中小批发商尤其如此。这样，由多个批发商组成采购联盟，就可以提高防范风险的能力。一方面，多家企业联合采购，集小订单成大订单，增强集体的谈判实力，获取采购规模优势，大大降低采购成本；另一方面，联合采购将多个批发商的采购需求整合，使采购商有更多的供应商可以选择，有效解决了商品单一问题。

（3）寻求采购替代。当采购的障碍难以突破，采购成本较高，而采购商品又是市场的紧俏商品时，企业可以考虑向同类生产厂家购买替代品。因此，对于那些在同类生产厂家可能存在替代品的零部件或原材料的小批量采购，寻求采购替代有时可以大幅度降低采购成本，因为本企业急需的商品或许正是其他同类生产厂家放在仓库急于处理的多余材料。

（4）与供应商结成战略联盟。批发商如果与供应商结成战略联盟，两者之间的关系就不再是简单的采购关系，而是一种长期合作、互惠互利的战略伙伴关系。这也是供应链管理的核心理念。这样双方通过长期交易实现权利和义务的平衡。在这种合作关系下的采购，供应商不会因为批量太少或其他短期市场原因而不生产或要求很高的价格，反而会想办法节约成本，为长期合作尽到自己的义务。

3. 采购商品控制

根据商品采购的要求，批发商可以对其采购的商品进行控制。在供应链环境下，批发商的采购控制主要采用单品（Stock Keeping Unit，SKU）管理的方法。单品管理是指通过计算机系统对某一单品的毛利额、进货量、退货量、库存量等，进行销售信息和趋势的分析，把握某一单品订货、进货情况的一种管理方法。单品管理包括原品管理和新品管理两部分。

（1）原品管理。原品是指批发商已经或正在经营的商品。对于这部分商品，批发商已经积累了一定的历史数据和经营经验。对于单体批发商，某一原有的单品是继续采购还是将其淘汰，是大量采购还是少量采购，主要利用ABC分类法，以及未来销售趋势的分析来判断。其具体做法是：首先将商品按畅销度排序，计算每一项商品的销售额比例及累计构成比例，以累计构成比例为衡量标准，即80%的销售额由20%的商品创造，此类商品为A类商品；15%的销售额由40%的商品创造，此类商品为B类商品；5%的销售额由约40%的商品创造，此类商品为C类商品。A类商品是企业销售的重点商品，是企业收入的主要来源。此类商品销售量和订货量都大，补货频率和订货频率高，因此，必须充分重视这类商品的采购，保证这类商品的供应。对于C类商品则应具体分析单品的销售趋势，如果属于滞销商品，应快速处理，必要时将其淘汰并引进新品。批发企业的原品管理可以依据POS系统收集的数据和信息运用计算机进行分析，形成报表，并通过EDI方式迅速传递到供应商一方，从而实现供应链上的迅速备货和补货，提高供应链的效率。

（2）新品管理。新品是指批发企业尚未销售过的商品。由于缺乏相关的数据和经验，一般来说批发商决定是否引进某一新品，分析起来要比原品管理更难。对于这类商品，必须根据上述采购商品的要求分析其适销性，包括商品是否适应市场需求和企业的经营特色，能否与企业目前经营的商品互相配套，其质量特性（如商品的用料、设计、包装、耐用性、易用性、安全性、品牌等）是否满足要求，同时，还应对同类商品的供应商进行综合比较，以确定从哪家采购。为了方便分析和比较，可以将各项指标绘成图表，再进行打分，以此来决定是否引进某商品。

第三节　供应链管理环境下批发商的准时制采购

一、准时制采购的理念

准时制采购也称JIT采购，是一种先进的采购管理模式，它是由准时制生产（Just in Time，JIT）演变而来的。**JIT采购的基本思想是：在恰当的时间、恰当的地点，以恰当的数量、恰当的质量提供恰当的物品。**具体描述如下：

（1）用户需要什么，就提供什么，品种规格符合用户需要。

（2）用户需要什么质量，就提供什么质量，品种质量符合用户需要，拒绝次品和废品。

（3）用户需要多少就提供多少，不少提供，也不多提供。

（4）用户什么时候需要，就什么时候送货，不晚送，也不早送，非常准时。

（5）用户在什么地点需要，就送到什么地点。

JIT采购原理，既做到了满足企业对物资的需求，又使企业的库存最少。准时制采购和准时制生产一样，不仅能更好地满足用户需要，而且可以最大限度地减少库存、消除浪费，从而降低企业的采购成本和经营成本，提高竞争力。

供应链管理模式下，订单驱动使供需双方围绕订单运作，有助于实现同步化，准时制采购是实现这种运作模式的方法和手段。同时，准时制采购增加了供应商的柔性和敏捷性。

二、准时制采购的特点

1. 采用较少的供应商

准时制采购要求的供应商数量较少，有时甚至是单源供应。单源供应是指对某种原材料或外购件只从一个供应商那里采购；或者说，对某种原材料或外购件的需求，仅由一个供应商供货。JIT采购认为，最理想的供应商数量是：对每一种原材料或外购件，只有一个供应商。传统的采购模式一般是多头采购，供应商的数量相对较多。

从理论上讲，采取单源供应比多头供应好，一方面，对供应商的管理比较方便，且可以使供应商获得内部规模效益和长期订货，从而使购买原材料和外购件的价格降低，有利于降低采购成本；另一方面，单源供应可以使制造商成为供应商的一个非常重要的客户，因而加强了双方的相互依赖关系，有利于供需之间建立长期稳定的合作关系，产品质量比较容易保证。单源供应也有一定风险，例如供应商可能因意外原因中断交货；由于缺乏竞争，对单一供应商过于依赖。

从实践中看，许多企业不愿意成为单一供应商。这主要原因是：一方面供应商是独立的商业竞争者，不愿意把自己的成本数据透露给用户；另一方面是供应商也不愿意成为用户的一个库存点。实施JIT采购，需要减少库存，结果是原先在用户一边的库存成本，现在转移到供应商那里。因此，用户必须意识到供应商的这种忧虑。

2. 采取小批量采购策略

JIT采购和传统采购模式的一个重要不同之处在于准时制需要减小批量，因此采购物资也应采用小批量策略。但是，小批量采购必然增加运输次数和运输成本，对供应商来说这是一个棘手的问题，特别是在远距离的情形下，实施JIT采购的难度更大。通常情况下，解决这一问题的方法主要有四种：一是供应商在地理位置上靠近制造商；二是供应商在制造商附近建立临时仓库；三是由一个专门的承包运输商或第三方物流企业负责送货，按照事先达成的协议，收集分布在不同地方的供应商的小批量物料，准时按量送到制造商的生产线上；四是让一个供应商负责供应多种原材料和外购件。

3. 对供应商选择的标准发生变化

由于JIT采购采取单源供应，因此对供应商的选择就显得尤为重要。可以说，能否选择到合适的供应商是JIT采购能否成功的关键。在传统的采购模式中，供应商是通过价格竞争选择的，供需关系是短期交易关系，当发现供应商不合适时，可以通过市场竞标的方式重新选择供应商。但在JIT采购中，由于供应商和用户是长期合作关系，供应商的合作能力将影响企业的长期经济利益，因此对供应商的要求就比较高。在选择供应商时，需要对供应商按照一定标准进行综合评估，这些标准包括产品质量、交货期、价格、技术能力、应变能力、地理位置等，而不像传统采购那样，主要依据价格进行决策。

4. 对交货准时性要求更加严格

JIT采购的一个重要特点是要求交货准时，这是实施准时化生产的前提条件。交货准时与否取决于供应商的生产与运输条件。对于供应商来说，为实现准时交货，可以从以下两方面着手：一是不断改善企业的生产条件，提高生产的连续性和稳定性，减少由于生产过程的不稳定导致延迟交货或误点现象；二是作为准时化供应链管理的一部分，供应商同样应采用准时化生产管理模式，以提高生产过程的准时性。另外，运输对准时交货意义重大。这要求供求双方对此进行有效的计划和管理，使运输过程准确无误。

5. 从根源上保障采购质量

实施 JIT 采购后，企业的原材料和外购件的库存减少甚至为零。低库存最基本的条件是保证生产的正常进行。为此，供应商要对采购物资的质量负责，必须参与制造商的产品设计过程中。同时，制造商也应帮助供应商提高技术能力和管理水平。

6. 对信息交流的需求增强

信息高度共享是 JIT 采购对供应与需求双方的要求，以保证信息的准确性和实效性。在供应链环境下，由于双方的战略合作关系，企业生产计划、库存、质量等方面的信息都可以及时进行交流，以便出现问题能够及时处理。只有供需双方信息交流通畅快捷，才能保证所需的原材料和外购件能准时保量供应。同时，充分的信息交换可以增强供应商的应变能力。

三、供应链管理环境下批发商准时制采购流程

库存积压一直是困扰批发商的重要问题，其居高不下的采购成本严重影响批发商的效益，同时对下游企业和客户价值带来不利影响，从而造成供应链整体成本增加，价值增值困难。准时制采购模式对解决这一问题提供了很好的思路。

在这里，批发商的供应商主要是制造商，因此批发商的准时制采购是建立在制造商准时制生产和准时制采购基础上的。选择合适的商品来源，确定合适的供应商是成功采购的前提。而且，批发商必须与制造商建立战略合作关系，以保证双方的合作诚意和共同解决问题的积极性。

批发商准时制采购流程如图 6-12 所示。

1. 建立准时制采购班组

一支优秀的采购队伍对实施准时化采购至关重要，高素质、专业的采购人员会承担寻找货源，商定价格，发展与供应商的协作关系的责任并不断改进工作。JIT 采购班组的作用是全面处理 JIT 的有关事宜，制定 JIT 采购操作规程，协调企业内部及供应商的运作。准时化采购班组除了企业采购部门有关人员之外，还要有本企业以及供应商企业的生产管理人员、技术人员等。

2. 制订计划

企业要有针对性地制订采购计划，以及具体的分阶段改进措施，包括减少供应商的数量、供应商的评估、向供应商发放签证等内容。在这个过程中，企业要与供应商一起商定 JIT 采购的目标和有关措施，保持经常性的信

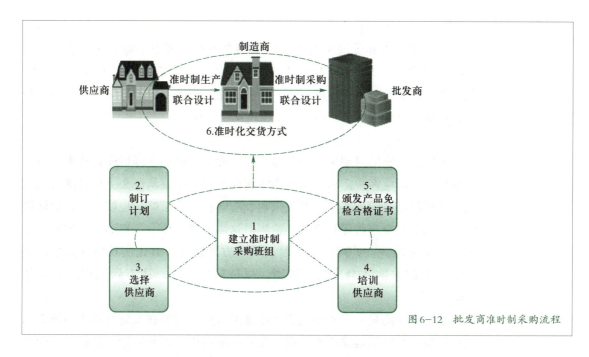

图6-12 批发商准时制采购流程

息沟通。供应商的前期参与是保证JIT采购模式有效实施的前提条件，双方观点一致有助于消除障碍，从而减少采购阻力。

3. 选择供应商

采用较少的供应商，甚至单源供应是JIT采购的重要特点。精选少数供应商，建立利益一致的战略联盟也是供应商管理的主要任务。供应商和采购商之间互利的伙伴关系，意味着双方充满一种紧密合作、互动交流、相互信赖的和谐气氛，共同承担长期协作的义务。在这种关系的基础上，分担风险，分享利润。企业可以选择少数几个最佳供应商作为合作对象，加强与他们之间的业务关系，以做出客观评价。

选择供应商应从以下几方面考虑：产品质量、供货情况、应变能力、地理位置、企业规模、财务状况、技术能力、价格以及与其他供应商的可替代性等。

4. 培训供应商

针对条件具备的批发商，可以选择少数商品进行试点，主要目的是与制造商一起获取准时制采购的经验。实际上，准时制采购是供需双方的共同业务活动，单靠批发商的努力是不够的，需要制造商的配合。如果制造商已经在自己的企业实行了准时制采购和准时制生产，对准时制理念和运作方法具有较深的认识和理解，就能对供应链下游企业的准时制策略给予高度支持，否则必须对其进行教育培训。通过培训，供应商与采购商确立一致的目标，相互之间就能很好地协调，做好采购的准时化工作。

5. 颁发产品免检合格证书

准时化采购和传统采购方式的不同之处在于买方不需要对采购产品进行较多的检验，从而节省时间和费用。因此，在实施JIT采购策略时，核实、颁发免检证书是非常关键的一步。颁发免检证书的前提是供应商的产品百分之百合格。只有达到这一要求，才能颁发免检证书。

6. 准时化交货方式

批发商实施准时制采购的目的，一方面是尽可能地降低库存成本，另一方面是快速响应客户需求，及时为零售商配货。而要从源头上保证准时化采购，要求制造商同样实施准时化采购和准时化生产策略，也就是说，保证供应链上的节点交易都做到准时、恰当。这需要供应商、制造商、批发商、零售商甚至是消费者共同参与准时制采购方案设计，真正实现协同效果，这样的准时制采购才会成功。否则，只是局部胜利，达不到供应链管理的目的。

准时制采购是一个不断完善和改进的过程，需要在实施过程中不断总结经验教训，从降低运输成本、提高交货的准确性和产品质量、降低供应商库存等各方面进行改进，不断提高准时化采购的运作绩效。

<<<<<<<<<<<<< **技** 能训练Ⅰ <<<<<<<<<<<<<<<<<<<<<<<<<<<<<<<<<<<<<<<<<

一、实训名称

批发商主导的供应链构建。

二、实训目标

通过模拟批发商主导的供应链的构建，掌握批发商主导的供应链结构和构建方法。

三、环境要求

物流实训室，应配备：

（1）进行软件和动画实训时，应配备计算机40台。

（2）进行实景实训时，应配备5组桌椅。

四、情境描述

批发商是指独立于制造商、从事产品经销与代理的批发组织，不包括生产企业自设的批发机构。目前在我国，由于批发商经营的萎缩，工业消费品的自销比例已经超过50%，批发商面临着严峻的挑战。批发商采用供应链管理，是提高企业效益、更好地发挥其应有功能的有效途径。本实训首先让学生熟悉批发商主导的供应链中各供应链节点企业的功能和位置，再通过案例模拟，实现在供应链管理中，批发商选择上下游节点企业建立以批发商为主导的供应链构建过程。

请调研本地的一家批发市场或批发中心，完成后续要求。

五、工作流程

工作流程如图6-13所示。

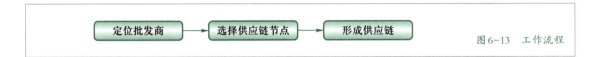

图6-13 工作流程

六、操作步骤

（1）熟悉批发商主导的供应链中各供应链节点企业的功能和位置。

（2）组建6~8人的小组，讨论以批发商为主导的供应链构建方案。

（3）为小组为单位，建立以批发商为主导的供应链。

（4）对供应链节点环节的角色、数量、长度、方向进行确认。

（5）对各组批发商的生产能力、沟通协调能力、供应链集成能力进行评估，讨论该供应链模型的管理特色。

七、注意事项

（1）以农产品为例，构建批发商主导的供应链。

（2）讨论工业品和消费品为内容的批发商主导的供应链构建。

（3）填写实训报告。

八、实训报告

请填写表6-2中的实训报告。

表6-2 实训报告

《供应链管理》实训报告					
班级		姓名		时间	
实训内容	批发商主导的供应链构建			分数	
实训目的					
实训步骤					

续表

我的做法	
我的结论	
我的想法	

技 能训练 Ⅱ <<<<<<<<<<<<<<< <<<<<<<<<<<<<<<<<<<<<<<<<<<<<<<<<<<<<<

一、实训名称

供应链管理环境下批发商采购作业流程模拟。

二、实训目标

通过模拟供应链管理环境下批发商采购作业流程，掌握批发商采购作业流程和不同情况的应对方法。

三、环境要求

物流实训室，应配备：

（1）进行软件和动画实训时，应配备计算机40台。

（2）进行实景实训时，应配备5组桌椅。

四、情境描述

在供应链管理模式下，采购工作要做到以恰当的数量、恰当的时间、恰当的地点、恰当的价格、恰当的来源实施采购作业流程。本实训模拟在供应链管理模式下批发商的采购作业，并在整个管理过程中实现对供应链上下游节点企业关系的协调。

五、工作流程

工作流程如图6-14所示。

图6-14 工作流程

六、操作步骤

（1）进行角色扮演，将全班同学自由组合成12人小组。其中，客户2人，零售商、制造商、供应商各1人，批发商3人（分别执行物流、交易服务、信息支持功能），形成由供应商、制造商、批发商、零售商、客户组成的供应链。

（2）从客户发出需求订单开始到收到商品为一轮，每组循环模拟农产品批发中心主导供应链管理，并登记交易数量、交易价格、交易时间、供应链节点相关数据等，每组进行三轮（管理人员工资忽略不计）。

（3）每组模拟活动完成后，教师进行客户满意度测评。

（4）供应链运行时间短、成本低、客户满意度高者为该次模拟实训的优胜者。

七、注意事项

（1）角色扮演时体验各角色分工之间的关联。

（2）注意采购资料的保存。

（3）填写实训报告。

八、实训报告

请填写表6-3中的实训报告。

表6-3　实　训　报　告

《供应链管理》实训报告					
班级		姓名		时间	
实训内容	供应链管理环境下批发商采购作业流程模拟			分数	
实训目的					
实训步骤					
我的做法					
我的结论					
我的想法					

同步测试

一、判断题

1. 批发商主导的供应链在现实经济生活中几乎不存在。（   ）

2. 批发商低买高卖，只会增加供应链成本，不会实现供应链增值。（   ）

3. 协同规划、预测和连续补货法（CPFR）只适用于零售商主导的供应链。（   ）

4. CPFR的实施步骤中预测包括销售预测和订单预测两部分。（   ）

5. 明确采购需求是批发商采购作业的第一步。（   ）

6. 供应链环境下，批发商采购就是为库存而采购。（   ）

7. 准时制采购模式下，为节省订货费用一般要求大批量采购。（   ）

8. 准时制采购模式下，要求供应商的数目较少甚至是单源供应。（   ）

9. 准时制采购模式源于准时制生产管理模式。（   ）

10. 集中采购是一种基本的采购战略，能够获取采购规模优势。（   ）

二、单项选择题

1. 批发商主导的供应链是物流与（   ）高度集成。

    A. 资金流   B. 信息流

    C. 商流   D. 工作流

2. 供应链管理方法中的（   ）法主要是由零售商与生产商合作做出商品预测，并在此基础上实行连续补货的。

    A. QR   B. ECQ

    C. CPFR   D. JIT

3. 采购商品控制中的单品管理主要有原品管理和（   ）。

    A. 新品管理   B. 多品管理

    C. 旧品管理   D. 其他

4. CPFR的特点是协同、规划、预测和（   ）。

    A. 评价   B. 补货

    C. 订单生成   D. 销售预测

5. 批发商的顾客有两个层次，一是零售商，一是（   ）。

    A. 代理商   B. 制造商

    C. 供应商   D. 最终消费者

三、多项选择题

1. 批发商作为供应链的核心，其拥有的核心能力可能是（　　　　　）等。

　A. 品牌　　　　　　　　　　　　B. 物流服务能力

　C. 渠道资源　　　　　　　　　　D. 物流服务

　E. 产品开发与设计能力

2. 批发商主导的供应链管理内容主要包括（　　　　　）。

　A. 对上游企业的管理　　　　　　B. 对下游企业的管理

　C. 市场管理　　　　　　　　　　D. 供应链信息管理

　E. 物流管理

3. 供应链管理的方法包括（　　　　　）。

　A. 商品分类管理法

　B. 有效顾客反应（ECR）

　C. 作业成本法（ABC）

　D. 协同规划、预测和连续补货法（CPFR）

　E. 快速响应法

4. 供应链环境下的采购（　　　　　）。

　A. 是一种订单驱动型采购　　　　B. 是一种被动型采购

　C. 是一种主动型采购　　　　　　D. 是一种合作型采购

　E. 是一种临时性采购

5. 准时制采购的特点之一是采取小批量采购策略，其次是（　　　　　）。

　A. 采用较少的供应商

　B. 对供应商选择的标准发生变化

　C. 对信息交流的需求增强

　D. 对交货准时性要求更加严格

　E. 从根源上保障采购质量

四、简答题

1. 批发商主导的供应链有哪些特征？

2. 批发商主导的供应链管理内容主要包括哪些？

3. 供应链管理方法主要有哪些？

4. 如何实施CPFR？

5. 简述供应链环境下批发商采购作业流程。

6. 简述供应链环境下批发商采购管理流程。

7. 简述供应链环境下批发商采购管理的特点。

8. 什么是准时制采购？这种管理模式有什么特点？

9. 订单驱动型采购的特点有哪些？

10. 简述供应链环境下批发商准时制采购的流程？

五、论述题

1. 试述供应链环境下的采购模式与传统采购模式的区别。

2. 批发商如何发挥在供应链管理中的主导地位？

知识目标

- 掌握零售商主导的供应链的模型和特点

- 熟悉零售商主导的供应链的管理方法和管理流程

- 熟悉供应链管理环境下零售商客户管理的内容和原则

- 掌握供应链管理环境下零售商客户服务的管理系统

- 掌握供应商管理库存的概念

- 掌握供应链管理环境下供应商管理库存的地位和协调方法

技能目标

- 能够构建以零售商为核心的供应链

- 能够实现高效的零售商客户管理

- 能够进行供应链管理环境下供应商管理库存的协调

素养目标

- 培养客户服务意识，提升为社会服务的理念

- 培养合作共赢意识，增强其团结协作的能力

【思维导图】

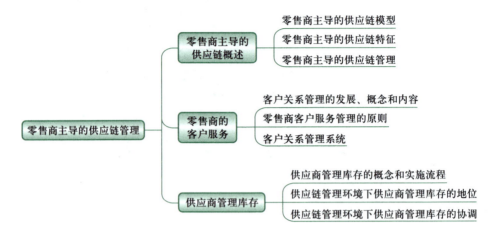

【引例】

我国服装供应链的运作模式

我国是服装生产大国，服装业在国民经济和世界服装经济中发挥着重要的作用。服装供应链非常复杂。服装产品本身的属性决定了服装市场多元化、个性化、小批量、多品种等特点。服装供应链涉及的支持产业多，采购和供应关系复杂。

服装供应链长和市场变化快的矛盾，加剧了"牛鞭效应"引发的市场波动，不仅生产经营跟不上市场，而且还容易造成缺货、剩货，导致库存成本提高。根据服装供应链的主导者角色差异，可以将其划分为三种不同的运作模式（见图7-1），即零售商主导型供应链、制造商主导型供应链、贸易公司主导型供应链。我国服装供应链三种模式中的物流方向是一致的，不同的是信息流和资金流。

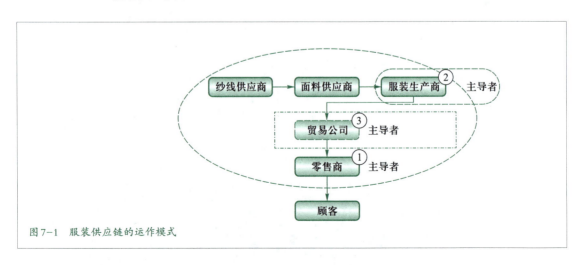

图7-1 服装供应链的运作模式

零售商主导型供应链中，服装零售商可以采取"纵向一体化"（Vertical Integration）管理模式，把主要精力放在提升核心竞争力上，其他非核心业务外包给合作企业完成，利用企业外部资源快速响应市场需求。服装零售商把来自不同产业的供应链节点企业依次连接起来，协调纱线生产商、面料生产商、服装生产商不同供应链成员间的活动，形成零售商主导型供应链。

引 例分析

随着世界流通产业的巨大变革，零售商逐渐取得供应链的主导地位。他们利用市场优势对制造业等供应链节点形成较强的纵向渠道控制，从而形成了以零售商为主导的供应链。

第一节　零售商主导的供应链概述

零售商主导的供应链是指以零售商为核心企业，以零售商的物流、供应链的组织为中心，大型零售商凭借其资金、信息、渠道等优势，对整个供应链的运营和管理具有主导权，成为整个供应链网络的协调中心。它通过制定供应链衔接规则、建立信用关系，以及对供应链体系中成员企业的作业流程进行控制和引导，鉴别并删减整个供应链上的冗余行为和非增值行为，从而实现降低供应链成本，提高整个供应链的效率和竞争力，达到供应链整体价值最大化的目标。零售商主导的供应链是典型的拉式供应链，是一种以零售商为主导的供应链。

零售商主导的供应链主要是在以需求为导向的大背景下产生的新模式。大型零售商通过将顾客关系管理、一对一营销等先进理论和信息系统等先进技术相结合，密切关注消费者的显性需求并不断满足这些需求，同时不断挖掘消费者的潜在需求或创造新的需求，从而积聚一定数量的忠诚顾客，甚至还在顾客中具有强大的品牌优势。这就提升了零售商在供应链中的地位，最终使供应链中的原有力量关系发生变化，零售商的主导地位得以确立。

一、零售商主导的供应链模型

1. 零售商主导的供应链模型的产生

阿尔弗雷德·D·钱德勒（Alfred D. Chandler）认为，19世纪80年代以来，大型零售商因其可以获得更大的规模经济和范围经济，从大型批发商和小型零售代理机构手中取得了越来越多的交易份额，流通渠道逐渐缩短，流通渠道控制权也逐渐向大型零售商转移。

从供应链的主导者看，供应链主要可以归结为四种模式，即以制造商为主导的供应链、以批发商为主导的供应链、以零售商为主导的供应链和以物流集成商为主导的供应链。

在传统的制造商主导的供应链模式中，制造商控制了生产原料和技术，是供应链的主导力量。例如，汽车制造企业可以自由选择在各个地区的经销商，制造商可以控制和决定市场的销售价格。相比之下，批发商和零售商影响价格的能力相对较小，它们主要是通过自身的努力增加销售量，从而提高自身的收入。

随着大型连锁销售企业的出现，产生了下游的强势零售商，现代产业链重心开始转移。大型零售商不断发展壮大，零售商在供应链中扮演的角色越来越重要，在某些产品市场上已经开始充当渠道领袖的角色。同时，零售商作为供应链中最接近消费者的一环，在以消费者为中心的市场中占据越来越重要的地位，传统的以制造商为主导的供应链模式逐渐转变为以零售商为主导的供应链模式。例如国美电器、苏宁易购等在全国都拥有分店的大型电器零售商几乎垄断了家电销售市场。零售商对供应链产生了巨大的影响力，而且这些零售商也在试图利用这种能力来领导供应链内的其他企业。

2. 零售商主导的供应链模型的特点

（1）供应链网络呈现单向树状结构。零售商主导的供应链呈现单向树状结构（见图7-2），零售商直接面向顾客和消费者，供应链网络的重心偏向核心企业上游，供应链相对较短。

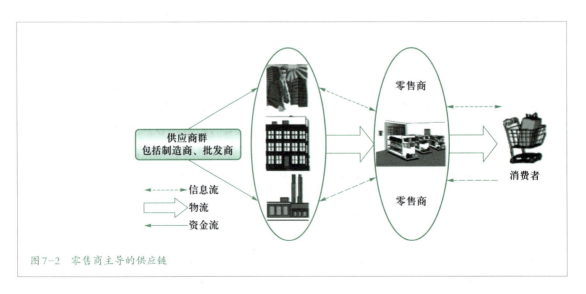

图7-2　零售商主导的供应链

（2）供应链网络完全以消费者购买为驱动力。与制造商主导的供应链由生产计划驱动不同，零售商主导的供应链直接由顾客的购买行为驱动，顾客的需求变化即时通过零售商传递到上游制造商和原材料供应商，这种驱动方式对信息传递要求更高。

（3）提供的最终产品种类和数量众多。在零售商主导的供应链中，往往要完成成千上万种最终产品的生产与销售，而在制造商主导的供应链中，所有的管理活动都围绕制造商的一种或几种最终产品的生产和销售进行。

（4）与供应链核心企业直接产生供需关系的企业数量大。在零售商主导型供应链中，由于要实现成千上万种商品的销售，供应链核心零售商会与较多制造商和分销商产生供需关系，而在制造商主导型供应链中，与供应链核心企业直接建立供需关系的供应链企业相对较少。

说一说：哪些可以作为核心企业的零售商？

二、零售商主导的供应链特征

零售商主导的供应链是以一个实力强大的零售商为核心企业，这个核心企业在整条供应链中居于主导地位，对供应链的其他企业发挥它的领导力。零售商主导的供应链在运作上具有以下特征：

1. 典型的拉式供应链管理

零售商主导的供应链是典型的拉式供应链，即以最终顾客的需求为驱动力，逐级通过零售商、分销商、制造商、原料供应商传递到供应链的末端。

根据流程的运作是从对顾客需求的响应或顾客需求的预测开始，供应链中所有的流程分为推动式流程和拉动式流程两类，如图7-3所示。拉式供应链从响应顾客需求开始，在执行时需求是确定且已知的。推式供应链从预测顾客需求开始，在执行时需求是未知的，必须提前进行预测。推式供应链运作方式以制造商为核心，产品生产出来后从分销商逐级推向用户。分销商和

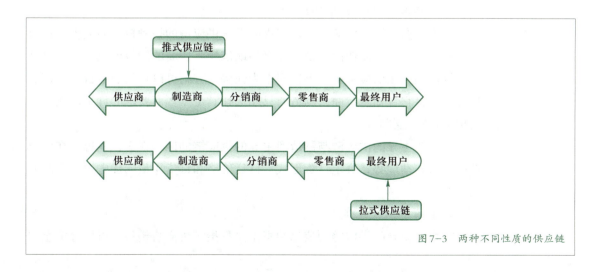

图7-3 两种不同性质的供应链

零售商处于被动接受地位，各个企业集成度较低，通过采取提高安全库存量的办法应对需求变动。因此，整条供应链上的库存量往往较高，供应链对需求变动的响应能力也较差。由于零售商具有即时了解顾客购买信息的优势，通过整合优化后的零售商主导型供应链适合采取拉式供应链。在这种管理运作方式下，整个供应链的驱动力产生于最终用户，整个供应链库存量较低，对顾客需求变化反应迅速。拉式供应链管理模式要求整个供应链高度集成，信息交换迅速，具备优秀的管理控制能力。

2. 供应链的有效性和反应性并重

马歇尔·费舍尔（Marshall. L. Fisher）根据供应链产品的特点将供应链划分为有效性供应链和反应性供应链。大型零售商销售的产品种类繁多，为了较好地实现供应链管理对不同产品的匹配，由其主导的供应链管理必然采用有效性和反应性并重的策略。

马歇尔·费舍尔认为，供应链的设计要以产品为中心。依据产品生命周期、需求预测、产品多样性与交货提前性、服务的市场准则等，将产品分为功能性产品和革新性产品。功能性产品的特点是以满足用户的基本需求为主，变化很少，具有稳定性、可预测的需求和较长的生命周期，但它们的边际利润较低。革新性产品的需求难以预测，生命周期也较短，但其边际利润一般较高。

现代大型零售商一方面供应满足消费者基本需求的功能性产品，如日常用品、家用电器；另一方面，革新性产品的供应比例也越来越大，如时装、通信设备。为满足顾客对两种不同产品的需求，零售商主导的供应链在效率性和反应性上都必须具有足够的柔性。对于功能性产品，通过与供应商紧密合作加快库存周转，降低物流成本，同时降低生产成本，提高产品质量。对于革新性产品，通过供应链合作伙伴之间多方面的合作，优化产量和库存，规避需求的不确定性给供应链企业带来的损失。

3. 零售商对供应商的选择更加自由

在零售商主导的供应链中，零售商掌握供应链的控制权，能够更加自由地选择批发商甚至制造商，批发商更多地依赖零售商的销售渠道以扩大自己的市场份额。在供应链中，零售商作为强势一方，可以首先确定自己的订货目标，再将它告知制造商，制造商只能选择满足零售商要求的订货形式、订货价格和质量水平。

零售商主导的供应链与制造商主导的供应链的区别在于，零售商在供应链中具有先动优势，决定订货形式、订货价格和订货质量的优先权不在制造商一方。

4. 高度的信息共享

零售商主导的供应链的信息共享主要是指零售商将销售、市场等信息与供应商实现共享。

以大型零售商为核心的信息共享可以弱化供应链中的"牛鞭效应",同时可以解决信息共享中存在的激励机制和信息安全问题。信息共享可以提高供应链的运作效率,也可以使供应链获利更多。零售商处于供应链的主导地位,利用自身优势向供应链上游企业传递正确、真实的信息,这样可以减少返销,对于供应链整体及制造商、零售商都有很大的优势。

信息共享对主导零售商至关重要,供应链上伙伴间的信息共享会降低供应链的信息成本,提高整个供应链的竞争力,因此,应加强以大型零售商为核心的供应链节点企业间的联系,消除供应链节点企业间的信息障碍,减少内耗,提高信息共享程度,以形成由顾客需求驱动的无缝供应链,实现整个供应链的良好协调,降低供应链各环节信息沟通的时间延迟,消除信息波动的放大效应,最终提高供应链的运作效率。

5. 协同商务的建立

零售商要巩固自己在流通供应链上的主导地位,必须与各个环节保持稳定的协作关系,建立协同商务,才能实现供应链整体效益的最大化。

所谓协同商务,具体来说包括:协同规划、协同供应、协同开发和协同市场关系。协同规划可以让供应商和零售商共同制订生产计划,使生产更有目的性;协同供应可以在供需双方建立真正完整的库存管理,达到供应链库存费用最低;协同开发可以提高创新水平,缩短产品周期;协同市场关系,可以让供应链节点企业采用联合推广的方式推出产品,甚至可以分摊流通费用。

想一想:零售商和批发商同属销售领域,零售商主导的供应链与批发商主导的供应链的区别表现在哪些方面?

三、零售商主导的供应链管理

零售商主导的供应链管理的目标是在满足客户需求的前提下,以零售商为核心,对供应链的各个环节进行综合管理,整合供应链的货物流、信息流和资金流,把物流与库存成本降到最低。

1. 建立供应链战略伙伴关系

在消费者个性化差异大、消费者需求快速变化的时代背景下,不断提高顾客满意程度是对零售商主导的供应链的挑战,它要求零售商必须与分销商、制造商建立战略伙伴关系,通过伙伴之间的互相信任、互相帮助、信息透明、风险共担和利益共享,零售商与供应商缔结直接面向市场和顾客的动态联盟,像一个企业内部的不同部门一样,默契地协调工作。无论零售商还是制造商和分销商,都能在供应链中受益,从而增强供应链竞争力。

核心零售企业与供应商都将注意力放到供应链上,而不仅仅关注自身的成本与利益，通过建立长期友好、互利互惠的合作伙伴关系，共同实现供应链的协商和有效运作，提高供应链的效率，并共同分享由此带来的收益。

2. 实现以现代信息技术为支撑的供应链信息交换

供应链管理中存在信息不对称问题，导致企业面临众多不确定因素，首先是顾客购买时间和数量的不确定性；其次是供应商供货提前期、交货量和交货产品质量的不确定性；最后是货物运输时间和运输状况的不确定性等。这些不确定性导致供应链整体效率下降。

"牛鞭效应"使供应链最终用户的需求随着向供应链上游前进的过程逐级放大，需求变化程度的增加导致供应链各企业库存增加，使供应链无效作业的比例上升。在"牛鞭效应"的形成过程中，首先是零售商对消费者的需求进行预测，然后零售商向制造商或批发商订货，为了保证满足顾客需求和应对各种不确定性，零售商订单的变动性往往大于顾客需求的变动性。为了达到与零售商相同的服务水平，批发商应持有比零售商更多的库存。这种波动的信息在传递过程中被不断放大，造成信息的严重扭曲或失真，最终导致整个供应链维持比实际需求更高的库存水平，产生更高的成本。

在零售商主导的供应链管理中，解决信息失真、减少"牛鞭效应"的重点是建立畅通的信息流。信息技术的快速发展为供应链信息流的现代化管理提供了支持。条码技术、POS系统、EDI技术、GPRS技术、ERP技术等广泛应用于供应链信息管理，信息共享机制成为零售商主导的供应链信息管理的核心与关键。

3. 优化物流配送体系和库存管理

在供应链节点企业缺乏合作与协调的情况下，供应链上的零售商、批发商、制造商和原材料供应商重复设立库存，投资建设各自的物流设施，不能实现供应链的整体优化。供应商从零售商获取的销售和库存信息是延迟和不准确的，零售商也无法对订单状态进行实时有效的跟踪，引发"牛鞭效应"，影响供应链的库存控制精确度。

通过加强供应链企业之间的协作，优化物流和库存管理方式，可以在保证顾客服务水平的条件下提高物流效率，降低整体成本。

4. 控制商品价格

在零售商主导的供应链管理中，主导零售商凭借其广泛、稳定的销售渠道成为整个供应链的主导企业，一般具有非常强大的市场渠道控制力，使得供应商和中间商绕过这些零售商进入市场的成本较高，因此这些主导零售商经常有能力要求供应商提供低价或数量折扣。当然，并非只有规模巨大的零售商才可以成为供应链中的主导企业，在有些情况下，小零售商通过组成正式或非正式的采购联盟，也可能成为主导，从而取得定价控制权。

目前，供应链中有三种常用的定价方式，即分散定价、制造商或零售商统一定价、集中定价。在三种定价方式中，集中定价方式下的供应链渠道系统收益最大，分散定价方式下的供应链渠道系统收益最小。如果各方独立决策，得到的定价方式并不能使供应链系统的收益达到最大，因此，应该制定一系列激励措施（如价格折扣等），促使供应链中的双方向系统定价的标准靠拢，从而使得整个系统的利润得以优化。

查一查：查阅国内知名零售商供应链管理的突出特点，请填入表7-1中。

表7-1　国内知名零售商供应链管理的突出特点

零售商	突出特点
苏宁电器	
国美电器	
华润万家	
盒马鲜生	

第二节　零售商的客户服务

随着整体经济环境的变化，流通产业迎来了一场变革，O2O电商模式对实体零售商造成巨大冲击。因此，零售商作为供应链中最接近顾客的一环，更要强化在供应链中的地位，着力打造以零售商为主导的供应链模式。在这种模式下，由于零售商处于链条的末端，能够接近和影响消费者，成为产品流向市场的"守门人"，其与客户（最终消费者）的关系也更加密切，因此零售商的客户服务理念和服务系统是否完善会直接影响上游企业，进而影响整个供应链的效益，零售商与客户关系如图7-4所示。

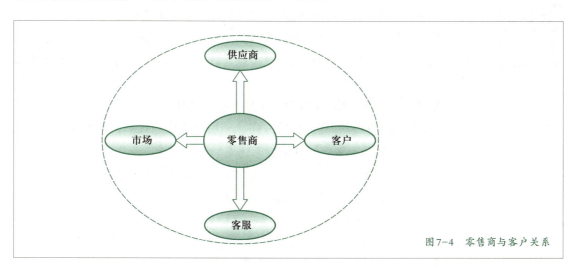

图7-4　零售商与客户关系

一、客户关系管理的发展、概念和内容

1. 客户关系管理的发展

20世纪60年代以后，企业认识到仅从内部关注成本与效益的时代已经结束，要想获取长久发展，必须把关注焦点转向客户，客户成为企业赖以生存发展的战略资源。1980年初在美国产生了所谓的"接触管理"，即专门收集客户与公司联系的所有信息，这意味着客户关系管理的萌芽。1985年，巴巴拉·本德·杰克逊（Barbara B. Jackson）提出关系营销的概念，使人们对客户关系理论的研究迈上了一个新台阶；到1990年则演变成包括电话服务中心支持资料分析的客户关怀。

1999年，Gartner Group Inc公司提出了客户关系管理（Customer Relationship Management，CRM）概念。随着竞争环境的激烈变化，客户资源成为供应链与供应链之间竞争的对象，人们对客户价值的认识也越来越深刻，并且随着互联网的广泛应用和普及，客户关系管理得到了广泛的应用。

客户关系管理不仅要依靠一套软件，更是一种思想和理念，即"以客户为中心"。取得实践成功的案例，往往是理念和思想的成功，而不是技术的成功。

2. 客户关系管理的概念

客户关系管理是指企业为达到其经营目标，主动与客户建立某种联系。这种联系是企业与客户之间通过相关活动积累形成的，对增进双方的了解、加强合作、促进交易具有重要意义。

最早提出客户关系管理概念的高德纳咨询公司（Gartner Group）认为：所谓的客户关系管理就是为企业提供全方位的管理视角，赋予企业更完善的客户交流能力，最大化客户的收益，是从企业整体出发加强客户管理以获取最大利润。

Hurwitz Group认为：客户关系管理的焦点是自动化并改善与销售、市场营销、客户服务和支持等领域的客户关系有关的商业流程。

而IBM则认为：客户关系管理包括企业识别、挑选、获取、发展和保持客户的整个商业过程。IBM把客户关系管理分为三类：关系管理、流程管理和接入管理。

中华人民共和国国家标准《SCM术语》（GB/T 26337.2-2011）对客户关系管理的定义为：遵循客户导向战略，利用现代信息技术，实现客户信息的搜集、跟踪和分析，客户联系渠道的拓展的管理模式。

想一想：对客户关系管理在企业管理中发挥的作用发表看法。

要　求：1. 讨论客户关系管理的特色。

　　　　2. 讨论客户关系管理在市场竞争中的作用。

　　　　3. 讨论客户关系管理的改进过程。

视频：分销商的客户关系管理

视频：生产商的客户关系管理

3. 客户关系管理的内容

客户关系管理的内容主要包括七方面，即"7P"，如表7-2所示。

表7-2 客户关系管理的内容

客户关系管理	内容
客户概况分析（Profiling）	包括大客户、重点客户、目标客户、潜在客户，根据他们的喜好、习惯等，将其转变为现实客户
客户忠诚度分析（Persistency）	对某个产品或在某商业机构有经常性购买行为的客户，对他们的忠实程度、持久性进行有效分析
客户利润分析（Profitability）	对于零售商来说，复购率越高，消耗的成本就越低，客户的贡献率越高，就越要加强对他们的维护
客户性能分析（Performance）	按不同客户分级、分层，再将所消费的产品按种类、渠道等赋予不同权重进行分析
客户未来分析（Prospecting）	对客户数量、类别，以及潜在客户的未来发展趋势等进行分析，运用科学管理手段争取客户
客户产品分析（Product）	对产品设计、外观工艺、关联性、客服、供应链等进行分析
客户促销分析（Promotion）	对广告、宣传等促销活动的管理

对于零售商来说，客户关系管理的主要内容具体包括以下四方面：

（1）客户基础资料。客户基础资料主要指企业需要掌握的客户最基本的原始资料，即客户档案，这也是应最先获取的第一手资料，这些客户资料是客户关系管理的起点和基础。客户资料的获取主要通过销售人员进行的客户访问来收集和挖掘。客户关系管理大多以建立客户卡或客户管理卡等方式进行。客户基础资料主要包括：客户名称、地址、电话、个人性格、爱好、家庭、学历、年龄、收入等。取得客户基础资料并对客户进行分类是客户关系管理的基础。

（2）客户特征。客户特征主要包括客户的消费习惯、消费能力、消费心理等。在掌握客户资料的基础上，客户关系管理部门要进一步对客户资料进行分析。满足消费者需求，迎合或改变消费者习惯，无疑是客户关系管理成功的关键。

（3）与本企业的业务状况。业务状况主要包括：客户以往对产品的购买频率、一次性购买金额、目前的消费水平、与其他竞争公司之间的关系，与本公司合作态度等。

（4）交易活动现状。交易活动现状主要包括客户的信用状况、存在的问题、未来客户管理的一对一策略等。

以上四方面构成零售商客户关系管理的重点内容，零售商客户关系管理是围绕这四方面展开的。

二、零售商客户服务管理的原则

试一试：走访周围的超市，总结其客户服务管理的优点与缺点，并提出改进意见，填入表7-3中。

表7-3　客户服务管理调查表

服务项目	优点	不足	改进意见
包装服务			
送货与安装服务			
商品的退换			
商品的修理			
人性化服务			

客户服务管理是指企业为了建立、维护并发展顾客关系而进行的各项服务工作的总称，其目标是建立并提高顾客的满意度和忠诚度，最大限度地开发顾客。零售商的客户大部分是直接消费者，是产业供应链的最终服务对象，其需求状况直接影响整个供应链的效益，因此，从一定意义上讲，零售商的客户服务水平直接代表供应链的服务水平。

我国零售业已经深刻认识到价格竞争时代已经结束，服务竞争才是企业胜出的关键。因此，如何提高客户服务水平，进而留住客户，提高客户满意度和客户忠诚度成了零售商关注的焦点。贝恩咨询公司[①]（Bain & Company）是一家全球领先的战略咨询公司，致力于帮助企业提升价值。该公司研究结果显示，客户忠诚度每提高5%，企业的利润就会有45%～90%的提升。

在进行客户服务管理时，应遵循一定的原则和标准。

1. 以满足客户需求为中心

在当今市场经济条件下，要想获得发展，就要有客户，有客户才有利润，有利润才有长久发展的动力。但企业提供服务的内容是什么，服务标准应如何确定？这些都离不开对客户需求的研究。从本质上讲，零售商的一切服务工作都应紧紧围绕客户的需求开展，满足客户需求是其开展客户服务的起点，也是开展客户服务的终点。零售商应从以下几方面把握客户服务工作的重点。

---

① 贝恩咨询公司创立于1973年，总部位于波士顿，其主要创始人是威廉·贝恩。

①个性化需求。社会已经进入个性化时代，消费者的个性决定了需求的特殊性，而消费者的收入差距则带来了需求结构的变化。有需求，就有服务，而个性化定制服务是满足个性化需求，实现一对一营销的重点。

②便利性、及时性的需求。生活节奏的加快和生活质量的提高，使消费者对便利性的需求日益强烈，零售商在不同方面、不同时间总能感受到客户对便利性的偏好。

③参与价格决策的需求。客户购买产品，可以很快知晓产品价格和是否有货，掌上计算机和能上网的手机提供了这种方便，他们可以快速了解不同网上零售商的价格，也能了解离其不远处实体商店中的价格，客户掌握了最新的价格信息。

④产品透明度的需求。客户已不愿意接受看不到的商业过程，他们希望看到每个环节的进展情况，尽可能掌握大量相关信息。

2. 尊重和信任客户

在市场竞争日益激烈的今天，服务人员应首先尊重和信任客户。尊重客户，首先在态度上要对客户一视同仁，即不因客户的年龄、性别、地位、收入等不同采取不公平服务。其次，要学会信任客户，有人认为信任是最高的尊重。只有尊重和信任客户，客户才会真正行动起来回报企业。

3. 正确对待客户投诉

在通常情况下，如果客户投诉较多，在某种程度上就反映了企业在工作中有缺陷或服务不到位的地方较多。因此，为了防止和减少客户投诉，要采取积极有效的措施加大客户服务的力度和投诉处理的力度，使客户投诉减少。客户投诉并不可怕，关键是要正确对待，不仅要做好客户投诉的处理工作，更重要的是通过客户的投诉发现存在的问题与不足，并把客户投诉作为改进的目标，不断探索更好的工作方式，提高客户服务水平。

三、客户关系管理系统

客户关系管理系统是利用信息科学技术，实现市场营销、销售、服务等活动自动化，是企业更高效地为客户提供满意、周到的服务，以提高客户满意度、忠诚度为目的的一种管理经营方式。

 业洞察

惠普公司的客户关系管理

中国惠普有限公司（简称"惠普公司"）原来的组织结构设计和业务运作是以产品为中心的，有80多个产品部门，公司对原有的组织结构进行了重

新设计，按顾客的性质划分部门，把销售部门分为全球客户、大型客户、中小客户部门，把研发部门也分为三个部门（计算设备、打印设备和终端设备）。这种组织结构的重新划分带来了企业运作模式、员工工作方式、激励机制的深刻变化。经过管理变革和相应的信息系统建设，惠普做到了以下几点：① 以客户为中心，审视与客户相关的业务运作流程，进行管理模式的调整和业务流程的重组。② 利用商品化软件或采取定制开发模式，进行CRM软件系统的建设，建立一个与改进后的管理模式相适应的信息技术系统。③ 公司范围的组织结构调整和业务流程重组，对公司的销售、市场、客户服务、财务、人事、IT管理等方面进行调整，形成总部、分公司、业务线的三维管理模式。惠普公司CRM系统的功能和流程如图7-5所示。

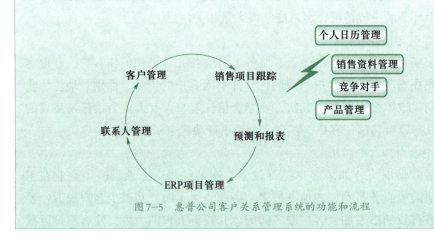

图7-5 惠普公司客户关系管理系统的功能和流程

1. 客户关系管理（CRM）系统的基本功能

试一试：利用CRM教学软件，进行客户关系管理系统模拟。

要　求：1. 进行客户资料管理，输入、编辑和打印客户资料。

　　　　2. 掌握客户资料批量导入导出的操作，输出格式为EXCEL。

　　　　3. 熟悉客户拜访预约、日程安排及拜访记录。

　　　　4. 了解公司产品销售管理，进行统计分析。

零售商客户关系管理系统的基本功能一般包括采购管理、销售管理、前台管理、系统管理、客户管理等。通过对这些活动的有效管理，达到吸引客户、留住客户，提高客户满意度和忠诚度的目的。

（1）客户服务与支持功能。客户服务与支持功能是客户关系管理的基本功能，具体又可分为以下一些子功能：客户信息管理、客户服务管理、客户合同管理、客户跟踪管理、现场服务管理。

（2）销售管理功能。销售管理功能的目的是提高销售过程的自动化程度和销售效果。它包括以下子功能：销售管理、现场销售管理、电话销售管理、销售佣金管理。

（3）营销管理功能。营销管理实现营销分析与决策的功能，主要包括市场分析、预测分析、营销活动管理等。

（4）呼叫中心功能。呼叫中心是由计算机和电话机集成技术支持的，能受理电话、电子邮件、传真等多种方式交流的不间断的综合服务系统。它的主要功能有电话管理员功能，语音集成服务，报表统计分析，代理执行服务，市场活动支持服务，呼入、呼出调度管理等。

（5）电子交易功能。客户关系管理系统支持电子交易功能，具体包括电子商店、电子促销、电子账单、电子支付、电子支持、网站分析。

2. 客户关系管理系统的实施流程

（1）明确实施目标。在实施客户关系管理方案之前，首先确定利用这一新系统实现的具体目标，例如，提高客户满意度、缩短产品销售周期，以及提高合同的成交率等，即应了解这一系统的应用价值。

（2）组建项目团队。为了成功实施客户关系管理方案，管理者还必须对企业的业务进行统筹考虑，并建立一支项目实施团队。这一团队的成员既应包括企业领导以及企业内部信息技术、营销、财务、生产、研发等部门的代表，还应包括外部专家及客户代表。

（3）进行业务流程分析。在评估客户关系管理方案的可行性之前，管理者需多花费一些时间，详细规划和分析自身的具体业务流程。为此，需广泛征求各部门员工的意见，了解他们对销售、服务过程的理解和需求；确保企业高层管理人员的参与，以确立最佳方案。

（4）明确实际需求。充分了解企业的业务运作情况后，接下来需从销售和服务人员角度出发，确定其所需功能。就产品的销售而言，企业中存在两大用户群：销售管理人员和销售人员。其中，销售管理人员感兴趣的是市场预测、销售渠道管理，以及销售报告的提交；而销售人员则希望迅速生成准确的销售建议、制作产品目录，以及获取客户资料等。

（5）选择供应商。确保所选择的供应商对企业所要解决的问题有充分的理解，了解其所提供客户关系管理方案的功能及应如何实施该方案，同时应确保供应商所提交的每一软件、硬件设施都具有详尽的文字说明。

（6）系统调试与应用。客户关系管理方案的实施需要企业与供应商的共同努力。为了使方案得以迅速实现，企业应首先部署那些当前最为需要的功能，然后再分阶段不断向其中添加新功能。其中，应优先考虑使用这一系统的员工的需求，并针对某一用户群对这一系统进行测试。另外，企业还应针对其客户关系管理方案确立相应的培训计划。客户关系管理系统实施流程如图7-6所示。

图7-6 客户关系管理系统实施流程

第三节　供应商管理库存

　　一直以来，传统供应链中的库存都采用分割式管理，各个节点企业都各自管理自己的库存，由于库存管理的策略和方法不同，不可避免地产生了"牛鞭效应"，需求被扭曲和放大，库存成本增加。零售商为了保证产品销售的连续性，单独承担库存成本，产品一直由几家供应商负责供应，无法快速响应客户，实现供应链的同步化运作。在此背景下产生了一种新型库存管理方法——供应商管理库存。

一、供应商管理库存的概念和实施流程

1. 供应商管理库存的概念

　　中华人民共和国国家标准《物流术语》（GB/T 18354-2021）将供应商管理库存（Vendor Managed Inventory，VMI）定义为：按照双方达成的协议，由供应链上游企业根据下游企业的物料需求计划、销售信息和库存量，主动对下游企业的库存进行管理和控制的库存管理方式。

　　供应链管理模式下，库存管理的优化思路是供应链整体优化，即实现供应链上与存货有关的总成本最小、利润最大。供应商管理库存实际上是将多节点库存转变为供应商控制，避免独立运作导致的重复库存建设，尽可能地降低供应链库存成本。这种模式能够突破传统条块分割的库存管理模式，是一种系统化的集成管理，可以使供应链系统实现整体化运作，使其变得更敏捷、高效。

　　供应商管理库存的主要思想是供应商在用户的同意下设立库存，从而确

定库存水平和补给策略，拥有库存控制权，用户只需帮助供应商制订计划。这是一种在供应链环境下的库存运作模式，本质上，它是将多级供应链问题变成单级库存管理问题。相对于按照用户发出订单进行补货的传统做法，供应商管理库存是以实际或预测的消费需求和库存量作为库存补货依据的解决方法，供货商可以更有效、更快速地响应市场变化和消费者需求。

对于零售商而言，采用供应商管理库存方法意味着放弃商品库存控制权，而由供应商掌握供应链上的商品库存动向，即由供应商依据零售商提供的每日商品销售资料和库存情况来集中管理库存，替零售商下订单或连续补货，从而实现对顾客需求变化的快速响应。

大量研究表明，供应商管理库存在促进信息分享，降低"牛鞭效应"，提高供应链协作水平方面发挥了积极作用，已逐渐成为一种重要的供应链协调方法。

美的集团的供应商管理库存成效

美的集团（简称"美的"）是一家集消费电器、暖通空调、机器人与自动化系统、智能供应链、芯片产业、电梯产业的科技集团，在世界范围内拥有约200家子公司、60多个海外分支机构及10个战略业务单位。美的集团的业务包括以厨房家电、冰箱、洗衣机及各类小家电为主的消费电器业务；以家用空调、中央空调等供暖及通风系统为主的暖通空调业务；以德国库卡集团、美的机器人公司等为核心的机器人及工业自动化系统业务；以美仁半导体公司为核心的芯片业务；以安得智联为集成解决方案服务平台的智能供应链业务。2021年，美的集团实现营业收入3412亿元，同比增长20.2%。

美的集团之所以能长期保持良好的发展态势，除了不断推进生产及管理模式创新外，它在减少库存成本方面也一直成效显著。起初，集团面对5~7天的零部件库存和几十万台的成品库存倍感压力。为舒缓库存压力，集团开始尝试供应链管理库存。美的作为供应链核心企业，居于产业链上游且较为稳定的供应商共有300多家。其中60%的供应商分布在美的总部顺德周围，还有部分供应商在三天以内车程范围，只有15%的供应商距离较远。在这个现有供应链之上，美的决定实施供应链管理库存。自供应链管理库存实施之后，美的集团在库存管理上成效显著，其零部件库存周转率上升到70~80次，零部件库存也由原来5~7天存货水平大幅降低为3天左右，供应链节点企业之间的协同性也在大幅提升。

2. 供应商管理库存的实施流程

一般来讲，供应商管理库存实施的流程可分为以下八个步骤：

第一步，由供应商提取零售商的销售量、缺货量、采购提前期和安全库存等历史信息并存档。

第二步，确认订单之前获取零售商销售量、缺货量以及库存实时信息。

第三步，供应商确认信息的有效性，进一步将没有约定进行供应商管理库存的产品数据分离出来，如正在促销的商品数据，最后将有用的信息存档。

第四步，供应商依据零售商的安全库存量，预测系统提供的需求量，以及产品配送前置期等信息，经由供应商管理库存系统计算出初始订单，包括订购产品品项以及订购量。

第五步，供应商依据初始订单查询内部系统，确认实际库存量，进一步修正建议订单为实际可出货量订单，并加入预测订单；通过决策模型进行修正后，将建议订单传送给零售商的物流中心。

第六步，零售商的物流中心收到建议订单后，依据自身的经验与相关信息进行订单的核对与修改，确认后回复供应商。

第七步，供应商收到零售商的确认订单后，依据订单和需求预测信息制订主生产计划，组织生产后进行出货作业，有些零售商会要求供应商提供实际的出货信息，供货商则会进行出货信息的回传。

第八步，零售商在物流仓库进行产品验收入库，供应商如已先行提供出货信息，则可通过电子方式扫描核对入库。

VMI实施流程如图7-7所示。

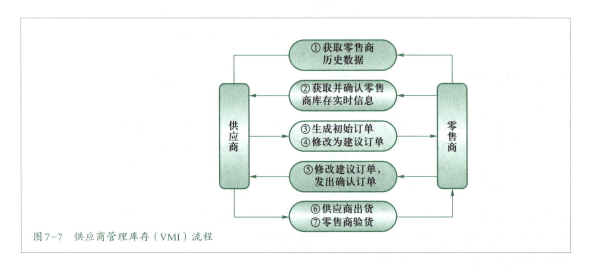

图7-7 供应商管理库存（VMI）流程

试一试：调查当地的鲜奶配送供应链，撰写一份供应商管理库存策划报告。

提　示：在鲜奶供应链上实施供应商管理库存后，下游商业企业的需求预测与补货配送由上游工业企业完成，下游商业企业可以集中精力开展核心业务。上游工业企业在订单下达和库存控制上是主要的决策者，上游工业企业生成订单，决定产品的标准、订货点、补充存货及交货的流程，决定每一件产品的适当库存水平及维持库存的适当计划。供应商管理库存在集成供应与需求，规划整个鲜奶供应链库存配置的过程中，实现了对鲜奶供应链的有效运作以及对市场变化的科学预测和快速响应，体现了最高程度的合作关系，从整体意义上优化了鲜奶供应链。

二、供应链管理环境下供应商管理库存的地位

1. 供应链管理环境下供应商管理库存的优势

与传统的库存管理模式相比，供应商管理库存模式被越来越多的零售商采用并取得了良好的效益。其主要优势体现在以下几方面：

（1）良好的供应链整体效果。供应商管理库存最大的优化作用不是针对用户或供应商的，而是对供应链整体的优化。在供应链管理环境下，供应商管理库存能有效减少整个供应链的重复库存，从而降低供应链整体成本，对改善供应链资金流，提高供应商的服务质量有积极意义。

① 成本削减。首先，供应商管理库存的一个最直接的结果是减少不必要的库存建设，节约大量的库存建设费用。对于供应链来讲，这无疑是一种流程整合。其次，对于用户来讲，供应商管理库存更有经验且更专业化，能有效降低库存管理成本。最后，供应商管理库存将减少运输成本，如果合理使用，这种方法将会增加低成本的满载运输比例，而削减高成本的未满载运输比例。这可以通过供应商协调补给过程实现，而不是收到订单时再自动回应。

② 服务改善。服务改善的最大特点是对客户的响应速度更快，供应链变得更具柔性。供应商管理库存可以使产品更新更加方便，新产品的上架速度会更快。

供应商管理库存使运输过程更合理，从而进一步改善了顾客服务。在传统库存管理模式下，用户和分散的配送中心之间缺乏有效沟通，有时会使货物无法送出。而供应商管理库存的供应商会预先规划如何补货和递送，以保证实现递送计划。

（2）增强了供应商的协调能力。供应商管理库存建立的前提是合作双方的库存信息透明化，通过销售点（POS）数据透明化，供应商可以随时了解零售商的销售信息和库存信息，大大降低了需求的不确定性，简化配送预测工作。

需求信息透明化提高了配送效率，以有效补货来避免缺货发生。在供应商管理库存中，补货频率通常由每月提高到每周（甚至每天），这会使双方都受益。供应商可以看到更加流畅的需求信号。由于允许对生产及运输资源进行更好的设计和利用，从而降低了成本，也降低了对大容量缓冲存货的需求。

在供应链中，不同客户间的订货很难协调，这大大增加了改变一个用户在不同配送中心订货的订单难度。订单经常同时到来，使得满足所有的配送请求变得几乎不可能。供应商管理库存具有较好的协调功能，可分轻重缓急安排订单的履行，有效满足了客户需求而不至于手忙脚乱。配送效率提高的同时，客户服务水平也得到提升。

想一想：供应商管理库存的实施对供应商有何不利之处？

提　示：可从以下几方面考虑：

　　　　1. 信息平台构建。

　　　　2. 一体化库存控制。

　　　　3. 库存成本分摊。

　　　　4. 操作软件集成。

（3）增强了零售商的供应保障。实施供应商管理库存对于零售商最直接的好处是将库存计划和订货工作转移给供应商，降低了风险和运营费用，同时提高了供货速度，减少了缺货损失，服务水平显著提高。

对于零售商而言，服务质量的好坏首先取决于产品的获取。当消费者走进商店却没买到想要的商品，为此他可能失去对商店的信任。因此，零售商希望供应商是可信任的，可以通过供应商来降低缺货率，以此提高自身的信誉和服务水平。

另外，零售商被吸引是因为供应商管理库存解决了有冲突的执行标准带来的两难困境。例如，月末的存货水平对于零售商是很重要的，但也要保持顾客服务水平。这些标准的冲突使零售商在月初尽量储备货物以保证高水平的顾客服务，在月末又想尽办法使库存水平下降到目标点以消除对会计报告的影响。

2. 供应链管理环境下供应商管理库存的局限性

首先，供应商管理库存虽然使整个供应链库存下降，但供应商承担了客户的库存管理及需求预测分析的责任，管理成本增加，却没有获得相应的利润，结果使供应商的责任与利益不统一。另外，库存费用、运输费用、物料损失等都不是由零售商承担，而是由供应商承担的，这无疑增加了供应商的风险。因此，供应商管理库存通常被看作是库存管理转移给上游供应商，一旦合作机制不健全，供应商将会承受较大风险，从而影响了供应商实施供应商管理库存的积极性。

其次，供应商管理库存建立在双方高度信任的基础上，因为整个过程中的销售情况和库存情况都是透明的，所以存在着信息的滥用和泄露问题。供应商管理库存涉及道德风险的问题，一旦供应商出现道德败坏行为，就会使零售商承受较大的损失。

再次，供应商管理库存投资过大。供应商管理库存信息系统开发需要大量资金，而很多企业未充分认识和理解供应商管理库存，只看到其巨大的利益，却未看到潜在的巨大风险，盲目投资，结果带来巨大的损失。供应商管理库存的成功实施往往依赖计算机平台、通信技术、产品标识和跟踪系统等的建设，这些信息化建设的投入是巨大的。

最后，供应商管理库存增加了零售商对供应商的依赖程度。在传统管理模式下，供应商往往比较依赖零售商，因为它需要这些分销渠道才能把商品销售出去。在供应商管理库存体系下，零售商的库存控制权交给了供应商，销售信息完全对供应商开放，零售商只有依靠供应商才能实现及时供货，否则就可能发生缺货损失。

试一试：到附近几家超市调查，了解它们的存货管理模式及特点。

三、供应链管理环境下供应商管理库存的协调

1. 供应链管理环境下供应商管理库存的协调重点

供应链管理环境下供应商管理库存的协调实际上就是供应商管理库存实施主体零售商与供应商之间的协调。协调内容主要体现在上下游企业间建立的协作框架中，其重点内容主要包括以下几方面：

（1）关注合作。合作是供应商管理库存实现的前提。零售商、供应商建立合作伙伴关系就是供应商管理库存的协调重点。双方相互信任，共享信息，有助于降低成本，在供应链内实现库存平衡。良好的合作关系往往能降低两者之间的交易成本。例如，如果零售商信任供应商的产品质量及送货承诺，则无须耗费人力去计量和监督；反过来，供应商信任零售商的订单量和预测信息，就无须再进行预测。如果零售商担心信息共享会泄露自己的商业秘密，有意保留信息，供应商就不可能进行恰当的库存管理，很难实现及时供货。

因此，在供应商管理库存体系下，信任与合作是最基础的要素，否则一切优秀的管理理念都无法实施。供需双方不仅要建立高度的信任，还要培养供应链节点企业之间的忠诚，这样才能为供应商管理库存的成功实施铺就一条阳光大道。

（2）强调收益公平。实施供应商管理库存的直接受益者之一是零售商，通过库存转移，零售商有效降低了成本，利润大幅增加。但对于供应商一

方，在库存成本增加的同时，责任和风险也会增加。相对零售商来讲，获取的收益显得比较微薄。因此，要想激发供应商实施供应商管理库存的动力，必须在供应商和零售商之间实现收益公平。

供应链节点企业的合作会使供应链产生整合效应，实现"1+1＞2"的效果，供需双方都能受益。而由此带来的成本降低、利润增加等利益分配必须是合理的，特别是强大的一方不能欺压弱小的一方，否则将会对供应商管理库存的实施带来严重破坏。

实际上，零售商与供应商合作的过程也是博弈的过程。这种博弈的结果是找到合理的利益分配点，双方均能接受，互惠互利，实现帕累托改进。在设计利益分配机制时必须注意，供应商管理库存利益分配的设计必须使各方的收益都比采用传统库存管理方式时大。处于有利地位的零售商应向它的供应商做出长期承诺，即应该做出分享未来收益的承诺。在长期重复博弈中，只有长期收益超过短期收益时，博弈双方才可能采取合作战略。所以，利益分配的公平有助于信任关系的加强。

（3）合理采用风险分担措施。供应商管理库存的实施减少了库存总费用，但在供应商管理库存系统中，库存费用、运输费用和意外损失不是由用户承担，而是由供应商承担的。由此可见，供应商管理库存实际上是对传统库存控制策略进行"责任倒置"后的一种管理方法，这无疑加大了供应商的风险。因此，只有建立风险共担机制，才能激发供应商实施供应商管理库存的积极性。目前普遍采用的是联合库存管理的方式。

2. 供应链管理环境下供应商管理库存的协调方法

在构建供应商管理库存协调机制的基础上，有关供应商管理库存实施过程涉及的交易合同、交易价格、合作细节等问题需要具体的协调方法。

（1）签署供应商管理库存合作协议框架。签署合作协议框架是有效规避供应商管理库存风险的协调方法之一，一般包括以下内容：

① 整个供应商管理库存的额外投资由买方企业和供应商按比例共同承担。

② 实施供应商管理库存所带来的供应链收益的提升，应由双方共享。特别是在实施供应商管理库存的前期阶段，可能供应链整体增加的利润大部分被零售商获取，因此零售商应该让渡部分利润给供应商来激发其实施供应商管理库存的积极性和信心。

③ 在供应商管理库存实施过程中，可以规定一系列的条款来规范双方的行为，如例外条款的拟订，即规定一旦出现例外事件需及时通告对方。

④ 关于细节问题，供应商和零售商可以通过协议，确定实施供应商管理库存过程中前置时间、订单处理时间、最低到货率、补货点等一系列操作层面的问题。

⑤ 价格与数量问题，在供应商管理库存模式下，库存控制权转移到上游，采购数量由供应商根据零售商的实际销售情况确定。在实施供应商管理库存的初期阶段，由于市场环境的影响，终端市场产品的需求一般不会因为微观企业库存管理模式的改变而发生实质性的变化，零售商也不会立即对供应商的采购价格和数量做出上升调整，所以供应商管理库存实施初期阶段所带来的收益大部分被零售商攫取。但在长期实施供应商管理库存模式时，零售商往往会因自身成本的下降，及时做出一些让利行为，商品采购价格和数量就会做出调整，调整主要通过双方企业事先签署协议来实施。实际上，采购价格的改变就是对供应链资源分配方式的调整，体现了利益均衡（共赢）的合作精神。

（2）返还部分利润给供应商。供应商管理库存模式最大的赢家就是零售商。为了减少供应商的库存风险，提高供应商参与供应商管理库存的积极性，一些零售商会返还部分利润给供应商，这充分体现了双方合作共赢的理念和自发的协调意愿。

（3）股权互持。所谓股权互持，是指供应商和零售商互相持有对方一定比例的股份（确定一个比例上限），双方作为一个整体，利益共享，风险共担。实施供应商管理库存的一大障碍是合作双方的战略关系难以稳定，利益分配难以均衡。采取股权互持的协调方法可以有效规避合作双方的道德风险，提升供应链节点企业的整体责任感。采用这种协调办法，供求双方无须经过长期博弈就能实现利益协调，而且可以保证双方的信息和决策合作的一致性，有效破解了供应商管理库存的风险收益难题，节点企业彻底打破界限，达到"你中有我，我中有你"的合作境界。

股权互持方法对协调供应商管理库存实施主体——供应商和零售商之间的关系具有积极意义，但操作起来比较困难，一般上下游企业实力相当时比较容易实行，实力悬殊的企业之间很难采用股权互持方法。但如果该方法实施不当，可能带来两种结果，一种情况是供应商、零售商的关系变成"纵向一体化"模式，强势企业控制弱势一方；另一种情况是供应商和零售商联合起来挤压上游企业，供应链的合作共赢模式受到破坏。

技 能训练 | ‹‹‹

一、实训名称

零售商主导的供应链构建。

二、实训目标

通过模拟零售商主导的供应链构建，掌握零售商主导的供应链结构和构建方法。

三、环境要求

物流实训室，应配备：

（1）进行软件和动画实训时，应配备计算机40台。

（2）进行实景实训时，应配备5组桌椅。

四、情境描述

零售商在供应链中扮演着越来越重要的角色，在某些产品市场上，零售商已经开始担任渠道领袖的角色，它作为供应链中最接近消费者的一环，在以消费者为中心的市场中占据着越来越重要的地位，传统的以制造商为主导的供应链模式逐渐转变为以零售商为主导的供应链模式。本实训首先让学生熟悉零售商主导的供应链中各供应链节点企业的功能和位置，再通过任务活动构建零售商主导的供应链，并模拟在供应链管理中零售商作为主导者的业务内容。

零售商在供应链中扮演着越来越重要的角色，在某些产品市场上，零售商已经开始扮演渠道领袖的角色。零售商作为供应链中最接近消费者的一环，在以消费者为中心的市场中占据越来越重要的地位。传统的以制造商为主导的供应链模式逐渐转变为以零售商为主导的供应链模式。本实训首先让学生熟悉零售商主导的供应链中各供应链节点企业的功能和地位，再通过任务活动构建零售商主导的供应链，并模拟在供应链管理中零售商作为主导的业务内容。

曲美家居集团股份有限公司（简称"曲美家居"）前身为曲美家具，成立于1993年4月。经过多年稳健发展，已成为国内领先的集设计、生产、销售于一体的大型家居集团。2021年，曲美家居实现营业收入50.73亿元，同比增长18.57%。

曲美家居以门店零售为枢纽，形成了从预约设计、上门量房、方案制定、确认方案、订单生产、预约送货、上门安装到售后保障的供应链管理闭环，使其商誉逐年提升，塑造了国内家具生产零售的知名品牌。

五、工作流程

工作流程如图7-8所示。

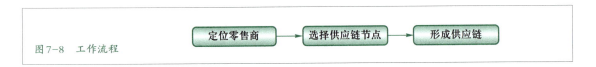

图7-8　工作流程

六、操作步骤

（1）熟悉零售商主导的供应链中各供应链节点企业的功能和位置。

（2）组建6~8人的小组，讨论以零售商为主导的供应链的构建方案。

（3）以小组为单位建立以零售商为主导的供应链。

（4）对供应链节点环节的角色、数量、长度、方向进行确认。

（5）对各组零售商的生产能力、沟通协调能力、供应链集成能力进行评估，讨论该供应链模型的管理特色。

七、注意事项

（1）所构建的供应链须以零售商为主导。

（2）填写实训报告。

八、实训报告

请将实训报告填入表7-4中。

表7-4 实训报告

《供应链管理》实训报告					
班级		姓名		时间	
实训内容	零售商主导的供应链构建			分数	
实训目的					
实训步骤					
我的做法					
我的结论					
我的想法					

一、实训名称

供应链管理环境下供应商管理库存模拟演练。

二、实训目标

（1）降低供应链上的产品库存，抑制牛鞭效应。

（2）降低买方企业和供应商的成本，并提升利润。

（3）保证企业的核心竞争力。

（4）提高双方的合作程度和忠诚度。

三、环境要求

物流实训室，应配备：

（1）进行软件和动画实训时，应配备计算机40台。

（2）进行实景实训时，应配备5组桌椅。

四、情境描述

在零售行业中，零售商长期以来受"牛鞭效应"的困扰，为了保证产品销售的连续性，零售商一直独自管理产品库存，单独承担库存成本，而产品一直由几家供应商负责供应。为了保证自己在市场营销方面的核心竞争力并加强企业间的合作，同时降低成本，抑制"牛鞭效应"，重新整合企业资源，零售商决定实施供应商管理库存模式来进行企业之间的联盟。本实训模拟供应链管理环境下供应商管理库存的流程。

五、工作流程

工作流程见图7-9。

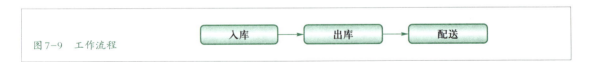

图7-9　工作流程

六、操作步骤

（1）将全班自由组合成12人的小组，其中零售商、批发商、制造商、供应商各2人，客户1人，运输1人，配送2人，形成由客户、零售商、批发商、制造商、供应商组成的供应链。

（2）从下达订单起，到货物入库止为一轮，每组逐一实施，并详细记录。

第一轮：零售商评估并选择供应商。

第二轮：模拟仓库有缺货现象出现的情境。

第三轮：模拟仓库有紧急补货现象出现的情境。

第四轮：模拟有紧急订单现象出现的情境。

第五轮：模拟库存有积压现象出现的情境。

（3）每轮模拟活动完成后，进行测评。

（4）模拟活动完成后，根据记录进行综合测评，得分最高者为最优。

七、注意事项

（1）角色扮演时体验各角色分工之间的关联。

（2）注意库存资料的保存。

（3）填写实训报告。

八、实训报告

请将实训报告填写在表7-5中。

表7-5 实训报告

《供应链管理》实训报告					
班级		姓名		时间	
实训内容	供应链管理环境下供应商管理库存模拟演练			分数	
实训目的					
实训步骤					
我的做法					
我的结论					
我的想法					

同步测试

一、判断题

1. 零售商主导的供应链仍然是以物流企业为主。（　　　）

2. 推式供应链是一种先进供应链模式。（　　　）

3. 费舍尔认为供应链的设计要以产品为中心。（　　　）

4. 零售商要巩固自己在流通供应链上的主导地位，必须与各环节保持稳定的协作关系。（　　　）

5. 供应链战略伙伴关系能降低产成品和在制品库存。（　　　）

6. 在零售商主导的供应链的管理中不存在牛鞭效应。（　　　）

7. 传统供应链中的库存采用分割式管理。（　　　）

8. 供应链模式下库存管理的优化思路不是供应链整体优化。（　　　）

9. 供应商管理库存可以促进信息分享，但是不能降低牛鞭效应。（　　　）

10. 实施供应商管理库存，对于零售商来说可以转移库存。（　　　）

二、单项选择题

1. 信息共享是供应链管理的（　　　）。

    A. 基础   B. 重点

    C. 关键点   D. 控制点

2. 零售商主导的供应链是典型的（　　　）供应链。

    A. 推式   B. 改动式

    C. 拉式   D. 互感式

3. 零售商主导的供应链网络呈现（　　　）。

    A. 单向树状结构   B. 单向支链

    C. 双向树状结构   D. 双向环状

4. 最早提出和应用客户关系管理的国家是（　　　）。

    A. 英国   B. 法国

    C. 美国   D. 德国

5. 客户关系管理的核心是（　　　）。

    A. 客户忠诚度   B. 以客户为中心

    C. 满意度   D. 客户信任度

三、多项选择题

1. 供应链中所有的流程分为两类，分别是（　　　　　）。

A. 推式　　　　　　　　　B. 改动式　　　　　　　C. 拉式

D. 互感式　　　　　　　　E. 带动式

2. 零售商客户关系管理的内容包括（　　　　　　　）。

A. 客户贡献率分析　　　　B. 客户促销分析　　　　C. 潜在客户分析

D. 供应链分析　　　　　　E. 产品分析

3. 客户关系管理的基本功能包括（　　　　　　　）。

A. 客户管理　　　　　　　B. 呼叫中心　　　　　　C. 电子商务

D. 客服管理　　　　　　　E. 销售管理

4. 在供应商管理库存系统中，不由用户承担的费用包括（　　　　　　　）。

A. 库存费用　　　　　　　B. 运输费用　　　　　　C. 意外损失费用

D. 库存管理费用　　　　　E. 库存转移费用

5. 供应商管理库存系统主要具有（　　　　　　　）。

A. 信任合作机制　　　　　　　　　B. 利益分配机制

C. 风险分担机制　　　　　　　　　D. 信息共享机制

四、简答题

1. 简述零售商主导的供应链产生的必然性。

2. 零售商为什么要寻求建立供应链战略伙伴关系？

3. 零售商主导的供应链有哪些特点？

4. 简述零售商主导的供应链的管理目标。

5. 供应链管理环境下供应商管理库存的优势是什么？

6. 简述供应链管理环境下供应商管理库存的协调机制。

7. 零售商客户关系管理的主要内容有哪些？

8. 零售商客户服务管理的原则是什么？

9. 简述供应商管理库存实施的流程。

10. 简述供应链管理环境下供应商管理库存的协调重点。

五、论述题

1. 试述客户关系管理产生的过程及意义。

2. 试述供应链管理环境下供应商进行库存优化的方法。

知识目标

- 掌握物流商主导的供应链模型

- 了解物流商主导的供应链特点

- 掌握物流商主导的供应链管理方法和管理流程

- 熟悉供应链管理环境下库存管理的机制、方法和流程

- 掌握供应链管理环境下的联合库存管理方法

- 掌握供应链管理环境下运输管理的快速反应策略

- 掌握供应链管理环境下配送管理的有效客户反应方式

- 熟悉供应链管理环境下配送中心的运作流程

技能目标

- 能够构建以物流商为核心的供应链

- 能够实现供应链管理环境下的联合库存管理

- 能够对供应链管理环境下的运输与配送进行有效管理

素养目标

- 强化敬业精神，塑造良好的职业道德

- 强化服务意识，提高服务效率和精益运作能力

【思维导图】

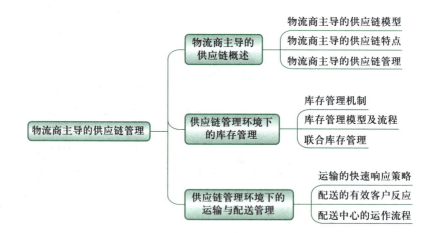

【引例】

顺丰速运对供应链的集成与整合

顺丰速运（简称"顺丰"）是国内的快递物流综合服务商。经过多年发展，顺丰已具备为客户提供一体化综合物流解决方案的能力，不仅提供配送端的物流服务，而且延伸至价值链前端的产、供、销、配等环节，从消费者需求出发，以数据为依据，利用大数据分析和云计算技术，为客户提供仓储管理、销售预测、大数据分析、金融管理等一揽子解决方案。尤其是"天网＋地网＋信息网"三网合一的构建，形成了可覆盖全球的综合物流服务网络，其直营网络控制力强、稳定性高，也是独具特色的综合性物流网络体系。

未来，顺丰将构建数字驱动的全球智慧供应链，支撑中国产业链的转型升级；从单一快递企业发展为综合物流服务商，向数字时代智慧产业链的主导地位转型；聚焦客户多元化需求，构建标准产品、供应链、国际物流三大服务体系；打造数字化、生态化、监管化的全球资源网络，支撑未来新机遇拓展；以基础业务为底盘，开拓新增长空间，形成差异化竞争优势；巩固运营底盘，数字化驱动实现可持续的健康经营。

引例分析

　　顺丰的成功发展折射出在经济全球化背景下的物流商作为供应链核心的先进供应链运营理念，构建以物流商核心企业为主体的供应链，实施计划、采购与库存协同管理模式对供应链管理实现整体运营最优具有重要意义。

第一节　物流商主导的供应链概述

随着供应链管理技术的发展，及时库存以及多种先进物流技术的出现使专业的第三方物流越来越成为供应链的重要节点，供应链管理中物流商开始扮演核心企业的角色，同时也代表继以制造商、批发商、零售商为主导的供应链管理模式后，一种新的供应链管理模式——以物流商为主导的供应链模式的出现。

一、物流商主导的供应链模型

21世纪是一个使越来越多的产品变成无明显技术和成本差异的同质化商品时代，企业竞争的焦点转移到效应上来，经营者将尽力从产品可得性、可靠性，以及产品售后等方面使产品获得差异化优势。在以物流商主导的供应链中，物流企业贯穿了整个供应链，物流商可通过整合运输、包装、加工等社会资源运作的网络体系，为客户提供附加价值服务，以保证产品具备较强的竞争性。同时，不断增强的消费者个性化需求促进了高频率的小批量采购、小批量生产和小批量运输，再加上物流商本身对物流的熟悉程度远远高于其他成员且能胜任供应链组织者和管理者的角色，这都为物流商进行供应链整合创造了条件，由此物流商成为供应链的主导者也就变成了现实。

1. 物流商主导的供应链模型

物流商主导的供应链是随着社会分工和物流专业化、社会化程度的提高而出现的，是一种集成化的管理思想与运作方式。通过它可以实现物流服务的集成与资源的整合，在创造客户价值的同时实现供应链所有节点企业的价值增值。物流商主导的供应链模型如图8-1所示。

从图8-1可以看出，物流商承担了供应链中的大量工作，物流商利用自身的经营优势，根据客户的实际物流需求和企业经营方式，提出合理化、科学化的工作设计方案，为客户提供"商流、物流、信息流、资金流"四位一体的综合物流解决方案，整合资源，在保证满足客户需求的情况下，用最低的成本进行物流操作。这使物流商与客户之间在经济上构成了一种不可分割的合作关系，是一种在多次合作后建立的稳定的双赢关系。为保持供应链稳定，物流商与供应链各节点企业之间结成了优势互补、风险共担、合作共赢的战略性联盟。

物流商主导的供应链运作流程如图8-2所示。

说一说：

1. 谈谈对物流商主导的供应链经营特点的看法；

2. 讨论物流商作为核心企业与制造商、零售商、批发商作为核心企业在供应链经营管理方面的异同。

3. 哪些可以作为核心企业的物流商？

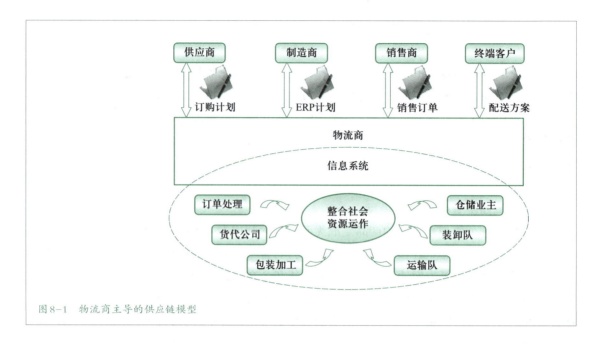

图8-1　物流商主导的供应链模型

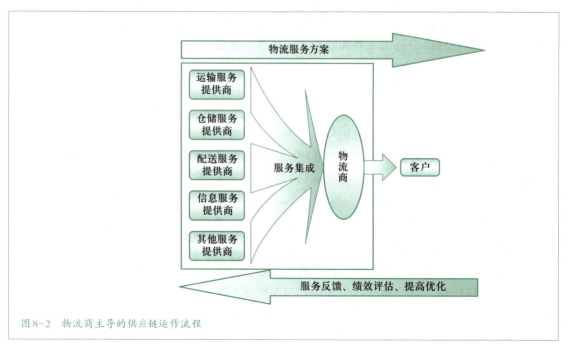

图8-2　物流商主导的供应链运作流程

2. 物流商的功能模块

　　物流商在其主导的供应链中履行供应链物流系统服务集成职能，根据客户的不同需求，集成运输、仓储、配送、信息和其他服务的供应商等社会资源，形成不同组合方式的功能模块。物流商主导的供应链功能模块如表8-1所示。

表8-1　物流商主导的供应链功能模块

功能模块	模块特点
订单功能	使客户随时了解订单情况，在订单货物起运之前对其进行跟踪
分析功能	分析产品在整条供应链中的运输时间，分析库存，实现库存最小化
报告功能	根据客户的特定需求，提供对运输时间的分析数据、配送点信息、费用分析、内部票据数据等报告文本
查询功能	查询从订货到产品送达期间不同阶段的信息，提供多式联运的运输轨迹，提供全面的运输历史记录；为远洋运输提供提单跟踪服务；辅助提供从起点到终点的无缝化、高效运输方案；制作运作流程所有必需的单证
计划功能	创建供应链运作的计划和优化工具，分析现有的供应链运作方案，并给予量化的说明。对现有运作结果进行深入分析。整合其他不同层次的所有功能，提供包括购买订货信息、运输信息、仓储管理、报关佣金在内的各种信息。对最终结果给予评估并进行定量分析
仓储功能	提供动态的仓储计划管理，从而实现供应链在全球范围的可视化；应用互联网技术实时提供产品的状态信息；提高对整个供应链流程的全面管理程度
联结功能	有效实现物流商与客户内部信息系统的整合，保证不同信息系统间的高效兼容

二、物流商主导的供应链特点

对于整个供应链来说，物流系统跨越了原材料供应商、制造商、分销商、物流服务提供商和消费者各自的物流系统边界，在物流商的主导下，基于供应链的整合、优化与网络化运作，形成的集成优化能力、统筹能力及信息平台、培训平台所带来的扩大的价值支持能力，可为供应链联盟提供一体化物流服务。总体来说，物流商主导的供应链具有以下特点：

1. 物流商主导的供应链模式中，产品对物流具有相当大的依赖性

在分析供应链应采用哪种主导模式时，必须对供应链环境和产品特性进行了解，以选择最合适的供应链模式。物流商主导的供应链模式对其供应链产品特性有一定的要求：首先，要求供应链产品具有较高的同质化程度，如图书、新鲜蔬菜、水果等，而物流将成为其产品差异化的唯一来源；其次，通过第一利润源泉和第二利润源泉降低其产品成本已很难达成，而通过第三利润源泉——物流，能为降低成本提供广阔的空间，如彩电、冰箱、洗衣机等，而且这种成本优势只有通过物流商在供应链中的合理运作才能体现；再次，产品具有差异化或成本优势，但是可能由于价值问题且本身品牌效应不够强大，而物流商具有强大的品牌效应。上述产品对物流均具有相当大的依赖性。可以认为物流商主导的供应链模式可能最先出现在满足上述特性的产品领域。

2. 突出供应链环节的整体性，强调各环节信息的融合

在物流商主导的供应链模式中，具有专业化组织和管理优势的物流商，最终能达到单一的第三方物流所达不到的效果。在建设具有信息资源集成功能的信息平台基础上，突出供应链的整体化设计、结合各方优势的供应链能保证产品质量的可靠性，保证物流服务的完善性。在这种模式中处于主导地位的第三方物流公司通过运用各种先进理论和信息技术，真正实现了供应链的无缝衔接，最大限度地发挥了供应链的整合优势。

3. 作为主导者的物流商拥有强大的品牌效应

回顾前三种供应链模式可知，成为供应链的主导者必须具备吸引供应链其他成员的核心竞争力，无论主导者是制造商还是批发商、零售商，它们都拥有强大的品牌优势。同样，在这种物流商主导的供应链模式中也需要一个强大的品牌，如顺丰速运、京东物流等，这是因为物流商的品牌是整个供应链价值凝聚的体现，也是整个供应链核心竞争力的体现。当这种品牌被整合进供应链时，它实际上已成为供应链品牌，这种品牌的优势要比前三种品牌大得多，这是因为它是整个供应链整合后产品有形质量和无形质量的双重体现。

4. 作为主导者的物流商对供应链物流系统的集成是一个动态的过程

物流发展的核心是为供应链提供最优的物流服务，具备实现产品链或产业链整体优化的物流能力。在这一能力实现的过程中，第三方物流发展分别经历了简单物流阶段、综合物流阶段、综合集成阶段、全面扩大阶段、全面优化阶段，如表8-2所示。在第三方物流的阶段性发展中，供应链物流系统的运作主体、能力等随着集成方式、外部环境、要素的变化而发生变化，即供应链物流系统集成是一个动态的过程。

表8-2　第三方物流发展阶段

阶段	描述	标志	能力	特征
简单物流阶段	简单的基于客户的运输、仓储等功能运作	2PL	资源能力（车队、仓库、其他物流工具）	物流运作主体众多，但方数①单一，管理关系简单
综合物流阶段	基于合同的物流优化和运作	3PL	资源能力、管理能力、信息能力	物流运作主体减少，方数增加，管理关系简单
综合集成阶段	基于供应链的整合与优化	4PL	集成优化能力、统筹能力	运作主体减少，方数增加，管理关系复杂

---

① 方数：物流业务中所涉及的业务各方数量。

续表

阶段	描述	标志	能力	特征
全面扩大阶段	基于供应链的网络化运作	5PL	扩大的价值支持能力，如信息平台、培训平台等	运作主体减少，方数增加，管理关系复杂
全面优化阶段	基于产品链或产业链的集约化物流再造与运作	6PL	技术能力、高度集约的整合与运作能力	运作主体减少，方数减少，管理关系简单

2PL～5PL的运作方式都是为实现最优的物流运作、产品链或产业链整体优化的物流能力所使用的重要手段，最终还是要归结到如何充分利用各种方式和手段，实现物流运作最优。所以，第三方物流发展的最高阶段是所谓的6PL阶段。在这一阶段，物流运作的基础信息平台和物流专业培训等服务平台均得以建立并完善，物流企业具备先进的物流技术能力、高度集约的整合与运作能力。大型和超大型物流企业（或联盟）出现，它们真正具备物流运作能力、物流系统优化能力、物流信息服务能力，以及人才培训能力等，可以为供应链提供真正的一体化物流服务。

查一查：物流商主导的供应链有哪些？这些供应链中有哪些主要企业？它们属于什么行业？请将调查内容填入表8-3中。

表8-3 物流商主导的供应链调查表

行业	物流商（核心企业）	供应商	制造商	销售商

三、物流商主导的供应链管理

在物流商主导的供应链管理中，物流商提供的服务与供应链核心主导的责任相对应，包括提供供应链管理解决方案，通过整合物流价值链降低物流成本，并为客户提供个性化服务。主要体现在以下五方面：

1. 调研预测与系统分析

这两部分工作对于作为供应链核心的物流商而言是同时进行的。供应链需要进行预测分析，首先要解决的问题就是如何以最快的速度做出正确的决定，而正确的决定往往是对供应链中每个贸易伙伴进行充分估计和基于功能方面的分析后做出的。正确的估计和分析需要运用合适的解决方案。

2. 总体设计

物流商要提供供应链物流解决方案，必须对供应链和自身的发展方向及战略进行定义和设计。在此基础上，形成既基于客户需求又有利于自身发展的解决方案。这一解决方案强调从供应链整体考虑，可降低整个供应链的总成本并提高企业的客户服务水平。在解决方案制定但还没有付诸实施以前，物流商需对这一解决方案进行评估和定量分析，从而提早了解此解决方案在实际运作过程中所能产生的具体效果。经过正确的分析，供应链中每一个合作伙伴的能力都得以优化，从而提高整个供应链的效率。

3. 资源开发与外包外购

世界上不同地区的客户都希望寻找到可以对其整个供应链物流进行优化集成的物流商，从而迅速降低成本，大幅度提高服务质量并减少整个供应链的库存。在这种现实条件下，物流商作为供应链的主导者，必须加强资源开发与外包外购等业务的管理。如今，大部分物流商首先采用先进的集成管理技术（如各种信息技术等）加强自己的纵向集成能力，而不是在某些物流服务功能上大规模投资，当物流需求量超过一定的成本边界时，才选择自营某些物流服务功能。

4. 增值服务

物流商通过强大的信息化工具可以追踪每一个单元的货物，无论它们在供应链中是处于流动状态还是静止状态。其提供的解决方案不仅适用于集成客户现有的供应链，通过提供不同的增值服务，更能满足客户对于全球拓展的需求。即使客户需要开辟新的供应链，物流商提供的解决方案同样能满足客户的这一需求。

5. 过程监控与系统集成

在供应链的过程监控与系统集成中，可视化供应链的理念是非常具有创造性的。其中最重要的一部分就是货物和信息在整个供应链中的可视化。从整合供应链上各方的信息源入手，系统能够提供用户信息查询、确认及反馈界面。可视化程度越高，供应链的快速反应能力就越强。

作为供应链物流系统集成商，物流商不仅要对供应链的物流系统进行分析和评估并进行过程监控，还要对整个供应链进行定量化的分析预测，从而找到进行供应链物流系统集成的恰当模式。

想一想：分析物流商的管理活动对供应链的影响效果，并将其填入表8-4中。

表8-4 物流商的管理活动对供应链的影响效果

管理活动	效果分析
调研预测与系统分析	
总体设计	
资源开发与外包外购	
增值服务	
过程监控与系统集成	

行业洞察

德邦专注发展综合性物流

德邦快递于2018年在上海证券交易所挂牌上市。它长期坚持"大件物流发德邦"的目标定位,与无数商业伙伴协同合作,共同成长,综合性物流供应商的地位日益显著。

而随着O2O电商、渠道扁平化等趋势驱动下游行业业务模式的变化,客户对多仓布局、专业化经营、商业智能化产生更加强烈的需求。尤其是随着新时代乡村振兴战略的实施,德邦快递顺应时代的发展,通过专业的仓储供应链服务为乡村末端物流优化整体的供应链管理,为客户提供多元化的仓库、专业化的库内管理、高效的系统支撑、多样化的增值服务等供应链解决方案,成为"新华社民族品牌工程乡村振兴行动"的合作企业。德邦快递的成功发展也涌现出全网型、专业型、规模型的综合供应商。

第二节 供应链管理环境下的库存管理

在供应链管理环境下,作为供应链主导者的物流商通过科学的统筹运作能否有效利用库存保持供应链的高度衔接性和敏捷性,能否使库存满足客户的随机需求,能否在不增加成本或不降低响应速度的同时减少不必要的供应链库存,对供应链响应时间与物流成本具有较大影响。同时,库存是供应链驱动中的重要因素之一,它对支持企业竞争策略(如用户满意程度)的供应链能力设计起到重要的作用。物流商实现供应链管理环境下的库存管理职能可采用联合库存管理(Jointly Managed Inventory,JMI)方式。

一、库存管理机制

在物流商主导的供应链中，物流商负责供应链协调管理机制的建立，包括建立"互惠互利、共同合作"的供应链共同愿景；会同供需双方确定联合库存的协调控制方法；协调库存管理中心的各个企业，增强各方的协作性和协调性，负责交易规则的确定并持续改进完善；倡导并监督供应链信息技术的实施，充分利用互联网信息平台的优势，建立畅通的信息沟通桥梁和联结纽带，负责供需双方的信息反馈；评估包括联合库存中心在内的整个供应链的绩效，并提出改进措施及监督执行。

说一说：供应链管理环境下的供需协调管理对企业经营的意义。

1. 供需协调管理机制

为了发挥联合库存管理的作用，物流商应利用自身在供应链中的主导地位，从供需双方合作精神出发，本着互惠互利的原则，统筹兼顾，建立共同的合作目标，明确各自的目标和责任，构建合作沟通的渠道，拟订并监督建立交易规则，从而建立有效的供需协调管理机制（如图8-3所示）。没有协调管理机制，就不可能进行有效的联合库存管理。为此，要理解供需双方在市场目标中的共同点和冲突点，通过协商提高用户满意度、实现利润的共同增长并降低风险。同时，物流商在整个供需经济活动中也要切实履行其协调管理职能，以质量、价格、付款方式、交货时间等作为衡量指标，合理选择供应商，从而保证供应链产品的质量、数量与交货准时性。

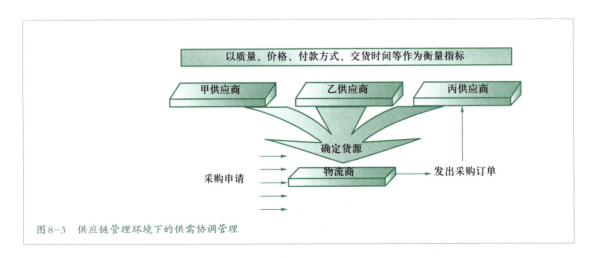

图8-3 供应链管理环境下的供需协调管理

2. 库存分配机制

物流商对库存分配的处理是否得当与供应链整体绩效有直接关系。物流商不仅负责从供应方到需求方的全部物流管理，尤其是联合库存中心的管理，而且要通过构建联合库存管理系统，实现物流商和供应方、需求方的信息交流互通。另外，出于供应链整体效益最大化的考虑，物流商还可能需要协调供需双方利益，因此需要明确库存优化的方法。这些内容包括库存如何同时在多个需求方之间调节与分配，成本最优的库存最大量和风险最小的最低库存水平、安全库存的确定，紧急订单的处理调配，需求的预测等。供应方和需求方也要在相应职能上提供支持，互相配合取消或只保留少量库存。供应链管理环境下的库存分配机制如图8-4所示。

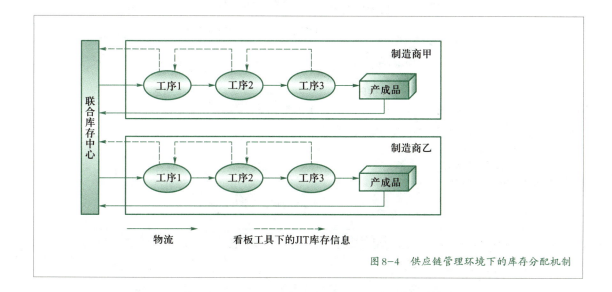

图8-4 供应链管理环境下的库存分配机制

3. 信息运行机制

建立信息沟通的渠道或系统信息共享是供应链管理的特色之一。为了提高整个供应链需求信息的一致性和稳定性，减少由于多重预测导致的需求信息扭曲，应增加供应链各方对需求信息获得的及时性和透明性。物流商通过对整个供应链构建联合库存管理网络系统，使所有的供应链信息与供应方的管理信息同步，提高供应链各方的协作效率，降低成本，提高服务质量。为此应建立一种信息沟通的渠道或系统，以保证需求信息在供应链中传递的畅通和准确。要将条码技术、POS系统和GPS、EDI集成起来，充分利用互联网，在供应链中建立畅通的信息沟通桥梁和联系纽带，并不断利用信息技术固化供应链流程。供应链管理环境下的信息运行机制如图8-5所示。

4. 绩效评估机制

库存控制系统作为供应链管理的子系统，其管理的整体目标是提高供应链的敏捷性，降低供应链的整体运作成本，所建立的绩效评估指标应能反映整条供应链的库存控制情况，能反映满足供应链内外部需要的程度。另外，在绩效评估中，当一些工作的价值超出完成库存控制工作的必需或带来了更大的价值增值时，也应根据实际情况，将这些超过库存控制要求的工作绩效统计进来。如在制品库存水平控制促进了生产作业物流流程的改进，或在优化仓库利用率时，改进产品包装以降低包装成本等。是联合库存控制绩效结构模型如图8-6所示。

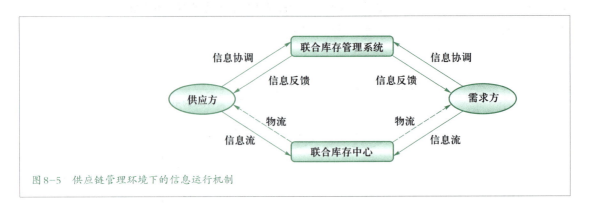

图8-5　供应链管理环境下的信息运行机制

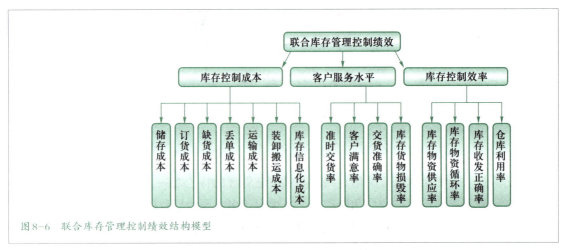

图8-6　联合库存管理控制绩效结构模型

谈一谈：结合身边供应链企业的实际，讨论供应链库存机制的应用。

回　答：1. 供应链节点企业之间订有怎样的合同规则？

2. 供应链节点企业之间订有怎样的协作交易规则？

3. 供应链节点企业之间订有怎样的库存信息共享规则？

4. 供应链节点企业之间是怎样处理订单及补货的？

5. 供应链节点企业之间还有哪些与供应链中库存物流运作相关的规则及章程？

6. 供应链节点企业之间有没有建立供应链库存绩效评估体系？如何通过财务指标、内部流程指标等考核企业间的合作程度与经营状况？

二、库存管理模型及流程

物流商主导的供应链管理环境下的库存管理将传统的多级别、多库存点的库存管理模式转化成联合库存管理模式，联合库存管理模式把供应链管理系统进一步集成为上游和下游两个协调管理中心，从而部分消除了由于供应链各节点之间的不确定性和需求信息扭曲现象导致的库存波动。物流商通过对各种原材料和产品实施有效控制，达到对整个供应链库存的优化管理，简化供应链库存管理运作程序，从而提高供应链的整体效率和稳定性，同时为其他领域的供应链物流管理方法（如连续补货、快速反应、准时化供货等）的实施创造了条件。供应链管理环境下的库存管理模型如图8-7所示。

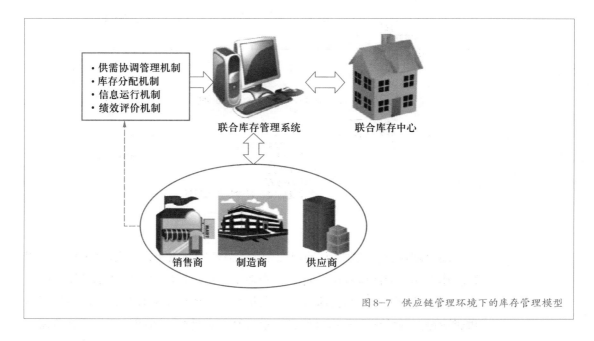

- 供需协调管理机制
- 库存分配机制
- 信息运行机制
- 绩效评价机制

联合库存管理系统　　联合库存中心

销售商　　制造商　　供应商

图8-7　供应链管理环境下的库存管理模型

物流商作为供应链的主导者，通过与销售商建立实时共享的信息系统，根据其销售情况进行配送、执行、反馈。同时，围绕制造商所形成的JIT生产物料需求计划，实施物流商的JIT同步物流活动，再以联合库存中心关于各供应商的库存状态和补货信息拉动供应商的生产，从而实现供应链的协同运作。其主要活动包括物流商对制造商所需原材料、零部件等物料的集中入库和管理活动，以及按照制造商JIT生产物料需求计划的直送工位活动。物流商承担直送工位的任务，根据制造商物料需求周计划或日计划，制订相应的配送计划，将集中入库的原材料、零部件进行分类、拣选、组装、排序后直接送达制造商的零部件缓存区域，然后根据生产线工位旁料架上零部件的实际消耗情况，从缓存区域的零部件超市中，将所消耗的相应数量和品种的零部件直接送到对应工位。在这种直送工位活动中，物流商从制造商需求信息的发布开始，到供应商零部件的发运和入库，实行全程跟踪，确保准时供货，尽量减少供应物流环节的不确定性，并与制造商合作，共同开展产品质量检验活动。

物流商主导的供应链利用联合库存中心进行库存管理的流程如图8-8所示。

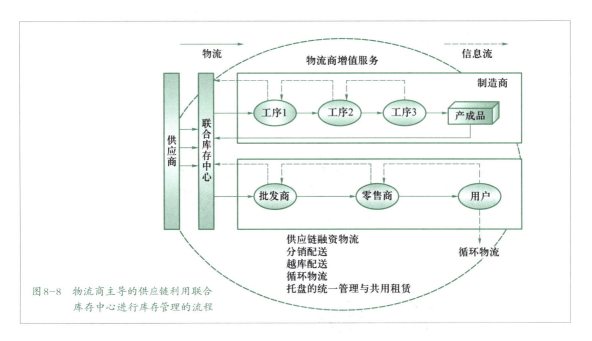

图8-8 物流商主导的供应链利用联合库存中心进行库存管理的流程

随着现阶段大型物流公司向供应链融资物流发展，大型物流商在与银行合作中充当起协调者的角色，首先帮助客户设计出符合财务审核要求的框架，在此基础上嵌入物流服务，并在每个节点做出量化评估，然后为银行提供供应链企业的库存及物流信息，跟踪银行审批整个流程，再告诉客户需要补充完善哪些材料，银行则根据物流商提供的信息对企业进行评估，评估合格后便放款给企业。换言之，物流商利用其技术和信用度，为企业与合作银行提供双保理服务。目前，物流商仓单质押监管业务[1]、海陆仓业务[2]、以仓储监管为依托的定向采购业务[3]等各类金融物流业务持续增多。另外，物流商还将通过分销配送、越库配送、循环物流、托盘的统一管理与共用租赁等提供供应链增值服务。

---

[1] 物流商可通过质押监管为中小企业取得银行授信提供帮助，并收取仓储及监管费。

[2] 海陆仓业务是指在传统"仓单质押"融资模式基础上，将"仓储质押监管、陆路运输监管、铁路运输监管、沿海运输监管、远洋运输监管"等任意组合的供应链全程质押融资监管模式。

[3] 定向采购是运用仓储物流企业自身的银行信誉、资金实力、仓储管理能力，直接为下游流通企业定向采购货物，再通过仓储监管适时供应给下游流通企业，收取货款差价。

社会担当

京东物流：打造一体化供应链服务新模式

京东物流隶属于京东集团，以打造客户体验最优的物流履约平台为使命，通过开放、智能的战略举措促进消费方式转变和社会供应链效率的提升，将物流、商流、资金流和信息流有机结合，实现与客户的互信共赢。京东物流通过布局全国的自建仓配物流网络，为客户提供一体化的物流解决方案，实现库存共享及订单集成处理，可提供仓配一体、快递、冷链运输、物流云等多种服务。京东物流以技术驱动，引领全球高效流通和可持续发展为使命，致力于成为社会供应链的基础设施。基于短链供应，打造高效、精准、敏捷的物流服务；通过技术创新，建立全面智能化的物流体系；与合作伙伴、行业、社会协同发展，构建共生物流生态。

2021年10月18日，京东物流在北京主办了2021全球智能物流峰会（GSSC）并分享了如下经验：

（1）一体化供应链物流服务助力传统行业数字化升级。随着物流与供应链产业逐渐进入数字化引领的新时期，物流与供应链创新在构建现代经济体系中的作用日渐显现。一体化供应链物流已成为企业高质量发展的增长点、数字化转型的着力点、端到端效率的新引擎，创造长久而深远的价值。为不断夯实一体化供应链物流服务能力，有力支撑客户供应链的优化升级，京东物流构筑了以仓储为核心的高效协同物流网络，努力提升以数据与算法驱动为基础的运营自动化、管理数字化和决策智能化能力，以及基于需求理解的行业洞察与解决方案能力。

（2）一体化供应链物流服务成为强链、补链关键路径。作为新兴的物流服务模式，一体化供应链物流服务已成为供应链补链、强链的重要途径。京东一体化供应链物流服务既可以提供贯穿供应链战略全流程的解决方案，又可以提供从方案落地到运营实施的一体化流程。物流服务方案涉及多个行业，包括针对3C行业的数字化集成供应链解决方案工业协同物流模式、针对快消行业的智能化园区全渠道多场景一盘货的模式、针对汽车领域的为汽车企业提供售后备件国内国际一体化服务等。

（3）京东加大投入建设绿色低碳一体化供应链。在帮助企业降本增效、全面优化供应链网络的同时，京东物流始终发挥新型实体企业作用，通过一体化供应链物流服务将长期积累的资源和能力持续向行业和社会开放，最大化助力乡村振兴、绿色减排。党的二十大报告指出：倡导绿色消费，推动形成绿色低碳的生产方式和生活方式。为进一步推动全行业转型升级，京东物流在峰会上发布"青流计划"新五年的绿色低碳倡议：将投入10亿元用于加码绿色低碳的一体化供应链建设，未来五年实现自身碳放率提升35%。未来，京东物流计划在发展中始终积极承担社会责任与义务，发挥新型实体企业价值，促进实体经济高质量发展。

三、联合库存管理

在中华人民共和国国家标准《物流术语》（GB/T 18354-2021）中，联合库存管理，是供应链节点企业共同制订库存计划，并实施库存控制的供应链库存管理方式。联合库存管理是在供应商管理库存基础上发展起来的上游企业和下游企业权责平衡、风险共担的库存管理模式，它是一种供应链集成化运作的决策代理模式，在共享库存信息的基础上，以消费者为中心，共同制订统一的产品生产计划与销售计划，将计划下达各制造商和销售商执行。联合库存管理强调供应链各节点同时参与，共同制订库存计划，使供应链中的每个库存管理者都从相互间的协调性考虑，保持供应链各节点间的库存管理者对需求预期的一致，从而消除需求变异放大现象。在物流商主导的供应链中，物流商扮演联合库存中心管理者的角色，通过协调联合库存中心，供需双方共享需求信息，有利于提高供应链运作的稳定性，充分体现物流商对供应链的主导作用。

微课：联合
库存管理

1. 供应链联合库存管理的模式

（1）联合库存中心模式。各个供应商的零部件都直接存入联合库存中心原材料库，即变各个供应商的分散库存为物流商的集中库存。集中库存要求供应商的运作方式是：按订单或订货看板组织生产，产品生产完成时，立即以小批量、多频次的配送方式直接送到联合库存中心补充库存。在这种模式下，库存管理的重点在于物流商根据制造商生产的需要，保持合理的库存量，既能满足需要，又能使库存总成本最小。联合库存中心模式如图8-9所示。

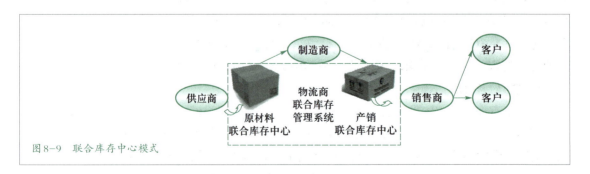

图8-9 联合库存中心模式

（2）无库存模式。供需企业都不设立库存，制造商采用无库存的生产方式。此时物流商将原材料从供应商处直接向制造商的生产线进行连续小批量、多频率的补充，并与之实行同步生产、同步供货，从而实现"在需要的时候把所需要品种和数量的原材料送到需要的地点"的操作模式。这种准时化供货模式，由于完全取消了库存，所以效率最高、成本最低。但是对供应链成员——供应商、物流商、制造商、销售商的运作标准化、配合度、协同度要求较高，操作过程要求严格，而且供需双方的空间距离不能太远。无库存模式如图8-10所示。

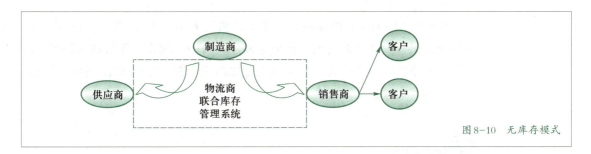

图8-10　无库存模式

2. 供应链联合库存管理的优势

由物流商作为供应链中联合库存的管理者，能够大大地提高整个供应链的效率和服务水平，具有明显优势，从而更有利于达到供应链优化、实现整个价值网络快速增值的目标。

（1）信息优势。联合库存管理通过在上下游企业之间建立战略合作伙伴关系，实现了企业间库存管理的信息共享。这样既保证了供应链上游企业通过下游企业及时准确地获得市场需求信息，又可使各企业的一切活动都围绕顾客需求的变化而展开。

（2）成本优势。联合库存管理实现了从分销商到制造商再到供应商的库存管理一体化，可使三方都实现准时制采购。这样不仅可以减少库存，还可加快库存周转，缩短订货和交货提前期，从而降低企业的采购成本。

（3）物流优势。联合库存管理强调各方的同时参与，共同制订库存计划，共同分担风险，能够有效消除库存过高及"牛鞭效应"的影响。

（4）战略联盟的优势。联合库存管理的实施是以各方的充分信任与合作为基础的，联合库存管理的有效实施既加强了企业间的联系与合作，又保证了这种独特的由物流商主导的企业间合作模式不会轻易被竞争者模仿，为企业带来竞争优势。

试一试：物流商主导的供应链联合库存管理沙盘推演。

目　的：针对订单驱动的物流的分析与改进。由沙盘推演导致联合库存的变化，通过计算每轮的库存成本，分析物流计划的合理性，改进计划并再次演练，直至供应链的联合库存达到合理水平。

要　求：沙盘推演中的角色包括供应商、物流商、制造商、销售商、客户，每个角色都有相应的游戏规则。

第三节　供应链管理环境下的运输与配送管理

一、运输的快速反应策略

1. 快速反应的概念

快速反应（Quick Response，QR）最初是美国零售商、服装制造商，以及纺织品供应商联合开发的整体业务概念，目的是减少从原材料到销售点的时间和整个供应链的库存，最大限度地提高供应链的运作效率。快速反应的重点是对消费者需求做出快速反应。

QR产生的背景

快速反应（QR）是美国纺织与服装行业开发的一项供应链管理策略。20世纪70年代后半期，通货膨胀导致价格上涨，纺织品的大量进口使美国纺织业出现快速萎缩。1985年，纺织与服装协会委托咨询公司Kurt Salmon进行了供应链分析，结果发现，尽管系统的各个部分运作效率较高，但整个系统的效率却很低。于是，纤维、纺织、服装，以及零售业开始寻找那些在供应链上导致高成本的活动，发现供应链的长度是影响其运作效率的主要因素。从原材料采购到消费者购买，时长为66周的供应链不仅各种费用高昂，而且建立在不精确需求预测上的生产和分销，因数量过多或过少造成的损失非常大，每年可达25亿美元，其中2/3的损失来自零售商或制造商对服装的降价处理以及零售时的缺货。

这项研究导致了快速反应策略的应用和发展。快速反应是零售商及其供应商密切合作的策略，零售商和供应商通过共享POS系统信息、联合预测未来需求、发现新产品营销机会等对消费者需求做出快速的反应。从业务操作角度讲，贸易伙伴需要用EDI来加快信息的流动，并共同重组他们的业务活动以将订货前导时间和成本最小化。在补货中应用QR可以将交货前导时间降低75%。

中华人民共和国国家标准《物流术语》（GB/T 18354—2021）对快速反应（QR）的定义是：供应链成员企业之间建立战略合作伙伴关系，利用电子数据交换（EDI）等信息技术进行信息交换与信息共享，用高频率小批量配送方式补货，以实现缩短交货周期，减少库存，提高客户服务水平和企业竞争力为目的的一种供应链管理策略。

2. 供应链管理环境下运输的快速反应策略

（1）选择合适的运输形式。供应链管理环境下实施快速反应策略可以选择的运输形式主要有：

① 直达运输（Through Transport）。直达运输是货物由发运地到接收地，中途不需要换装或在储存场所停滞的一种运输方式。严格地说，直达运输是指货物在发送站装上车后直接运到目的站，在运输途中既没有货物的中转作业，也没有运输工具的改编作业。广义的直达运输并不严格限定货物装车后必须直接送到目的地，而是指尽量减少耗时较长的货物中转或运输工具改编作业的运输组织方式。

直达运输的优势主要有：缩短运输距离，减少中间环节，加快商品流转，减少商品损耗，节约运力，降低费用支出。

② 联合运输（Combined Transport）。联合运输简称联运，是指使用两种或两种以上的运输方式完成一项货物运输任务的综合运输方式。联合运输是综合利用某一区间中各种不同运输方式的优势，进行不同运输方式的协作，使货主能够按照联合运输统一的规章或制度，使用同一个运输凭证，享受不同运输方式综合优势并提高运输快速反应能力的一种运输形式。联运的最低要求是采用两种不同运输方式进行两程的衔接运输。

联合运输按地域划分有国际联运和国内联运两种，国内联运较为简单，国际联运是联合运输最高水平的体现。按运输方式划分的联合运输包括陆空联运、海空联运、陆海联运、集装箱运输、陆桥运输、国际多式联运等。

联合运输的优点主要有：到货迅速，运输恰当，货物运输安全，手续较为简便。

③ 门到门（Door-to-door）运输。门到门运输是承运人在托运人的工厂或仓库整箱接货，负责运抵收货人的工厂或仓库整箱交货。其特点是全程连线运输，适用于远近距离的独立运输作业和补充衔接其他运输方式。当其他运输方式承担主要运输任务时，由汽车承担起点和终点处的短途集散运输，可以完成其他运输方式无法到达的地区的运输任务，从而有效实现运输快速反应。

门到门运输的优点表现为：运输速度快；可靠性高，货物周转次数少，对产品损伤较少；机动性强，可以选择不同的运输路线，灵活制定营运时间表，因此服务便利，市场覆盖率高；投资少，经济效益高。

（2）分阶段实施整体性战略，提高供应链快速反应能力。要实现运输环节上的快速反应，应分阶段实施整体性战略以提高供应链的快速反应能力：第一阶段是商品信息条码化，要求供应链各节点企业采用条码技术，保证收款速度和信息交换通畅。第二阶段是在第一阶段基础上增强内部业务处理策略，如自动库存补给与商品即时出售等，并采用EDI方式。第三阶段是核心企业物流商与供应链的所有企业建立密切合作关系，并要求每个企业站在供应链整体角度看待问题，实现"1+1＞2"的整合效果。

谈一谈：上网查阅资料，分析快速反应各步骤的实施效果。填入表8-5中。

表8-5　快速反应各步骤实施效果

QR实施步骤	案例	实施效果分析
行业标准化		
自动补货		
补货联盟		
零售空间管理		
联合产品开发		
快速反应集成		

快速反应的实施阶段如图8-11所示。

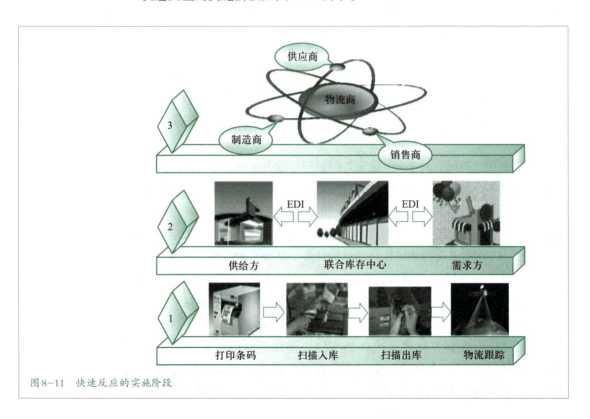

图8-11　快速反应的实施阶段

快速反应的实施步骤如图8-12所示。

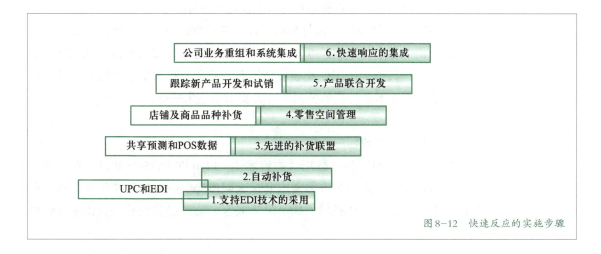

图 8-12　快速反应的实施步骤

① 支持EDI技术的采用。EDI将贸易过程的各环节（如订货、生产、运输、销售和结算）有机联系起来，通过与各有关部门、公司及单位进行必要的数据传输及处理，即可完成包括海关、运输、银行、保险等的全部业务过程，大大提高贸易效率，增加了企业的商业机会，提高了企业的市场竞争力。供应链各成员间的EDI传输是建立在专用标准之上的。行政管理、商务与运输用电子数据交换（Electronic Data Interchange for Administration, Commerce and Transport, EDIFACT）是一个满足政府和专门行业需求的国际EDI标准，由一系列国际认可的用于电子数据交换的标准、规则和指南组成。EDIFACT出现后迅速为世界各国所接受，其作为全球性EDI标准得到各国的认可。

② 自动补货。快速反应的自动补货要求物流商更快、更频繁地运输需求方订购的商品，以保证店铺不缺货，从而提高销售额。自动补货是指基本商品销售预测的自动化，联合库存中心利用相关软件在过去和目前销售数据的基础上对可能出现的变化进行定期预测，同时考虑需求方目前的存货情况和其他因素，以确定订货量。

③ 先进的补货联盟。成立补货联盟是为了保证补货业务的顺畅。物流商联合零售商、批发商和制造商一起检查销售数据，制订关于未来需求的计划和预测，在保证有货和减少缺货的情况下降低库存水平。通过由物流商管理的需求方的存货和补货，加快库存周转速度，提高投资毛利率。

④ 零售空间管理。零售空间管理是指批发商根据每个店铺的需求模式规定其经营商品的品种和补货方式。一般来说，包括品种、数量、店内陈列及培训与激励等决策。

⑤ 产品联合开发。制造商和批发商、零售商联合开发新产品，其关系的

密切超过了传统购买与销售的业务关系，缩短从新产品概念提出到新产品上市的时间，而且可以经常在店内对新产品进行试销。

⑥ 快速反应的集成。通过重新设计业务流程，将前五步的工作和企业的整体业务集成起来，以支持企业的整体战略。这一步要求零售商和消费品制造商重新设计其整个组织、业绩评估体系、业务流程和信息系统，设计的重心围绕消费者而不是传统的公司职能，要求采用集成的信息技术。

二、配送的有效客户反应

中华人民共和国国家标准《物流术语》（GB/T 18354—2021）对有效客户反应的定义是：以满足顾客要求和最大限度降低物流过程费用为原则，能及时做出准确反应，使提供的物品供应或服务流程最佳化的一种供应链管理策略。

行业洞察

ECR产生的背景

ECR（Efficient Consumer Response，有效客户响应）的产生可归结于20世纪商业竞争的加剧和信息技术的发展。20世纪90年代以后，美国日杂百货业零售商和生产厂家的交易关系由生产厂家占据支配地位逐渐转换为由零售商占主导地位，在供应链内部，零售商和生产厂家为取得供应链主导权，为商家品牌和厂家品牌占据零售店铺货架空间的份额展开激烈竞争，使得供应链各环节间的成本不断转移，供应链整体成本上升。

从零售商的角度看，随着新的零售业态（如仓储商店、折扣店）大量涌现，日杂百货业的竞争更趋激烈，它们开始寻找新的管理方法。从生产商的角度看，为了获得销售渠道直接或间接降价，牺牲了厂家自身利益。生产商希望与零售商结成更为紧密的联盟，这对双方都有利。从消费者的角度看，过度竞争忽视了消费者需求：高质量、新鲜、服务好和价格合理。许多企业通过诱导型广告和促销吸引消费者转移购买。可见ECR产生的背景是要求从消费者的需求出发，提供满足消费者需求的商品和服务。

微课：有效客户反应

ECR体系由物流商、供应商、制造商和零售商等各方相互协调合作组成，ECR的最终目标是建立具有高效响应能力和以客户需求为基础的系统，供应链各方结成战略合作伙伴关系，从而降低整个供应链的系统成本，提高整体效率。ECR的优点在于供应链各方为了提高消费者满意度这一共同目标进行合作，分享信息和技术，把以前处于分离状态的供应链节点企业联系在一起来共同满足消费者的需求。ECR活动是一个过程，这个过程主要由贯穿供应链各方的快速产品引进、快速商店分类、快速商品促销、快速货品补充四个核心业务过程组成，如图8-13所示。

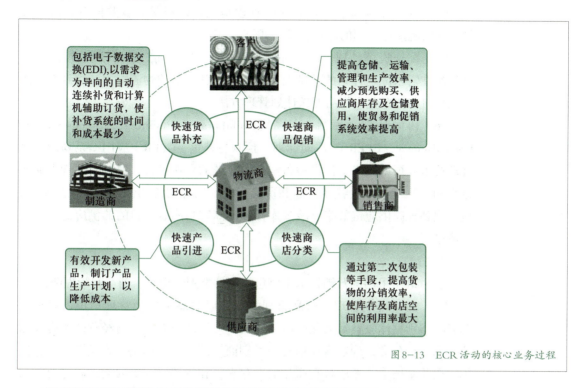

图8-13 ECR活动的核心业务过程

组成ECR系统的技术要素主要有信息技术、物流技术、营销技术和组织革新技术。

1. 信息技术

信息技术是实现ECR的重要手段之一。正是信息技术的发展促进了ECR的发展，实现了业务伙伴间和企业内部各部门间的紧密合作，大大地提高效率和效益。

2. 物流技术

ECR系统要求及时配送和货物顺畅流动。ECR采用的主要物流技术包括：

（1）自动补货（Antomatic Replenishment）。自动补货是基于信息技术，快捷准确地获取客户的需求信息，预测未来商品需求，并据此持续补充库存的一种技术。

（2）越库配送（Cross Docking）。越库配送是指货物在物流环节中不经过中间仓库或站点存储，直接从一个运输工具转换到另一个运输工具的物流衔接方式。

（3）连续补货计划（Continuous Replenishment Program，CRP）。连续补

货计划是指利用及时准确的销售时点信息确定已销售的商品数量，根据零售商获得的批发商库存信息和预先规定的库存补充程序确定发货补充数量和配送时间的计划方法。

（4）联合库存管理。联合库存管理是供应链成员企业共同制订库存计划，并实施库存控制的库存管理方式。

（5）配送资源计划（Distribution Resource Planning，DRP Ⅱ）。配送资源计划是在需求配送计划的基础上，提高配送各环节的物流能力，达到系统优化运行目的的企业内物品配送计划管理方法。

（6）协同计划、预测与补货（Aollaborative Planning，Forecasting and Replenishment，CPFR）。协同计划、预测与补货（CPFR）应用一系列的信息处理技术和模型技术，提供覆盖整个供应链的合作过程，通过共同管理业务过程和共享信息来改善零售商和供应商之间的计划协调性，提高预测精度，最终达到提高供应链效率、减少库存和提高客户满意度目的的供应链库存管理策略。

3. 营销技术

在ECR中采用的营销技术主要包括商品类别管理和店铺空间管理两种。

（1）商品类别管理。商品类别管理是以商品类别为管理单位，寻求全部商品类别整体收益最大化。具体来说，批发商要对零售商经营的所有商品按类别进行分类，确定或评估每一类别商品的功能、作用、收益性、成长性等，在此基础上，考虑各类商品的库存水平和货架展示等因素，制订商品品种计划，对全部商品类别进行管理，以便在提高消费者服务水平的同时提高零售企业的销售额和收益水平。商品分类不应以是否方便企业为标准，而应按顾客的需求和顾客的购买方式进行分类。利用商品类别管理，批发商可以充分发挥服务优势，帮助零售商逐步成长。

（2）店铺空间管理。店铺空间管理是对店铺的空间安排、各类商品的展示比例、商品在货架上的布置等进行最优化管理。在ECR中，店铺空间管理和商品类别管理可以同时进行，相互作用。在综合店铺管理中，对于该店铺所有类别的商品进行货架展示面积的分配，对于每个类别下不同品种的商品进行货架展示面积分配和展示布置，以便提高单位营业面积的销售额和收益率。

4. 组织革新技术

ECR使用的组织革新技术包括企业内部革新技术和企业间的革新技术两种。

（1）企业内部革新技术。企业内部革新技术是在企业内部的组织革新方面，需要把采购、生产、物流、销售等按职能划分的横向组织形式，变成把企业经营的所有商品按类别分类，对应每一类商品设立一个管理团队，以这些管理团队为核心构成新的组织形式。

（2）企业间的革新技术。企业间的革新技术是指组成供应链节点企业间需要建立双赢的合作伙伴关系。具体而言，供应链各成员需要在企业内部建立以商品类别为管理单位的组织。这样供应链各成员中拥有相同商品类别的管理团队就可聚集在一起，讨论从原材料采购、生产计划到物流配送、销售管理、消费者动向等有关该商品类别的全部管理问题。另外，需要在企业之间进行信息交换和信息共享。同时，使用这种组织革新技术的问题是在多品种、少批量定制化生产模式下，这种管理团队有可能增加企业内部的管理成本，从而影响供应链的整体效率。因此，这种合作伙伴关系的建立最终有赖于企业最高决策层的支持。

三、配送中心的运作流程

配送中心作为物流供应链管理中的一个核心环节，只有和供应链上游及下游企业合理衔接，才能更好地发挥其在配送领域的作用。配送中心是从供应商手中接收多品种、大批量货物，进行收货验货、储存保管、流通加工、信息处理等作业，并按照各客户的需求配齐货物，以客户满意的服务，迅速、及时、准确、安全、低成本地进行配送的物流设施。这样就形成了基于供应链的物流配送形态，从而优化内部物流，减少库存浪费，提高物流的服务水平，降低物流总成本，以具有竞争力的价格为企业和客户提供优质高效的物流配送服务，提高其销售能力。于是，配送中心必须具有多种功能，价值链也随之发生变化。配送中心的基本职能如图8-14所示。

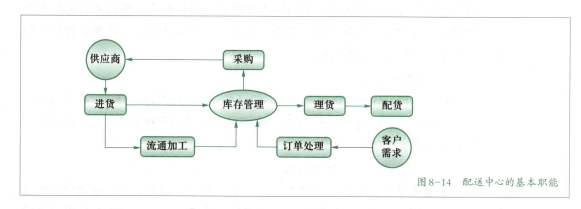

图8-14　配送中心的基本职能

在供应链管理环境下，配送中心的运作流程主要包括：

1. 采购作业流程

采购作业是货物从供应商流入配送中心的一个协调阶段，该阶段包括采购管理、供应商管理等一系列商务信息管理。商品订货是商品销售、库存管理的第一步。数量精准的订货，辅以适当的陈列和季节性促销，能够满足客户的需求，为企业带来高销售额，细化的商品毛利组合也可以为零售商带来利润，同时，合理订货亦使缺货率降低又无货品积压。

2. 供应商管理流程

首先要收集供应商资料，寻找有意向的供应商，然后通过谈判选择合格者签约合作。合作开始后，配送中心应尽力保持这种合作关系的长期稳定，同时定期进行供应商评估和供应商现场品质审核。

3. 收货作业流程

配送中心收货作业是商品从生产领域进入配送中心的基本环节，包括从货运卡车上卸货、点数、分类、验收、搬运到配送中心的存储地点。在此环节，配送中心要严格执行收货操作程序并进行收货检查，保证单货相符，准确无误。

4. 库存管理流程

物流管理的目标是更好地满足客户需求，这需要在物流成本与客户满意度之间进行有效权衡。库存管理通过维持合理的库存，提高采购的规模效应，降低采购成本。通过控制库存确保交货期，进行误差补救，减少销售损失。如果配送中心管理的商品种类繁多，且不同种类商品的资金占用和库存周转存在较大差异，可以采用ABC库存管理法。

5. 拣货作业流程

拣货作业是指仓库管理人员按照配货单要求制作拣货单，从储存的货物中分拣出一定品种和数量的商品，拣货数量原则上以配货单上的数量为准，对与实际库存数有出入的商品以库存实数为准进行核实，实拣数量不能大于配货单应拣数量。拣货作业一般有四种方法：摘取式拣选、播种式拣选、分区与不分区拣选、混合式拣选。

6. 出货管理流程

出货管理流程是指将拣选的商品按订单或配送路线进行分类，再进行出货检查，做好相应的包装、标识和贴印标签工作，然后根据客户或行车路线等将货物送到出货暂存区，最后装车配送。

7. 运输服务供应商管理流程

运输质量反映了企业的物流质量和服务质量，直接影响到配送中心的运作效率。因此，应对运输服务供应商进行严格考核，对不合格者要求其及时改善。对于严重不合格者，可以停止合作关系。

供应链管理环境下配送中心的具体运作流程如图8-15所示。

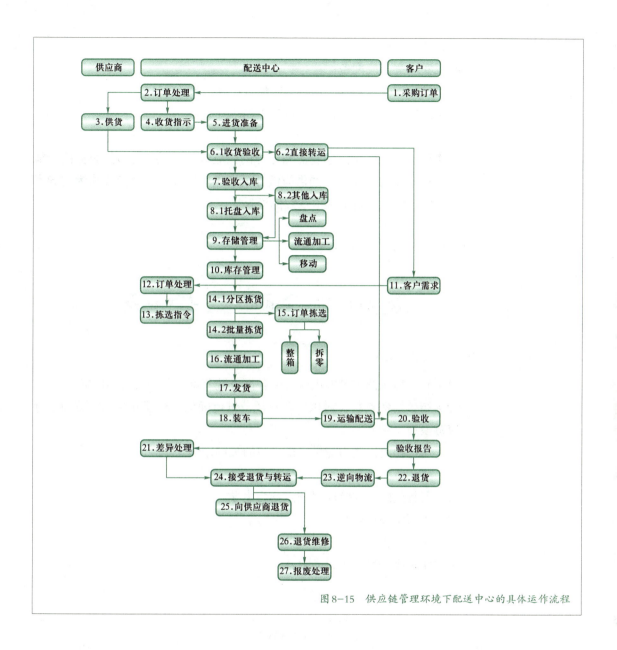

图8-15 供应链管理环境下配送中心的具体运作流程

技 能训练 | <<<<<<<<<<<<<<<<<<<<<<<<<<<<<<<<<<<<<<<<<<<<<<<<<<<<<<

一、实训名称

物流商主导的供应链构建。

二、实训目标

通过物流商主导的供应链构建实训,熟悉物流商作为主导者在整个供应链生产、组织、销售、物流等活动中的作用。

三、环境要求

物流实训室，应配备：

（1）进行软件和动画实训时，应配备计算机40台；

（2）进行实景实训时，应配备5组桌椅。

四、情境描述

本实训首先让学生熟悉物流商主导的供应链中各供应链节点企业的功能和位置，再构建物流商主导的供应链并模拟供应链管理中物流商作为主导者的业务内容。背景材料参考本章案例导入。

五、工作流程

工作流程如图8-16所示。

图8-16 工作流程

六、操作步骤

（1）确定物流商主导的供应链中各供应链节点企业的功能和位置。

（2）结合案例资料，对供应链各环节进行确认，构建并绘制物流商主导的供应链模型。

（3）讨论物流商实力对供应链构建的关键作用。

七、注意事项

（1）所构建的供应链应以物流商为主导。

（2）填写实训报告。

八、实训报告

请将实训报告填入表8-6中。

表8-6 实 训 报 告

《供应链管理》实训报告					
班级		姓名		时间	
实训内容	物流商主导的供应链构建			分数	
实训目的					
实训步骤					

续表

我的做法
我的结论
我的想法

技能训练 II ‹‹

一、实训名称

供应链管理环境下物流仓储、运输、配送等基本职能的模拟运作。

二、实训目标

通过物流商基本职能的模拟实训，熟悉供应链管理环境下物流仓储、运输、配送等基本职能的运作，以及供应链各环节的作业流程，认识物流商作为主导者在整个供应链经济活动中的作用。

三、环境要求

物流实训室，应配备：

（1）进行软件和动画实训时，应配备计算机40台；

（2）进行实景实训时，应配备5组桌椅。

四、情境描述

本实训模拟供应链管理环境下物流仓储、运输、配送等基本职能的运作。

五、工作流程

工作流程如图8-17所示。

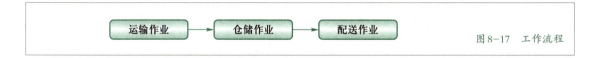

图8-17　工作流程

六、操作步骤

（1）将全班同学自由组合成12人小组。其中，客户端2人，零售商、批发商、制造商、供应商各1人，仓储、运输、配送物流环节各2人，形成由物流商、客户、零售商、批发商、制造商、供应商组成的供应链。

（2）从发送客户订单开始到客户收到货物为一轮，每组按轮模拟UPS主导供应链管理各种情景，并予以记录。

第一轮：正常实施。

第二轮：模拟客户有紧急订单出现的情况。

第三轮：模拟制造商有影响订单交付的次品出现的情况。

第四轮：模拟供应商原材料出现紧缺的情况。

（3）每轮模拟活动完成后，进行客户满意度调查。

（4）供应链运行流畅、成本低、客户满意度综合高者为该次模拟实训的优胜者。

七、注意事项

（1）角色扮演时体验各角色分工之间的关联。

（2）填写实训报告。

八、实训报告

请将实训报告填入表8-7中。

表8-7 实训报告

《供应链管理》实训报告					
班级		姓名		时间	
实训内容	供应链管理环境下物流仓储、运输、配送等基本职能的模拟运作			分数	
实训目的					
实训步骤					
我的做法					
我的结论					
我的想法					

同步测试 «‹‹

一、判断题

1. 在目前的经济环境下，物流商无法成为供应链的核心企业。（   ）

2. 作为主导者的物流商对供应链物流系统的集成是一个动态的过程。（   ）

3. 现有技术手段已实现货物和信息在整个供应链中的可视化。（   ）

4. 物流商作为供应链物流系统集成商，不仅要对供应链的物流系统进行分析、评估及过程监控，还要对整个供应链进行定量化的分析和预测，从而找到进行供应链物流系统集成的最佳模式。（   ）

5. JMI是一种在ERP基础上发展起来的上游企业和下游企业权责平衡、风险共担的库存管理模式。（   ）

6. 物流商直送工位活动必须与生产商JIT生产物料需求计划相结合。（   ）

7. 物流商主导的供应链中，无法消除需求变异放大现象。（   ）

8. 2001年，我国以中国EDIFACT委员会（CEC）的名义首次参加了亚洲EDIFACT理事会（ASEB），并成为ASEB的正式成员国。（   ）

9. 供应链合作伙伴关系的建立最终依赖于企业最高决策层的支持。（   ）

10. 配送中心必须具有多种功能，价值链也随之发生变化。（   ）

二、单项选择题

1. 21世纪是一个使越来越多的产品变成无明显技术和成本差异的同质化商品时代，企业竞争的焦点转移到（   ）上，经营者将尽力从产品可得性、可靠性以及产品售后等方面使产品取得差异化优势。

    A. 效率　　　　　　　　　　B. 技术

    C. 成本　　　　　　　　　　D. 利益

2. 联合库存管理的英文缩写是（   ）。

    A. QR　　　　　　　　　　B. VMI

    C. JMI　　　　　　　　　　D. ECR

3. 供应链成员在共享库存信息的基础上，以（   ）为中心，共同制订统一的产品生产计划与销售计划，将计划下达各制造商和销售商执行。

    A. 物流商　　　　　　　　　B. 消费者

    C. 供应商　　　　　　　　　D. 销售商

4. 供应链各成员间的 EDI 传输是建立在专用性标准之上的。现阶段（　　　）是一个满足政府和专门行业需求的国际 EDI 标准。

　　A. WMS　　　　　　　　　　　B. DEI

　　C. ERP　　　　　　　　　　　D. EDIFACT

5. QR 和 ECR 业务概念最初出现在（　　　）。

　　A. 英国　　　　　　　　　　　B. 美国

　　C. 日本　　　　　　　　　　　D. 德国

三、多项选择题

1. 物流商在物流商主导的供应链中执行供应链物流系统服务集成职能，根据客户的不同需求，集成（　　　　）提供商等社会资源，形成不同组合方式的功能模块。

　　A. 运输　　　　　　B. 仓储　　　　　　C. 配送

　　D. 信息　　　　　　E. 其他服务

2. 联合库存控制绩效结构模型主要包括（　　　　）指标。

　　A. 库存控制成本　　B. 客户服务水平　　C. 投入产出

　　D. 人力资源管理　　E. 库存控制效率

3. 物流商在整个供需经济活动中要切实履行协调管理职能，以（　　　　）等方面作为衡量指标合理选择供应商。

　　A. 质量　　　　　　B. 规模　　　　　　C. 价格

　　D. 付款方式　　　　E. 交货时间

4. 在 ECR 中采用的营销技术主要有（　　　　）。

　　A. ABC 分类管理　　B. 商品类别管理　　C. 店铺空间管理

　　D. 商品折扣　　　　E. POS 技术

5. ECR 活动是一个过程，这个过程主要由贯穿供应链各方的（　　　　）四个核心业务过程组成。

　　A. 快速产品引进　　B. 快速商店分类　　C. 快速反应

　　D. 快速商品促销　　E. 快速货品补充

四、简答题

1. 物流商主导的供应链模式有哪些特点？

2. 在物流商主导的供应链中执行供应链物流系统服务集成职能，能形成哪些功能模块？

3. 简述第三方物流的发展阶段和各阶段特征。

4. 物流商主导的供应链管理有哪些内容？

5. 供应链管理环境下的库存管理机制包括哪些内容？

6. 简述供应链管理环境下的库存管理流程。

7. 什么是联合库存管理？它有哪些方面的优势？

8. 什么是供应链管理环境下运输的快速反应策略？

9. 什么是供应链管理环境下配送的有效客户反应？

10. 组成ECR系统的技术要素主要有哪些？

五、论述题

1. 试述如何发挥联合库存管理的优势。

2. 试述供应链管理环境下配送中心的运作流程。

第三篇　供应链管理机制创新

知识目标

● 掌握供应链绩效评价的概念

● 熟悉供应链绩效评价的原则

● 掌握供应链管理绩效评价的指标体系

● 熟悉供应链管理绩效评价模型

● 掌握供应链管理绩效评价的方法和步骤

● 熟悉供应链管理的激励措施

技能目标

● 能运用科学指标体系对供应链绩效进行评价

● 能根据评价结果改进供应链结构

● 能建立符合供应链运行规律的激励机制

素养目标

● 提升绩效意识，培养节俭、高效理念

● 提升激励意识，培养公平、发展理念

● 提升纠偏意识，培养精益、协同理念

【思维导图】

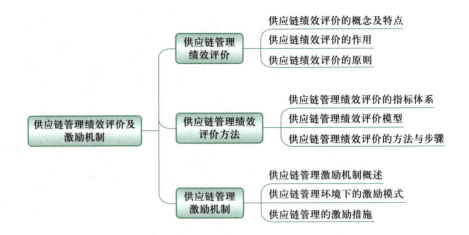

【引例】

日日顺物流以高标准打造生态供应链

日日顺物流作为海尔集团旗下的物流供应链专业品牌，持之以恒地推进生态供应链综合平台的建设。以"共创用户体验迭代的智慧物流生态圈"为核心目标，开放人才和资源两个体系（以人单合一管理体制驱动实现小微企业价值最大化，以生态品牌资源共享为用户带来增值体验），瞄准大件物流全流程解决方案、工业互联网全产业链生态圈、城乡互联互通触点网络三个差异化方向，实现从智能设备、产品体系到运转流程、管理体系的四个维度的升级，并最终落脚于企业竞争力与用户体验提升。

一是重视绩效评价，做好降本增效。日日顺物流以满足用户需求为目标，突出物流网络建设。依托以数字化为基础的业务运营模式，连接仓储资源、运力资源以及服务网点等物流基础设施及服务资源。截至2020年年底，日日顺物流搭建了超过916座仓库、超过10万辆运输车辆以及超过6 000个服务网点在内的基础设施及服务资源，配送运输的区县覆盖率已达99%。面对日益增长的物流订单，日日顺物流的供应链通过大数据预测和商家预售情况，将商品提前下沉到距离用户最近的网点，从而及时响应配送需求，实现最短时间内配送。这样大大提高了区域资源共享度与整体绩效水平。

二是重视场景定制，增强用户体验。日日顺物流以遍布全国的物流服务网络和场景服务作为入手点，以"场景服务，按需定制""进村入户，无处不达""按约送装，超时免单""送装同步，一次完成""零货损，坏了就赔""专业服务，品牌保障"六大承诺提升服务价值，为用户制定全方位、全流程、全链条的定制化场景解决方案，确保用户最佳服务体验。尤其将线上购物体验延伸到线下，建立场景服务社区中心，不仅能基于用户的真实生活场景需求提供家电维修、衣物洗护、代收发快递、五金销售、洗车工具出借等生活服务，而且可以借助日日顺供应链的生态方产品，进一步为社区用户提供家电清洗、智能充电等定制化场景方案，打造"一站式到家"便民服务体验。

三是重视持续发展，打造生态品牌。日日顺供应链开创的场景物流模式，不仅突破了传统物流价值的范围，而且打破了行业间的界限，持续为各行各业的发展赋能。在场景物流新价值的驱动下，日日顺供应链已经为电商平台、家居、健身、出行、冷链生鲜、快消、汽车、新能源等行业提供了成熟的供应链解决方案。依托成功的物流服务模式，日日顺供应链吸引了众多跨行业、跨领域生态方参与，共同打造了共创共赢的生态供应链。在物联网掀起的商业模式变革中，日日顺供应链创新的生态发展路径不仅重新定义了物流的价值，而且重新定义了物流的赋能路径，成为企业发展的"生态样板"。

引 例分析

日日顺物流以满足用户需求，构建生态供应链为目标，将绩效评价贯穿于供应链运营全过程，持续改进和提升供应链效率。其持续成功的发展路径彰显了提升供应链整体绩效的重要意义。

第一节　供应链管理绩效评价

只有进行评价才能持续改进。无论供应链规模有多大，成功与否是根据供应链绩效进行评价的。物流与供应链管理研究专家马士华教授认为，为了使供应链持续健康发展，在供应链管理中一个非常重要的问题就是如何科学、全面、客观地分析和评价供应链的运营绩效。

一、供应链绩效评价的概念及特点

1. 供应链绩效评价的概念

20世纪90年代以来，企业团体和理论界普遍关注供应链管理。但是由于国内外学者偏重于供应链绩效评价方法和指标的实证分析研究，很少探讨供应链绩效评价的概念，因此到目前为止，关于供应链绩效评价还没有明确的、系统的、统一的概念。

1998年，美国密歇根州立大学教授唐纳德 J. 鲍尔索克斯（Donald J.

Bowersox）和戴维 J. 克劳斯（David J. Closs）、M.比克斯比·库珀（M. Bixby Cooper）合著《供应链物流管理》一书，该书认为企业团体对供应链绩效和效率日益重视，希望找到透视总体的衡量方法。这种透视总体的衡量方法必须是可以比较的，既适用于机构的职能部门，又适用于行政部门。他们将供应链绩效评价定义为系统的评价方法。

供应链绩效评价是指围绕供应链的目标，对供应链整体各环节的（尤其是核心企业）运营状况以及各环节之间的运营关系等进行的事前、事中和事后分析评价。一般应从以下三方面去理解供应链绩效评价概念的内涵：

（1）供应链绩效评价是基于业务流程的绩效评价。

（2）供应链绩效评价与单一企业的绩效评价有很大不同：评价供应链运营绩效，不仅要评价供应链节点企业的运营绩效，而且要考虑供应链节点企业的运营绩效对其上游节点企业或整个供应链的影响等。

（3）供应链绩效评价不仅是指传统意义上的绩效评价，而且包括更广的评价范围、更深的评价层次，涉及各个时间阶段供应链运营所表现出来的绩效；不仅适用于事后评价，而且适用于实时监控与未来预测。

2. 供应链绩效评价的特点

根据供应链管理的特点，供应链整体运营状况以及上下游节点企业之间的运营关系将是供应链绩效评价关注的重点，不能只评价某一节点企业的运营情况。例如，对于供应链分销商来讲，某分销商提供的某种商品的价格很低，就会比其他分销商销售得快，如果孤立地对这一分销商进行绩效评价，就会认为该分销商的经营绩效较好，但这种行为将扰乱市场价格，进而损害整个供应链的利益。所以，评价供应链管理绩效，不仅要评价某节点企业的管理绩效，而且要考虑节点企业的管理绩效对其上游节点企业及整个供应链的影响。

现有的企业绩效评价指标是基于功能的绩效评价指标，供应链绩效评价指标是基于业务流程的绩效评价指标。基于功能的绩效评价指标和基于供应链业务流程的绩效评价指标如图9-1和图9-2所示。通过示意图，可以比较它们之间的差异。

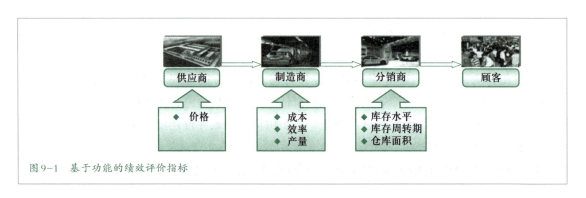

图9-1 基于功能的绩效评价指标

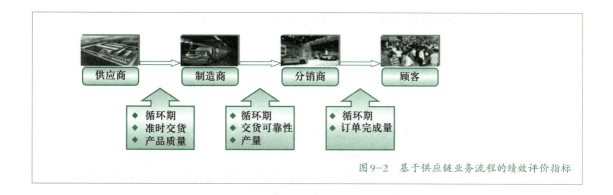

图9-2　基于供应链业务流程的绩效评价指标

从图9-1和图9-2中可以看出供应链管理的绩效评价与传统绩效评价具有很大不同，它包括更广的评价范围、更深的评价层次。与传统评价模式相比，供应链管理绩效评价有如下特点：

（1）供应链绩效评价的整体性。传统的企业绩效评价侧重于单一企业，不注重企业链的整体绩效，这种评价容易造成各部门各自为政、不考虑整体效益的现象，而供应链的绩效评价注重的是供应链的整体效益，而不单独从一个企业自身分析，更要反映整个供应链的优化状况。供应链绩效评价除了对企业内部运作进行基本评价外，还把注意力放在外部链条的测控上，以保证企业内外在绩效上达成一致，追求的是各成员企业之间利益的均衡。

（2）供应链绩效评价的时效性。传统企业绩效评价指标的数据来源于财务报表，在时间上略为滞后，导致企业对供应链运营过程中产生的问题反应迟缓，不能及时、准确应对市场变化，从而影响企业发展。供应链绩效评价要求能反映供应链的动态运营情况，适时地调整策略。因为供应链是由多个企业构成的系统，供应链各节点企业之间信息传递的速度远远比不上信息在一个企业内部的传递速度，某节点企业在生产或送货方面的延误很有可能影响下游多个企业，从而形成"牛鞭效应"，影响供应链各节点企业合作关系的稳定性，因此供应链绩效评价必须注重时效性。

（3）供应链绩效评价的多维性。这是由供应链空间多维度的特性决定的。其多维性一是指供应链的系统空间已远远突破单一企业界限，通过电子商务、虚拟供应链、战略联盟等模式由点向线、由线向面，再向立体空间拓展，使供应链的资源、生产和销售范围扩大；二是指由于各供应链主体之间没有明显的界限，且不同主体之间相互影响，使供应链的影响范围扩大，供应链必须在更大的范围内制定产供销战略，规划产供销活动。

（4）供应链绩效评价的科学性。传统的企业绩效评价主要针对企业职能部门的工作完成情况，不能对企业流程进行评价，更不能客观准确地反映企业的经营效果。供应链绩效评价指标是基于业务流程的绩效评价指标，能科学、客观地评价整个供应链的运营情况。

试一试：绘制典型的供应链运营流程图，理解供应链绩效评价特点。

要　求：1. 写出供应链运营流程图包括的环节。

2. 如何判断各环节优劣及对供应链的适应性。

二、供应链绩效评价的作用

1. 评价整个供应链的运行效果

为供应链的生存、组建、运行和撤销等决策提供必要的客观依据，找出供应链运行方式的不足，及时采取措施补救。

2. 评价供应链节点企业的贡献

通过对供应链节点企业为供应链所做的贡献进行评价，对其采取激励机制，吸引适合供应链的企业加盟，移除那些不适合供应链的企业，保证供应链的整体效益和健康发展。

3. 评价供应链各节点企业之间的合作关系

针对供应链上游企业对下游企业提供的产品和服务的质量，从用户满意度角度评价上下游企业之间的合作伙伴关系性质和状况。

4. 通过建立供应链激励机制可以对节点企业起到激励作用

有利于供应链节点企业积极朝着共赢的方向努力，使供应链的运作更加顺畅，节约成本，增加供应链的整体利益。

5. 建立供应链绩效评价指标体系，以使供应链管理过程形成一个闭环系统

建立供应链绩效评价体系，不仅能有效协调供应链中的各种矛盾，而且能使供应链管理过程形成一个闭环系统，如图9-3所示，对供应链不断地进行优化。在这个闭环系统中，一方面基于供应链战略和目标确定绩效评价目

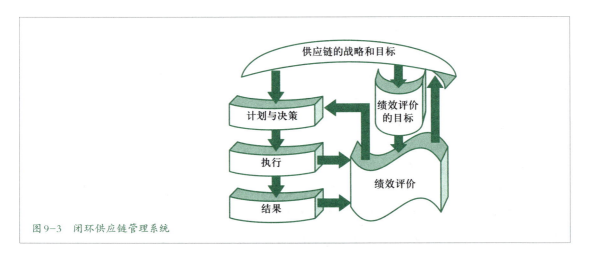

图9-3　闭环供应链管理系统

标，评价将进一步引导供应链的每一个成员朝着整体目标努力，最终形成有效的目标管理。另一方面，评价（对执行和结果进行评价）作为一种反馈信息，有利于对计划与决策乃至供应链的战略目标进行调整。如此循环，不断加强目标管理和过程管理。

三、供应链绩效评价的原则

要对供应链绩效做出客观、公正、科学、合理的评价，必须遵循一些原则。本书将这些原则概括为六个方面。

1. 整体性原则

当今企业之间的竞争已由企业之间的竞争转向供应链之间的竞争，供应链绩效评价必然代替企业绩效评价。供应链企业综合绩效的评价不应只局限于对局部成本的考察和控制，除了对企业内部运作的基本评价外，还要把注意力放在外部供应链的监控上，以保证供应链内部和外部在绩效上达成一致。通过从整体上对供应链管理效率进行评价，反映整个供应链的运营状况。

2. 多层次、多渠道和全方位评价原则

多方收集信息，进行多层次、多渠道和全方位评价，有助于全面和有重点地反映供应链绩效，也有助于增强绩效评价的准确性。在实践中，经常综合运用上级考核、专家评价、同级评价、下级评价、职员评价、客户评价等多种形式进行全方位、多角度、多层次的评价，以确定供应链在市场中的竞争优势。

3. 短期绩效与长期绩效、近期绩效与远期绩效相结合原则

短期绩效与长期绩效、近期绩效与远期绩效是分别就供应链绩效涉及的时间长短、远近而言的，其间均存在辩证统一的关系。在进行绩效评价时，不仅要考虑短期、近期的绩效，而且要重视长期、远期的绩效。在物流与供应链管理中，某些行为从短期或近期的角度看，可能绩效甚微或无绩效可言，但从长期或远期的角度考虑，它对规范供应链上下游企业的行为，促进企业间的资源共享和"共赢"，推动供应链的协调发展具有重大意义。在物流与供应链绩效评价中，将短期与长期、近期与远期绩效正确地结合起来，关注供应链的有效组合，实现两个目标之间的有效衔接，供应链绩效评价注重长期发展和短期利润的平衡，有助于供应链企业提高自觉性，减少盲目性。

4. 静态评价与动态评价相结合原则

在绩效评价过程中，不仅要对影响供应链绩效的各种内部因素进行静态考察和分析评价，而且要动态地研究这些因素之间以及这些因素与外部因素之间相互影响的关系。作为一种新兴的管理模式，在供应链管理过程中，总会遇到前所未有的新情况和新问题，在进行绩效评价时，应重视对供应链业务流程的动态评价，要能够随时跟踪供应链流程运作，及时做出调整和动态

优化。应尽可能采用实时分析评价的方法，把绩效评价范围扩大到能反映供应链实时运营状况的信息，这比仅做事后分析有价值得多。因此，在进行供应链绩效评价时，一定要在相对稳定的基础上应用动态和发展的观念，才能解决所面临的难题。

5. 宏观绩效与微观绩效相结合原则

从所涉及的范围看，供应链绩效可分为宏观绩效和微观绩效两种。宏观绩效是指供应链管理活动从全社会角度考察时的总绩效；微观绩效是指供应链管理活动从企业与供应链系统本身的角度考察时的绩效，两者既相互矛盾又彼此统一。从矛盾性看，微观绩效为了彰显供应链节点企业的基础性作用，必然会努力突出个体，包括要求减少来自宏观层面的控制和干预；而宏观绩效为了发挥供应链的主导作用，也必然会对微观层面施加各种限制，以抑制其个性化发展。从统一性看，微观绩效是宏观绩效的基础，离开了微观绩效，宏观绩效就要落空；宏观绩效又对微观绩效起导向作用，微观绩效只有在符合宏观绩效的前提下，才能得到有效发挥。

6. 责、权、利相结合原则

供应链绩效评价的主要目标是改善和提升供应链绩效。为此，在绩效评价过程中，应分清责任归属和权利范围，做到责、权、利明晰，只有这样才能赏罚分明，及时将评价结果落实到供应链节点企业，才能促进供应链的健康发展。这是因为供应链的每个节点企业都是独立的经济实体，出于个体经济理性，它们可能会为自己的"小利"而损害整条供应链的"大利"。面对这种情况，在绩效评价中必须本着责、权、利相结合的原则，谨慎处理，否则可能因赏罚不公而损害供应链上下游企业间的战略合作伙伴关系，阻碍物流与供应链竞争战略目标的实现。

第二节　供应链管理绩效评价方法

一、供应链管理绩效评价的指标体系

从不同角度考察供应链，其焦点也会有所不同，建立的评价指标体系也不相同。供应链绩效评价的指标体系往往包括：内部绩效衡量，包括成本、顾客服务、生产率、管理、质量；外部绩效衡量，包括用户满意度、最佳实施基准；供应链综合绩效衡量，包括顾客服务及时间成本。本书在此基础上根据供应链类型建立相应的供应链绩效评价指标体系。

1. 批发商、零售商供应链的绩效评价指标体系

批发商、零售商的供应链基本上都是面对最终客户，两者负责把客户对产品的需求信息及时反映给供应链上游的供应商，提升整个供应链的竞争

力。两者有很多相同性，可以采用相同的绩效评价指标体系。**其绩效评价指标主要包括：市场营销能力指标、顾客满意度指标、盈利能力指标、信息处理能力指标。**

（1）市场营销能力指标。

① 市场增长率。该指标反映供应链所提供的产品或服务吸引新顾客的能力。

$$市场增长率 = \frac{供应链增加的市场份额}{供应链原来占有的市场份额} \times 100\%$$

② 市场占有份额。该指标反映供应链目前在同行业中所处的市场地位。

$$市场占有份额 = \frac{供应链销售的产品数量}{市场需求总量} \times 100\%$$

③ 销售增长率。该指标反映供应链在市场竞争中未来的发展情况。

$$销售增长率 = \frac{供应链本期销售收入 - 供应链上期销售收入}{供应链上期销售收入} \times 100\%$$

④ 新产品销售占比。该指标反映批发商、零售商供应链开拓市场的能力。

$$新产品销售占比 = \frac{供应链新产品销售收入}{供应链总产品销售收入} \times 100\%$$

（2）顾客满意度指标。

① 顾客保有率。该指标反映供应链顾客的忠诚度，供应链的利益主要是核心顾客创造的。

$$顾客保有率 = \frac{一定时期内重复购买的顾客数}{该时期购买的顾客总数} \times 100\%$$

② 顾客抱怨处理率。该指标反映供应链处理异常事件的能力。

$$顾客抱怨处理率 = \frac{一定时期内圆满处理顾客投诉事件数}{该时期顾客投诉事件总数} \times 100\%$$

③ 准时供货率。该指标反映供应链中批发商、零售商的供货能力和服务水平。

$$准时供货率 = \frac{一定时期内准时供货次数}{该时期内供货总次数} \times 100\%$$

④ 顾客满意率。该指标反映供应链所提供产品或服务的可靠性，以及产品或服务对顾客的适合度。一般通过电话、邮件或上门回访等方式进行调查并得到相关数据。

$$顾客满意率 = \frac{被调查感到满意的顾客数量}{被调查顾客总数} \times 100\%$$

（3）盈利能力指标。

① 净利润。净利润相当于给定期限内供应链销售收入减去供应链运

营费用。

$$净利润＝销售收入—（人力费用＋期间费用＋销售费用＋管理费用）$$

② 总资产报酬率。总资产报酬率是指一定时期内获得的报酬与供应链资产总额的比率。

$$总资产报酬率＝\frac{净利润＋利息支出}{供应链资产总额}×100\%$$

③ 现金周转期。现金周转期是指从购买存货支付现金到收回现金这一期间的长度。现金周转期越短，说明供应链价值增长的速度越快，获得的利润越高。

（4）信息处理能力指标。

① 供应链管理系统覆盖率。该指标反映供应链节点企业的信息共享程度、信息沟通速度及供应链节点企业的合作程度。对产品的信息追踪和实时提醒也起到至关重要的作用。

$$供应链管理系统覆盖率＝\frac{使用供应链管理系统节点企业数}{供应链节点企业总数}×100\%$$

② 信息的实效性。信息的实效性是指在一定考察期内，数据及时传递的次数占总传递次数的百分比。

$$信息的实效性＝\frac{供应链有效传递数据中及时传递的次数}{供应链有效传递数据的次数}$$

③ 信息传递失真率。由于技术或其他原因，信息传递会出现失真现象。在实际生活中，一般要求在保证一定质量的条件下再现原来的信息，也就是说，允许失真的存在。在物流活动中，信息传递失真率一般按照经验估计得出，作为参考指标。

批发商、零售商供应链的绩效评价指标体系如图9-4所示。

2. 制造商供应链的绩效评价指标体系

制造商主导的供应链绩效评价指标主要有如下三方面。

（1）业务流程指标。

① 产销率。产销率是指一定时间内已销售产品与已生产产品数量的比值。

$$产销率＝\frac{一定时间内销售的产品数量}{一定时间内生产的产品数量}×100\%$$

从公式中可以看出该指标可以反映供应链资源（包括人、财、物、信息等）的有效利用程度，产销率越接近1，说明资源利用程度越高。同时，该指标反映了供应链的库存水平和产品质量，其值越接近1，说明供应链成品库存量越小。

② 平均产销绝对偏差。平均产销绝对偏差是指一定时间内，所有供应

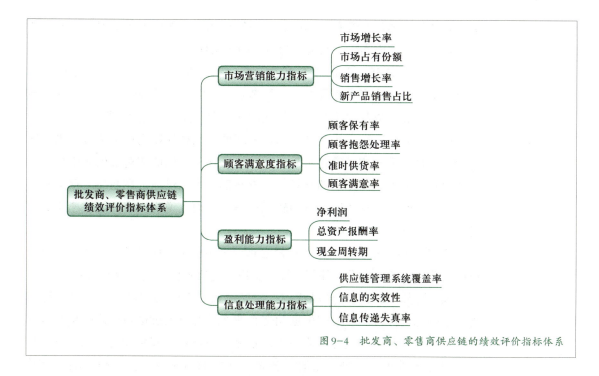

图9-4　批发商、零售商供应链的绩效评价指标体系

链节点企业已生产产品的数量与其已销售产品数量之差的绝对值之和的平均值。该指标反映一定时间内供应链总体库存水平，其值越大，说明供应链成品库存量越大，库存费用越高。

③产需率。产需率是指在一定时间内，供应链节点企业已生产产品数量与其上层节点企业（或用户）对该产品需求量的比值。具体又分为以下两个指标：

$$\frac{供应链节点}{企业产需率} = \frac{一定时间内供应链节点企业已生产的产品数量}{一定时间内供应链上层节点企业对该产品的需求量} \times 100\%$$

该指标反映供应链上下层节点企业之间的供需关系。其值接近1，说明上、下层节点企业之间的供需关系协调，准时交货率高；反之，则说明下层节点企业准时交货率低或企业的综合管理水平较低。

$$\frac{供应链核心}{企业产需率} = \frac{一定时间内供应链核心企业已生产的产品数量}{一定时间内用户对该产品的需求量} \times 100\%$$

该指标反映供应链整体生产能力和快速响应市场能力。若该指标数值大于或等于1，说明供应链整体生产能力较强，能快速响应市场需求，具有较强的市场竞争能力；若该指标数值小于1，则说明供应链生产能力不足，不能快速响应市场需求。

④供应链产品出产（或投产）循环期或节拍。当供应链节点企业生产的产品为单一品种时，供应链产品产出循环期是指产品的产出节拍；当供应链

节点企业生产的产品品种较多时，供应链产品产出循环期是指混流生产线上同一种产品的产出间隔。它可分为以下两个具体指标。

第一，供应链节点企业（或供应商）零部件出产循环期。该循环期指标反映节点企业库存水平及对其上层节点企业需求的响应程度。该循环期越短，说明该节点企业对其上层节点企业需求的快速响应能力越强。

第二，供应链核心企业产品出产循环期。该循环期指标反映整个供应链在制品库存水平和成品库存水平，同时也反映整个供应链对市场或用户需求的快速响应能力。该循环期越短，一方面说明整个供应链在制品库存量和成品库存量都较少，总体库存费用较低；另一方面也说明供应链能快速响应市场需求，具有较强的市场竞争优势。

⑤ 供应链总运营成本。供应链总运营成本包括供应链信息总成本、供应链库存费用及各节点企业外部运输总费用。它反映供应链运营的效率。

⑥ 供应链制造企业产品成本。供应链核心企业的产品成本是供应链管理水平的综合体现。一般应根据制造企业产品的市场价格确定该产品的目标成本，再向上游追溯到各供应商，确定相应原材料、配套件的目标成本。只有当目标成本小于市场价格时，各企业才能获得利润，供应链才能生存并发展。

⑦ 供应链产品质量。供应链产品质量是指供应链各节点企业（包括核心企业）生产的产品或零部件的质量，主要包括合格率、废品率、退货率、破损率、破损物价值等指标。

（2）供应链上下游节点企业关系的满意度指标。该满意度指标是反映供应链上下游节点企业之间关系的绩效评价指标，即在一定时间内一个节点企业对其相邻上游供应商的综合满意程度。

① 准时交货率。是指上游供应商在一定时间内准时交货的次数占其总交货次数的百分比。供应商准时交货率低，说明其配套的生产能力达不到要求，或者对生产过程的组织管理无法达到供应链运行的要求；供应商准时交货率高，说明其生产能力强，生产管理水平高。

② 成本利润率。是指单位产品净利润占单位产品总成本的百分比。在市场经济条件下，产品价格是由市场决定的，因此，在市场供需关系基本平衡的情况下，可以将供应商生产的产品价格看成一个不变的量。按成本加成定价的基本思想，产品价格等于成本加利润，因此，产品成本利润率越高，说明供应商的盈利能力越强，企业的综合管理水平越高。在这种情况下，由于供应商在市场价格水平下能获得较大利润，其合作积极性必然增强，必然对企业的有关设施或设备进行投资和改造，以提高生产效率。

③ 产品质量合格率。是指质量合格的产品数量占产品总量的百分比，它

反映供应商提供货物的质量水平。质量不合格的产品数量越多，则产品质量合格率越低，说明供应商提供产品的质量不稳定或质量差，因此必须承担对不合格产品进行返修或报废的损失，这样就增加了供应商的总成本，降低了其成本利润率。因此，产品质量合格率指标与产品成本利润率指标密切相关。同样，产品质量合格率指标也与准时交货率密切相关，因为产品质量合格率低，会使产品的返修工作量加大，必然会延长产品的交货期，使得准时交货率降低。

（3）制造商供应链的未来发展指标。制造商要在变化莫测的市场竞争中生存、发展，取得优秀的绩效，其供应链必须具有良好的学习能力和创新能力，开发新产品适应市场，为其长期发展提供保证和支持。

① 新产品开发周期。新产品开发周期是指从立项开发研制一项新产品或提供一项新服务到可以取得收入时止所需要的时间。该时间的长短主要取决于科研技术、资金投入等因素，也反映制造商供应链的学习与创新能力。

② 员工整体素质。制造商供应链的知识水平可以大体反映制造商供应链员工的整体素质，可用各个层次的员工人数占总人数的比例来表示。如何衡量不同层次的员工是一个定性问题，一般可以用学历来衡量。

③ 流程改进效率。业务流程的改进主要是对供应链中顾客个性化需求趋势的把握，并根据需求的变化对流程做相应调整。这种流程的改进不仅包括流程的重组，而且包括供应链成员的优胜劣汰。制造商供应链的绩效评价指标体系如图9-5所示。

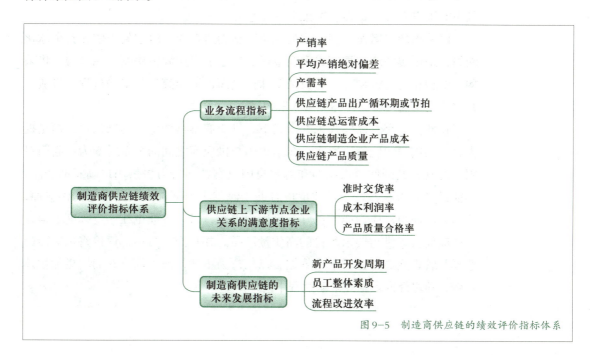

图9-5　制造商供应链的绩效评价指标体系

海尔集团智能供应链的作用

截至2021年年底，海尔集团的业务已扩展至全球160个国家和地区，服务全球超过10亿个用户家庭，构建了引领全球的工业互联网平台卡奥斯COSMOPlat和物联网大健康生态平台盈康一生，在全球设立了"10+N"创新生态体系、71个研究院、259个研究所及设计中心、29个工业园、122个制造中心、108个营销中心和24万个销售网络，旗下海创汇创业加速平台孵化了5家独角兽企业、90家瞪羚企业、38家专精特新"小巨人"企业。党的二十大报告指出：强化企业科技创新主体地位，发挥科技型骨干企业引领支撑作用，营造有利于科技型中小微企业成长的良好环境，推动创新链产业链资金链人才链深度融合。海尔集团致力于携手全球一流生态合作方，持续建设高端品牌、场景品牌与生态品牌，以科技创新为全球用户定制个性化的美好生活，赋能中小企业数字化转型，推动经济高质量增长和社会可持续发展。

海尔智家构建的基于物联网的平台系统，通过小微链群的形式将各个供应资源实现互联互通的供应链整合，打造基于用户价值的互利共生的生态系统，从而实现各利益相关者的共赢增值。在海尔平台生态模式下，多方资源和利益主体进行匹配与交互，最大限度地满足用户场景体验需求，形成相应的创单链群和体验链群。创单链群主要为用户提供最佳体验的产品、服务以及方案等，而体验链群则聚焦用户体验的交互与迭代。两种链群基于需求场景中的用户需求不断共享共创并共赢进化。

以采购环节运作为例，作为一家大型制造企业，海尔集团依托其全球化网络，采用集中的大规模采购策略，建立了海达源模块商资源平台，将采购组织转化为平台型，广泛吸纳全球供应商，引导其参与采购过程，打造了开放的模块商并联交互体验式采购模式。

在此并联交互体验式采购模式下，供应商不再按生产图纸供货，而是提供相应的用户问题解决方案，海尔集团与供应商之间的关系转变为一起面对用户的利益共同体，供应商和海尔集团只有共同努力提供用户满意的产品，才能最终获得收益。用户评价也有助于海尔集团筛选出真正合适的供应商，这一方面使得供应商能够更好满足用户需求，另一方面也在一定程度上保证了供应商会提供与要求相符的高质量产品。并联交互与用户评价将供应商的选择与管理变成了以需求为依据，以用户为主导，使得原材料周转更加快速有效，随之降低了企业采购过程中的成本。

二、供应链管理绩效评价模型

1. 供应链运作参考模型

（1）供应链运作参考模型概述。供应链运作参考模型（Supply Chain Operation Reference Model，SCORM）是1996年年底由美国供应链协会（Supply Chain Council International，SCCI）发布的。SCORM模型以应用于所有工业领域为目的，帮助企业诊断供应链中存在的问题，进行绩效评估，确立绩效改进目标。SCORM是第一个标准的供应链流程参考模型，涵盖了所有行业。它是供应链的诊断工具，同时把业务流程重组、标杆比较和流程测评等主要理念集成到一个跨功能的框架中，帮助企业间准确地沟通并解决供应链问题，客观地评价其绩效，确定绩效改进的目标。

SCORM模型旨在描述满足顾客需求的所有阶段的企业活动。它基于流程建设模式，将流程分为计划（Plan）、采购（Source）、制造（Make）、配送（Deliver）和退货（Return）五个基本管理流程，利用这些基本管理流程来描述供应链。该模型可以使用一套公共的定义来描述简单或复杂的供应链，描述不同行业任何供应链的广度和深度。

（2）SCORM模型的层次和内容。SCORM模型主要包括以下四层：

① 第一层是SCORM模型的最高层。从企业战略决策角度定义供应链的范围和内容，主要包括计划、采购、制造、配送和退货。它确定了企业竞争性目标的基础，分析企业需要达到何种绩效目标和战略发展方向。

② 第二层是供应链的配置层。SCORM模型的配置层由26种核心流程类型组成。企业可选用该层中定义的标准流程单元构建它们的供应链。每一种产品或产品型号都可以有自己的供应链，该模型可以描述供应链流程的基本布局结构。这个层次确认了企业的基础流程，并将每一个流程按照SCORM模型的基本流程分类规则进行定义，这样就可以直观地体现企业采购—制造—发运的具体过程。每一个流程都包括一系列具体的操作步骤，例如，库存产品采购流程包括制作产品发送时间表、产品入库、产品确认、库存转移等操作步骤。

③ 第三层是流程元素层。它定义了企业能否在特定市场中取得成功的竞争实力。该层是信息的收集分析层，通过实际情况和目标的对比，直观地描述供应链的整体表现。

④ 第四层及以下都是实施层。这一层是企业根据自己的经营范围和经营特色，为获得竞争优势定义具体的运作方式。企业可以对流程元素进行进一步分解，将已配置的特定供应链付诸实施，同时根据环境的变化，不断对实施方案进行调整，从而使企业健康发展并获得持续的竞争优势。

2. 平衡记分卡模型

平衡记分卡（Balanced Score Card，BSC）模型是1992年由哈佛大学教授罗伯特·卡普兰（Robert Kaplan）与大卫·诺顿（David Norton）共同提出的。BSC是以综合、平衡为原则建立起来的网络式绩效评价系统，它从四方面评价组织的绩效：财务（Financial）、顾客（Customer）、内部业务流程（Internal Business Processes）及学习与成长（Learning and Growth），并针对以上四方面制定目标并进行计量。它不仅是控制行为和评估历史业绩的工具，而且可以用来阐明并传播企业战略，同时帮助衔接个人、组织及部门间的计划，以实现共同的目标。平衡记分卡模型基本框架如图9-6所示。平衡记分卡模型综合了企业各方面的因素，强调"平衡记分"。它从整体上对企业进行衡量，既有整体思想，又有局部概念，有利于短期目标和长期目标、财务指标和非财务指标、滞后型指标和领先型指标、内部绩效与外部绩效之间的平衡。BSC将管理的注意力从短期目标的实现转移到兼顾战略目标的实现，从结果的反思转向对问题原因的实时分析。通过平衡记分卡模型，可以将企业的目标和战略转化成具体的行动，并在动态的调整中保持不断发展的势头。

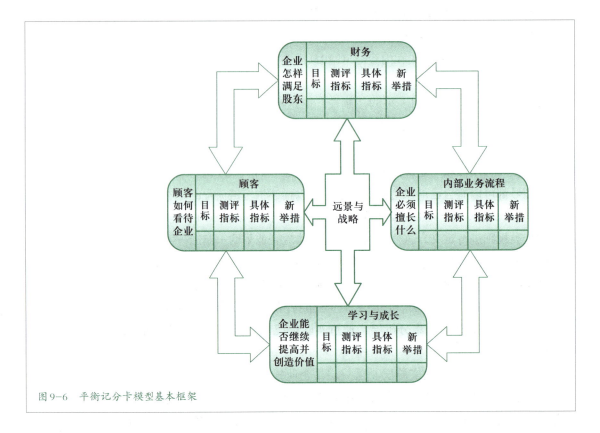

图9-6 平衡记分卡模型基本框架

3. SCPR模型

SCPR（Supply Chain Performance Metrics Reference Model）是中国企业供应链管理绩效评价参考模型，2003年10月由中国电子商务协会供应链管理委员会（Supply Chain Council of CECA，简称CSCC）推出，是我国第一个正式由全国性行业组织制订并推荐使用的定量评价供应链管理绩效水平和科学实施供应链管理工程的指导性工具。CSCC吸取了各供应链绩效模型的优势，结合大量中国企业的供应链实证数据，对来自成熟工业社会的供应链绩效指标做出必要的修改，最终形成中国本土企业的供应链管理绩效水平评价参考模型。

SCPR充分把握了中国特色的跨企业供应链管理模式，其主要内容包括：

（1）订单反应能力指标。从订单实现角度评价企业对客户需求反应的水平。

（2）客户满意度指标。通过满意度来反映供应链管理绩效。

（3）业务标准协同指标。评价供应链各节点企业业务上的协同状况。

（4）节点网络效应指标。反映加入供应链的企业数量、互动能力等因素。

（5）系统适应性指标。从建设方式、业务适应能力等角度评价企业的供应链管理绩效。

三、供应链管理绩效评价的方法与步骤

供应链管理绩效评价方法选择对供应链管理绩效评价具有重要意义。供应链管理绩效评价的方法很多，本书只介绍两种较为常用的方法。

1. 标杆法

（1）标杆法的概念。标杆法是探寻在企业执行任务时如何比其他企业更出色的一种方法，广泛应用于企业绩效标准建立、绩效过程设计、度量方法及管理目标确定中。标杆法也称基准分析法，是将本企业各项活动与从事该项活动最佳人选进行比较，对企业所有能衡量的绩效给出一个参考值，从而提出行动方法，以弥补自身的不足。具体而言，标杆法是将本企业经营的各方面状况和环节与竞争对手或行业内外一流的企业进行对照分析，是一种评价自身企业和研究其他组织的手段，是将外部企业的持久绩效作为自身企业的内部发展目标并将外界的最佳做法应用于本企业经营环节中的一种方法。它也是一种管理体系和学习过程，更加注重流程的研究分析，必须不断通过对竞争对手或一流企业的产品、服务、经营绩效等进行评价来发现自身的优势和不足。由于简易、实用、起效快，在供应链管理绩效评价中，标杆法的应用越来越广泛。

（2）绩效标杆的种类。根据供应链运营模式，将供应链基本的绩效标杆分为三种。

① 战略性标杆（Strategic Benchmarking）。战略性标杆针对竞争对手强调的市场、竞争对手的市场战略、支持竞争对手市场战略的资源水平、竞争对手的竞争优势集中于哪些方面等主要问题，将一个企业的市场战略与其他企业的市场战略进行比较，使企业获得领先的市场战略。

② 操作性标杆（Operational Benchmarking）。操作性标杆以职能性活动的

各个方面为重点，找出有效的方法，以便在各职能上都取得最好成绩。

③ 支持活动性标杆（Support Activity Benchmarking）。企业内部的支持功能应彰显比竞争对手更好的成本效益，通过支持活动性标杆控制内部间接费用并防止费用上升。

标杆法的实施步骤如图9-7所示。

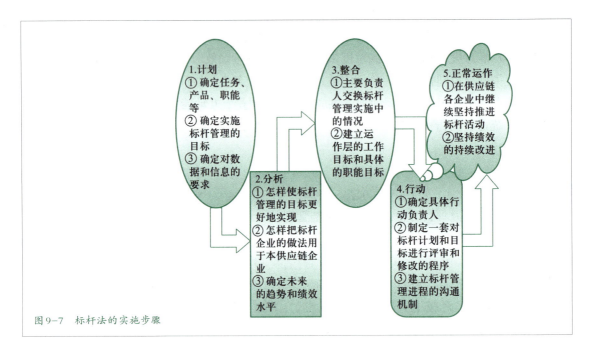

图9-7 标杆法的实施步骤

2. 综合评分法

（1）综合评分法的概念及步骤。综合评分法是最常用的一种绩效评价方法，是指用无量纲的分数针对评价指标无法用统一的量纲进行定量分析的场合所实施的综合评价方法。其基本思想是首先分别按不同指标的评价标准对各评价指标进行评分，再根据专家评价法确定各项指标的权重，然后加权相加求得总分，用评分反映评委对各项指标的评价，通过数据的综合处理，用一个量化的结果表达评价的结论。采用综合评分法评价供应链绩效通常包括6个步骤。

① 确定评价指标和评价等级。评价指标的确定前文已做介绍，而综合评分法的评价等级一般分为优、良、中、差、劣5个级别，其划分依据是某一预先制定的评价标准。等级的区分是通过不同的分值体现的，分值通常有小数制、十分制和百分制三种形式（见表9-1）。其中百分制评分的范围较宽，能够区分同一等级内部的细微差别，因而使用较普遍。

表9-1　评价等级的分值

指标	优 80~100分	良 60~79分	中 40~59分	差 20~39分	劣 0~19分	权数	该项得分	评分说明
A_1						P_1	$A_1 \times P_1$	
A_2						P_2	$A_2 \times P_2$	
A_3						P_3	$A_3 \times P_3$	
$\vdots$						$\vdots$	$\vdots$	
总分							$\sum\limits_{i=1}^{n} A_i \times P_i$	

② 聘请专家。通过专家讨论确定每一个评价指标在供应链绩效评价中的权数。

③ 给各项评价指标打分。每个评委根据评价标准对每一项评价指标给出一个具体的分值。

④ 计算各项加权分数。将各项评价指标的打分和专家给出的权数相乘。

$$各项评价指标加权分数 = A_i \times P_i$$

⑤ 加权相加得出总分，即先将每一评价指标的评分值与该指标所对应的权重相乘，得出各指标的加权评分值，再将这些加权评分值相加，得出总分：

$$供应链绩效评分 = A_1 \times P_1 + A_2 \times P_2 + A_3 \times P_3 + \cdots + A_n \times P_n$$

⑥ 根据各项指标分数和得到的总分进行供应链运营绩效分析评价。

（2）综合评分法的优缺点。综合评分法引入权重的概念，有利于发挥专家的作用，使综合评分法具有更具科学性和可量化性。但事物总有两面性，由专家确定权数时，由于专家组成员属于临时抽调性质，在短时间内充分熟悉被评项目资料，全面正确掌握评价因素及其权重，有一定困难。再加上评价指标因素及权重的确定比较复杂，评价指标因素及权重难以合理界定，真正做到科学合理是很困难的。另外，由于赋予了评委较大的权力，所聘请评委的业务水平不尽相同，如果对评委没有实质性的约束，就可能出现评价不真实的现象。

谈一谈：讨论供应链绩效评价体系的建立。

回　答：1. 进行供应链绩效评价时用到了哪些指标？

　　　　2. 如何建立不同类型供应链的供应链评价指标体系？试以服装和食品供应链为例进行说明。

第三节　供应链管理激励机制

一、供应链管理激励机制概述

1. 供应链管理激励机制的重要性

要使供应链节点企业之间产生"合力"，保持长期的战略伙伴关系，共同发展、实现共赢，一定要建立有效的激励机制。供应链是由其上下游许多财务独立的成员组成的，随着时间的变化，不仅会改变顾客需求和供应能力，而且供应链节点企业之间的关系也会随着时间而演变，每个节点企业对供应链的贡献大小不同，必须根据每个节点企业对供应链所做贡献的大小来分配供应链的收益。只有供应链各节点企业都从供应链管理中受益，各企业才能自觉维护供应链的整体利益，并且要对那些对供应链做出较大贡献的企业进行重点鼓励，使整个供应链能充满活力。设计对供应链各节点企业的激励机制，使供应链企业的利益紧密联系在一起，对保证供应链的整体利益是非常重要的。

2. 供应链管理激励机制的内容

激励主体是指激励者，激励客体是指被激励者，供应链管理中的激励对象（激励客体）主要指供应链的节点企业，也包括每个企业内部的管理人员和员工。这里主要讨论以代理人为特征的供应链企业的激励，或对代理人的激励。因此，供应链管理环境下的激励内容包括：核心企业对成员企业的激励；制造商（下游企业）对供应商（上游企业）的激励；制造商（上游企业）对销售商（下游企业）的激励；供应链对成员企业的激励；成员企业对供应链的激励。

3. 供应链管理激励机制的目标

供应链节点企业间的关系实质上是一种委托—代理关系。委托—代理过程中的风险有多种表现形式，其中最为常见的是不完全信息下决策的风险和代理人的道德风险。由于信息的非对称现象在经济活动中相当普遍，导致许多经济合同是在信息非对称条件下执行的，难免会出现道德风险问题。产生道德风险的原因之一是代理人掌握私有信息：委托人与代理人签订合同时，双方所掌握的信息是相互对称的（至少双方都认为自己已经掌握了对方了解的信息）。然而，建立委托—代理关系后，委托人无法观察到代理人的某些私有信息，特别是代理人努力程度方面的信息。在这种情况下，代理人可能会利用其私有信息采取某些损害委托人利益的行动。为了克服道德风险带来的危害，委托—代理理论提出了以合作和分担风险理念为中心的信息激励机制理论。对于委托人来讲，只有使代理人行动效用最大化，才能使其自身利益最大化。然而，要使代理人采取效用最大化行动，必须对代理人的工作进行有效的激励。供应链管理的激励目标就是通过某些激励措施，调动委托人和代理人的积极性，兼顾合作双方的共同利益，消除由于信息不对称和败德行为带来的风险，让供应链的运作更加顺畅，使供应链持续健康发展，实现供应链企业共赢的最终目标。

4. 供应链企业的激励过程

供应链企业的激励过程可以借用传统的激励过程模型来描述，如图9-8所示。从图9-8中可以看出，供应链的激励机制包括激励对象（又称激励客体、代理方）、激励目标、供应链绩效测评（包括评价指标、指标测评和评价考核）和激励方式（正激励、负激励、物质性激励、感情性激励等）等内容。

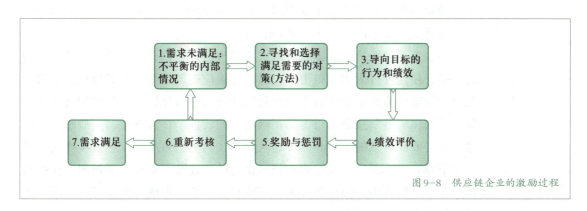

图9-8　供应链企业的激励过程

对于一个供应链企业，其激励的过程可以借用传统的激励过程模型来描述。采用问题导向和目标导向，对于需求未满足情况，查找问题；面对问题，寻找和选择满足需要的对策；制定导向目标；实施绩效评价；兑现奖励与惩罚；重新考核，直至需求得到满足。

5. 供应链激励机制的平台

供应链激励需要一个良好的平台。供应链协议（Supply Chain Protocol，SCP）充当了这一角色。供应链协议是将供应链管理工作程序化、标准化和规范化的协定。它为供应链绩效评价和激励的实现提供平台，为激励目标的确立、供应链绩效测评和激励方式的确定提供基本依据。供应链协议是根据供应链产品生产模式的特点，结合ISO9000、TCP/IP等多方面知识，将供应链管理工作程序化、标准化和规范化，使供应链系统能有效控制、良好运作、充分发挥功能。

二、供应链管理环境下的激励模式

1. 供应链管理环境下的激励方式

（1）目标激励。目标激励是把供应链的需求转化为供应链节点企业的需求。在供应链节点企业取得阶段性成果的时候，还应把成果及时反馈给供应链其他节点企业。反馈可以使供应链节点企业知晓自己的努力水平是否足够，是否需要更加努力，从而在供应链节点企业完成阶段性目标之后进一步提高其目标。运用目标激励必须注意目标设置是否符合激励对象的需要。提出的目标一定要明确，设置的目标既要切实可行，又要具有挑战性，正确的做法是将长远目标分解为阶段性目标。

（2）物质激励。物质激励是从满足企业的物质需要出发，对物质利益关系进行调节，从而激发供应链节点企业向上的动机并控制其行为的趋向。物质激励多以奖金、罚款、参股权等形式出现。在目前社会经济条件下，物质激励是不可或缺的重要激励手段，它对强化按贡献大小分配收益原则和调动供应链节点企业积极性具有很大作用。

（3）正负激励。正激励就是对供应链节点企业符合供应链目标的行为进行奖励，使这种行为出现得更多，以提高供应链节点企业的积极性。负激励就是对供应链节点企业违背供应链目标的行为进行惩罚，以使这种行为不再发生，使供应链节点企业行为朝正确的方向转换。在管理中，正激励与负激励都是必要而有效的，这是因为这两种方式的激励效果不仅会直接作用于供应链节点企业，而且会间接影响很多供应链其他节点企业。通过树立正面的榜样和反面的典型，会产生无形的正面行为规范，形成一种良好的氛围，使整个供应链的运营更富有活力。

（4）差别激励。由于每个供应链节点企业的需求各不相同，例如，有的企业需要科学技术方面的支持，有的企业需要管理技术方面的支持，也有的企业需要资金上的支持，某供应链节点企业有效的激励措施可能对其他供应链节点企业就没有显著效果。因此，应根据供应链节点企业需求差异对它们进行差别化的激励，只有这样，才能使供应链节点企业感到满意。

（5）公平激励。公平激励就是减少和消除不公平现象。在现实社会中，不公平的现象较多，运用公平激励，可满足激励对象的公平意识和公平要求。但正确的做法不是搞绝对平均主义，而是要做到公平处事、公正对待每一个供应链节点企业。对激励对象的收益分配、奖励等方面，力争做到公平合理。

动画：供应链管理环境下的激励模式

2. 供应链管理环境下的激励模式

综合这些激励方式，结合企业与员工的相同点，通过现代激励理论可导出供应链管理环境下的激励模式，供应链管理环境下的激励模式如图9-9所示。

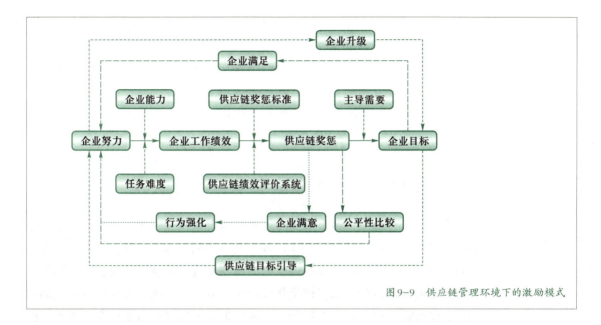

图9-9　供应链管理环境下的激励模式

从图9-9可以看出：

（1）企业努力源自报酬与奖励的价值、认为需要付出的努力和受到奖励的概率，而觉察出来的努力和奖励的概率也受过去经验和实际绩效的影响。如果企业有把握完成任务或曾经完成类似的任务，就会很乐意做出努力并对奖励的概率更加清楚。

（2）企业工作的实际绩效取决于企业自身能力的大小、努力程度以及对所需完成任务的理解深度，如对完成目标所需从事的活动以及影响任务完成的其他因素的理解和掌握。

（3）奖励要以绩效为前提，不是先有奖励后有绩效，而是必须先完成组织任务才能获得精神和物质的奖励。当企业看到奖励与绩效关联度不大时，这样的奖励将不能促成绩效的提高。

（4）激励措施是否会产生满意的结果，取决于受激励者是否认为获得的报酬不比自己期望得到的报酬低或者是否得到公平的回报，满意将促使企业进一步努力。

（5）企业达到自己的目标并获得满足或经供应链目标引导也将使企业更加努力。

　　试一试：如何在供应链管理中建立适用的激励制度。

　　背　景：某大型汽车制造商为了促进其汽车在市场上的销售，向分销商推出了一项促销的激励措施。公司规定，只要经销商的销售额达到一定数额，年底时制造商将支付给经销商一笔奖励资金。同时，为了激励经销商，该制造商与银行签订了分期付款协议。此举推行后，曾出现一阵销售热潮，库存量明显下降。但是，到年底核算时，制造商才发现账款有问题。原来，经销商为了扩大销售业绩，纷纷下调价格出售汽车。结果，汽车卖出很多，经销商也得到了实惠，但是制造商则损失惨重。制造商不得不承受低价销售的损失，使本来就举步维艰的生产经营活动更加雪上加霜。于是，制造商不得不检讨该项措施的失误，第二年重新制定新的促销策略。

要　求：针对上述情况，为制造商设计在供应链管理中适用的激励制度。

三、供应链管理的激励措施

1. 利用价格

在供应链环境下，各个节点企业在战略上是相互合作的关系，但是每个节点企业又都是相对独立的个体，各个企业的利益都不能被忽视。供应链各节点企业间的利益分配主要通过价格的调整实现。价格调整反映供应链利润在所有企业间的分配、供应链优化而产生的额外收益或损失在所有企业间的均衡。供应链优化所产生的额外收益或损失大多数时候由相应企业承担，但是在许多时候并不能辨别相应对象或相应对象错位，因此必须对额外收益或损失进行均衡分配，均衡分配通过价格的调整实现。价格对企业的激励是直接的。高价格能增强企业的积极性，不合理的低价格会打击企业的积极性。供应链利润的合理分配有利于供应链企业间合作的稳定和供应链运行的顺畅。但是，价格激励本身也隐含一定风险，这就是逆向选择问题，即制造商在挑选供应商时，由于过分强调低价格，往往选中报价较低的企业，而将一些整体水平较高的企业排除在外，其结果影响了产品的质量、交货期等。当然，看重眼前的利益是导致这一现象不可忽视的原因，但出现这种低劣供应商排挤优质供应商现象最根本的原因是：在签约前对所选供应商没有进行深入了解，没有意识到报价越低的同时也意味着违约的风险越高。因此，采用价格激励措施时要谨慎，不可一味强调低价策略，而应从多方面进行评判。

2. 相互参股

供应链节点企业间可相互参股，通过股权的交换使供应链节点企业间形成更紧密的联系，利用这种形式达到对合作伙伴的激励。这种激励方式能使企业间形成一定的产权纽带关系，成为利益共同体，从而共担风险，共享收益，更有助于相互间物流的集成。

3. 增加订单

对供应链节点企业而言，获得更多的订单是一种较大的激励，订单的多少直接影响整个供应链利润的大小。一般来说，一个制造商同时拥有多个供应商，多个供应商竞争来自制造商的订单，较多的订单对供应商是一种激励。

4. 提高商誉

商誉是一个企业的无形资产，对于企业至关重要。商誉来自供应链内其他企业的评价和在公众中的声誉，反映企业的社会地位（包括经济地位、政治地位和文化地位）。委托—代理理论认为：在竞争激烈的市场上，代理人的代理量（决定其收入）取决于其过去的代理质量与合作水平。从长期看，代理人必须对自己的行为负完全责任。因此，即使没有显性激励合同，代理人也需积极努力工作，因为这样做可以提高自己在代理人市场上的声誉，从而提高未来收入。

5. 信息共享

在信息时代，信息对企业来说至关重要。企业获得更多的信息意味着企业拥有更多的机会和资源，从而信息共享能产生激励作用。信息共享对供应链的激励实质上属于一种间接的激励，但是它的激励作用不可低估。

6. 淘汰机制

淘汰机制是负激励的一种。优胜劣汰是自然法则，供应链管理也不例外。为了使供应链的整体竞争力保持较高水平，供应链必须建立对其成员企业的淘汰机制。

7. 新产品或新技术的共同开发

新产品或新技术的共同开发和共同投资也是一种激励措施，可以使供应商企业全面掌握新产品开发信息，有利于新技术在供应链企业中的推广和开拓供应商市场。在传统管理模式下，制造商独立进行产品的研究与开发，只将零部件的最后设计结果交由供应商进行生产。

8. 构建良好的组织

在较好的供应链环境下，各供应链节点企业之间合作愉快，供应链运作顺畅。也就是说，良好的组织对供应链及供应链节点企业都是一种激励。减少供应商的数量，并与主要的供应商和经销商保持长期稳定的合作关系，是制造商进行组织激励的主要措施。

技 能训练 <<<<<<<<<<<<<<<<<<<<<<<<<<<<<<<<<<<<<<<<<<<<<<<<<<<<

一、实训名称

供应链管理的绩效评价指标及评价体系运作。

二、实训目标

本实训旨在通过演示供应链管理绩效评价体系的构建与运作，模拟供应链绩效管理的绩效评价，使学生一方面了解供应链绩效管理的重要性，另一方面掌握供应链绩效评价中重要指标的应用。

三、环境要求

物流实训室，应配备：

（1）进行软件和动画实训时，应配备计算机40台。

（2）进行实景实训时，应配备5组桌椅。

四、情境描述

建立有效的供应链管理绩效评价体系，对有效监督供应链运营和优化配置供应链资源起到重要作用。本实训首先建立供应商、制造商、批发商、零售商、物流商供应链的绩效评价指标体系，再利用上述体系对供应链的业务流程进行评价。

中国画虎第一村——河南省民权县王公庄村始建于1956年。改革开放后，在各级党委、政府和文化部门的引导下不断创新。中国画虎第一村地处黄河故道，豫、鲁两省接合部，东距文哲大师庄子故居遗址15千米，西距南朝文学家江淹故里21千米，交通便利。全村耕地面积1 377亩[①]，居民1 366人，其中有800人从事绘画产业。村民以工笔画虎为主，兼画人物、花鸟、山水等，品种繁多，已辐射带动周边两省三县数千名农民从事或经销农民画，形成了以王公庄为龙头的农民画家群，仅北关镇就有农民画家达1 500多人。该村年销售画作4万余幅，创产值2 500余万元。

五、工作流程

工作流程如图9-10所示。

图9-10 工作流程

选定绩效评价对象 → 建立绩效评价体系 → 实施供应链绩效评价

六、操作步骤

（1）绘制供应链评价调查表。

（2）根据资料建立供应商供应链绩效评价指标体系。

（3）根据资料建立批发商、零售商供应链绩效评价指标体系。

（4）根据资料建立制造商供应链绩效评价指标体系。

（5）根据资料建立物流商供应链绩效评价指标体系。

七、注意事项

（1）先讨论建立供应链评价指标体系。

（2）注意信息的反馈。

---

① "亩"为非法定计量单位。

（3）填写实训报告。

八、实训报告

请填写表9-2中的实训报告。

表9-2　实　训　报　告

《供应链管理》实训报告					
班级		姓名		时间	
实训内容	供应链管理的绩效评价指标及评价体系运作			分数	
实训目的					
实训步骤					
我的做法					
我的结论					
我的想法					

同步测试 ‹‹‹

一、判断题

1. 传统的供应链绩效评价体系能够完全适应供应链管理的需要。（　　　）

2. 供应链绩效评价指标对企业能够起到激励作用，这种激励作用是指核心企业对节点企业的激励。（　　　）

3. 相对于企业绩效评价体系而言，供应链的绩效评价体系更加复杂。（　　　）

4. 目前对企业绩效评价的研究相对比较完整和系统，因此可以把企业的

绩效评价指标体系直接应用于供应链的绩效评价中。（　　　）

5. 供应链绩效评价指标是基于业务流程的绩效评价指标。（　　　）

6. 供应链节点企业产需率指标越接近于1，说明上下游节点企业间的供需关系不协调，准时交货率低。（　　　）

7. 供应链绩效评价只有定量指标，没有定性指标。（　　　）

8. 供应链绩效评价指标体系不是孤立地评价某一节点企业的运营情况。（　　　）

9. 企业绩效评价是对传统财务管理的自然升级。（　　　）

10. 产销率是指在一定时间内已经销售的产品与已生产产品数量的比值。（　　　）

二、单项选择题

1. 在绩效体系建立过程中，最重要的是（　　　）的选取问题。

 A. 供应链   B. 合作伙伴

 C. 评价指标   D. 评价标杆

2. 在供应链管理体系中，为确保供应链管理健康、可持续地发展，建立科学、全面的供应链（　　　）体系成为迫切需要解决的问题。

 A. 绩效评价   B. 成本考核

 C. 人员评价   D. 合作关系评价

3. 传统评价体系（　　　）适应供应链管理的需要。

 A. 完全能   B. 能

 C. 不能完全   D. 完全不能

4. 目前比较流行的绩效评价方法是（　　　）分析。

 A. 事前   B. 事后

 C. 事前和事后   D. 事前或事后

5. 目前使用的企业绩效评价指标是基于（　　　）的绩效评价指标。

 A. 物流功能   B. 部门职能

 C. 业务流程   D. 人员表现

三、多项选择题

1. 供应链绩效评价的内容主要有（　　　　　）。

 A. 内部绩效的衡量   B. 外部绩效的衡量   C. 综合绩效衡量

 D. 上游绩效衡量   E. 下游绩效衡量

2. 供应链企业间关系的绩效评价指标主要是关系满意度指标，关系满意度指标又包括（　　　　　）三个指标。

　　A. 准时交货率　　　　B. 成本利润率　　　　C. 产品质量合格率
　　D. 产需率　　　　　　E. 生产率
3. 绩效标杆的种类有（　　　　　　）三种。
　　A. 系统性标杆　　　　B. 战术性标杆　　　　C. 战略性标杆
　　D. 操作性标杆　　　　E. 支持活动性标杆
4. SCPR 模型共包括（　　　　　　）。
　　A. 5个一级指标　　　　B. 3个二级指标　　　　C. 18个二级指标
　　D. 10个三级指标　　　E. 45个三级指标
5. 管理学的激励理论有（　　　　　　）。
　　A. 需求层次论　　　　B. 双因素理论　　　　C. 期望理论
　　D. 公平理论　　　　　E. 综合激励理论

四、简答题

1. 什么是供应链绩效评价？如何理解它的内涵？

2. 供应链绩效评价的作用有哪些？

3. 整个供应链业务流程的绩效评价指标有哪些？

4. 简述供应链绩效评价的原则。

5. 供应链管理的激励措施有哪些？

6. 简述综合评分法的优缺点。

7. 简述 SCPR 模型的五类指标。

8. 简述 SCORM 模型的层次。

9. 简述标杆法的实施步骤。

10. 简述供应链管理激励机制的重要性。

五、论述题

1. 试述供应链绩效评价与现行企业绩效评价的区别。

2. 试述供应链管理激励机制的要点。

知识目标

● 掌握供应链管理环境下业务流程重组的概念、方法和策略

● 了解供应链管理环境下企业间的委托代理关系

● 掌握供应链管理环境下的核心竞争能力理论

● 掌握供应链管理环境下企业非核心业务外包的方法和步骤

● 掌握供应链金融与供应链金融风险的概念

技能目标

● 能够对供应链管理环境下的业务流程进行重组

● 能够根据供应链的特点实施业务外包

● 能够设计供应链金融风险识别的路径

素养目标

● 推进供应链流程再造，培育创新精神和创造意识

● 强化核心竞争力打造，培育一丝不苟的专业素质和开拓理念

【思维导图】

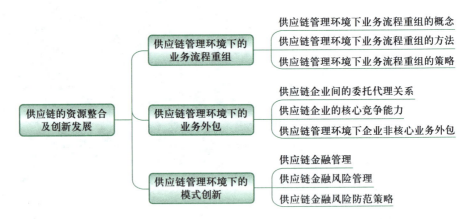

【引例】

伊利集团构建创新型供应链管理模式

伊利集团作为知名乳制品企业，从2008年北京奥运会到2010年上海世博会，再到2016年G20杭州峰会和2022年北京冬奥会，伊利作为唯一一家提供会议和赛事服务的乳制品企业频频亮相。2017年9月，伊利集团的"供应链管理系统应用项目"以其标准化、集约化、绿色化和智能化的特色获评年度服务型制造示范企业项目。

对于乳制品行业来说，供应链向上延伸到牧草种植和奶牛养殖，向下涉及终端销售，中间覆盖质量管理及配送等环节，这些都要求乳制品企业具备全面把控、优化供应链的综合运营管理能力。而伊利集团在业界率先深入进行供应链管理研究，从前端采购到后端销售，尤其是针对奶源的管理，自主研发出一套覆盖全产业链、具备协同平台加以配合的立体化供应链体系。

2022年2月，工业和信息化部发布2021年度智能制造示范工厂揭榜单位和优秀场景名单，天津伊利乳业有限责任公司作为伊利集团全资子公司，其供应链可视化场景入选智能制造优秀场景名单。据悉，智能制造优秀场景是主要依托工厂或车间，面向单一或多个制造环节，提炼关键消费者需求，通过5G、工业互联网、大数据、人工智能等新一代信息技术与核心制造环节的深度融合，重点梳理凝练可复制、可推广的场景。天津伊利乳业有限责任公司通过搭建国际供应链管理系统，将整个国际供应链过程实现信息化、智能化管理，实现信息流、货物流、资金流三流均可视化、可追溯、可查询、可分析。事实上，供应链体系越完善，竞争力就越强。伊利集团奶粉事业部在全国建立十多个产品物流分仓，有3 500多家经销商，以前物流分仓及经销商的库存、新鲜度、销售情况都是通过手工统计，经常出现反馈不及时的情况，从而导致产品积压或断货。于是，伊利集团打造了信息化实时管控云商平台，利用数字化手段实现产品从工厂端到消费者端的实时监管。

资源整合和科技创新的效果是显而易见的，该平台实现了产品流通环节的信息追溯率100%、经销商库存准确率100%、门店库存管理准确率100%，计划准确率大大提升。每一位终端客户扫描奶粉包装罐底的二维码，全链条信息追溯便清晰明了。云商平台让"从工厂到餐桌"的整个链条更加透明、高效、安全。

引 例分析

中国制造转型服务型制造是一种产业的优化，更是一种价值的升级。伊利集团作为龙头乳制品企业，率先进行资源整合，推进乳业的服务型制造升级，以更好地满足消费者需求，提高综合竞争力。同时，伊利集团强大的科技创新能力也树立了服务与制造相结合的典范，以带动全行业进一步转型升级。

第一节 供应链管理环境下的业务流程重组

供应链管理是从大系统思想出发，对跨越企业边界的整个供应链中的物流、信息流、资金流、价值流等进行计划、组织、协调与控制，以寻求建立供、产、销企业以及客户间的战略合作伙伴关系，最大限度地减少内耗与浪费，实现供应链整体效率的最优化。供应链管理是一种基于流程的优化管理模式，更强调通过业务流程重组实现整体的集成与协调。

企业业务流程重组（Business Process Reengineering，BPR）正是以流程观念为核心，以改善供应链中的物流、信息流、资金流以及工作流为手段，以反映客户需求为重点，注重企业内部及跨组织的流程重构。在企业内部是跨部门的思考，而就整体产业而言，则是跨企业的整个供应链的思考。其目的是使整体效率提高、成本降低，这与供应链管理的目标是相符合的。

一、供应链管理环境下业务流程重组的概念

对于业务流程目前国际上并没有统一的定义。业务流程重组理论于1990年首先由美国著名企业管理大师、原麻省理工学院教授迈克尔·汉默（Michael Hammer）提出。它是指通过新的思考，翻新作业流程，企业在成本、品质、服务和速度等方面获得明显的改善。

广义的业务流程强调工作任务在组织中完成，它要面向顾客，无论是组织内还是组织外，它会跨越职能部门、分支机构和子单位的既有边界。因

此，可以将业务流程定义为：业务流程是以达成特殊业务成果及价值目标为目的，由不同的人分别共同完成的一系列有逻辑相关性的任务和一系列将组织运作和顾客需求连接起来的活动。活动之间不仅有严格的层次关系限定，而且其内容、责任、方式等也必须有明确的安排及限定，使不同活动在不同岗位角色之间建立形式多样的合作关系。而狭义的业务流程，则认为它仅仅是与顾客价值的实现相联系的一系列活动。

实践证明，这些大企业实施业务流程重组以后取得了巨大成功，企业界把它视为获得竞争优势的重要战略，看成一场工业管理革命。其要点包含：

1. 以顾客为导向

市场的主导权已转入顾客手中，市场由卖方市场变为买方市场，顾客的选择范围扩大、期望值提高，如何满足客户需求，解决"个性化（Customization）增强"和"交货期（Responsiveness）缩短"之间的矛盾，已成为困扰企业发展的主要问题。业务流程重组所追求的改造是以顾客需求为导向，因此使顾客满意就成为企业的奋斗目标和一切工作的归宿。凡是无法为顾客创造价值的活动，均为业务流程重组改革的目标。

2. 以流程为重点

传统企业强调"功能及部门"而非"流程"，强调各部门完成各部门的工作，而非全体员工完成一项整合的工作。业务流程重组则强调打破部门及组织的界限，以流程为工作单位，重新设计。企业所从事的具体业务活动是组织结构设计的基石，任何业务活动都表现为一系列实际的业务流程。通过以业务流程为导向进行整体设计，业务工作被流程集成，业务流程连续化从而消除了流程瓶颈，使流程无间断连续运行，实现流程的整体优化，进而实现组织结构的整体优化，实现组织质量、服务、成本和服务效率的优化。

3. 以绩效为目标

业务流程重组不在原有的组织架构上做修补工作，而是注重整个流程的连续性和高效率，力求打破部门壁垒，降低企业运行中所损耗的内部成本。作业流程设计中追求的是组织绩效的大幅度改善，这种改善且不是单一目标的改善，而是同时在多方面（响应速度、品质、成本、弹性等）获得大幅度的改善，以解决业务中出现的问题。

4. 以信息科技为支撑

有效运用信息科技是流程改造中的重要一环。企业流程再造的基本原则都是建立在信息技术创新应用基础上的，通过使用信息技术和网络技术，使以前为适应手工或机械工作而制定的复杂、烦琐的工作流程变得简便，以对顾客在产品或服务的质量、速度、新颖、标准化方面需要的变化快速、准确地做出反应，从而适应当前变化迅速的市场环境。信息技术的一项重要功能是突破时间及空间限制，使得供应链的信息流及物料流能迅速运转。供应链节点企业之间的信息共享是有效供应链管理的基本要求。

5. 以根本性重新思考及设计为落脚点

针对现有的作业流程，突破原有的思维方式，打破固有的管理规范，采用回归零点的新观念和思考方式，不抱有理所当然的心理，而经常反省一些根本问题，对现有流程与系统进行综合分析与统筹考虑，通过思考这些问题，找出企业经营的最佳策略及方法，避免将思维局限于现有的作业流程、系统结构与知识框架中，彻底终止现有的架构及流程，重新设计及建构新的流程，以实现流程设计的最优。

想一想：供应链管理环境下业务流程重组的基本内容有哪些？

要　求：1. 简述供应链管理环境下业务流程重组的内容。

　　　　2. 分析供应链管理环境下业务流程重组的目的和意义。

二、供应链管理环境下业务流程重组的方法

业务流程重组作为一种管理思想已进行多年的实践探索，就实施业务流程重组的范围、规模及企业变革的程度可以将其实施方法分为革命式和渐进式（或称全新设计法和系统法）两种。革命式实施方法以其为企业经营绩效带来的飞跃式提升而为众多西方企业所青睐，然而其高风险性同样不容忽视。实践中，一些企业发现对企业流程采用持续改良即渐进式方法同样能取得绩效的提升，因此亚洲的企业多采用后者。

就实施业务流程重组的整个过程而言，本书在参考已有方法的基础上，总结为以下环节：

1. 目标设计

本阶段任务是由高级管理层确认业务流程重组的必要性，进行职责划分，明确BPR要达成的战略目标（如降低成本、提高客户满意度、提高产品质量或服务水平），成立项目领导小组，制定详细的项目规划。

2. 流程诊断

本阶段任务为确认需重组的流程及优先顺序，确定采用何种技术手段。由于企业业务流程众多，加上时间、人力、财力的有限性，决定了企业不可能对所有流程进行重组，必须有重点地选取需要重组的流程，即关键流程。

关键流程可从三方面考虑：第一，绩效的低下性——某流程的运行效率很低，直接影响其他流程的正常运行；第二，位置的重要性——某流程对企业来说很重要，就要对这个流程进行检查；第三，落实的可行性——流程改进之后，应该较容易落实，很快给企业带来效益。

因此，流程诊断这一步骤决定了流程重组的效率，必须慎重选择流程重

组的对象。流程重组对象的选择如图10-1所示。

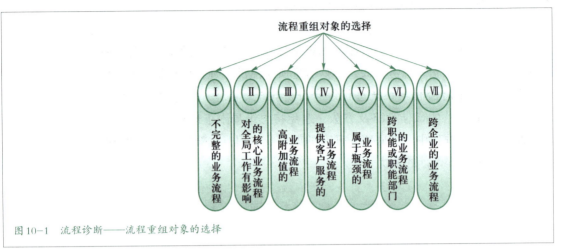

图10-1 流程诊断——流程重组对象的选择

3. 流程再设计

本阶段任务为分析目前的关键流程，根据战略目标设计新流程的概念模型，确定新流程下的组织结构、需要采用的信息技术手段。

新流程的设计可以采用激进的方式，假定现有流程都是有问题的、低效率的，因此在设计新流程时完全基于目标，不考虑现有流程。但由于这种方法忽略了人的因素，在具体实施中往往遇到诸多困难，在实践中，往往采取渐进的方式，即将新流程的设计分为四个步骤：清除、简化、整合、自动化。

清除是指流程设计部门对关键流程的每一个活动取得一致的看法，对于流程的假设进行分类，探寻并清除非增值活动。

简化是指在理解当前流程的基础上对比目标，找出当前流程中重复的活动、浪费的活动，使流程更加通畅。

整合是指将简化后的活动充分发挥其资源效用，满足客户需求。

自动化是指将简化的流程通过利用合适的信息技术手段、建立相应的组织机构进行固化及自动化。

流程再设计程序如图10-2所示。

4. 流程实施

将设计好的新流程落实到企业的日常经营管理中，实施过程中要充分注意人的因素，与员工就新的方案进行沟通；制订并实施变革管理计划；制订阶段性实施计划并实施；制订新业务流程和系统的培训计划并对员工进行培训。

5. 流程绩效评价

对流程重组后的效果必须进行评价，而评价应以流程重组的目标为依据。通常可以从顾客满意度、管理提升、提高产品质量、降低成本、提供新

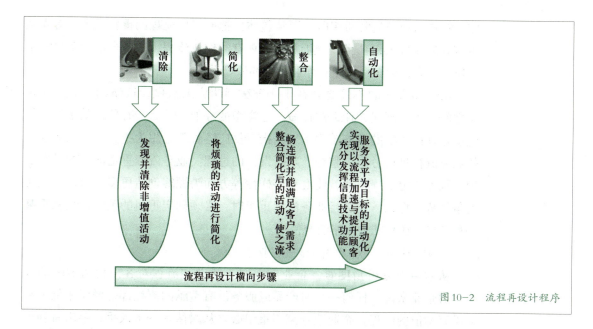

图10-2　流程再设计程序

产品与新服务的能力、业务流程的信息特性等方面进行评价。

6. 流程维护

为保证重组后的流程能持续改善且长期运行，需要从两方面进行维护：

（1）建立长期有效的组织保障。具体来说，要建立流程管理机构，明确责权范围；制定各流程内部的运转规则与各流程之间的关系规则，逐步做到用流程管理图取代传统企业的组织机构图。

（2）加强企业文化与人才队伍建设。企业必须建立与流程管理相适应的企业文化，加强团队建设，培养员工的主人翁意识。同时，由于流程运作对员工提出了更高的要求，因此企业必须注重内部人才队伍的建设，培养流程管理方面的复合型人才。

试一试：结合身边企业业务流程重组的实例，进行流程重组模拟。

要　求：1. 能够较为熟练地运用流程重组的一些方法进行流程重组。

2. 能够在流程重组过程中抓住影响业务流程重组成败的关键点。

3. 能够独立或协作完成流程重组过程中一些流程的再设计。

4. 具备清晰的业务流程重组思路，明确重组的先后顺序。

提　示：1. 收集相对齐全的企业资料，包括企业经营范围、业务发展历程、部门改组历程、业务流程分析等。

2. 将该企业业务流程重组前后的企业资料分别整理，以便对比。

三、供应链管理环境下业务流程重组的策略

在进行企业业务流程重组时，不可避免地会遇到业务流程重组的策略问

题。在进行业务流程重组时，要从整体上把握工作流程的重新设计，首先确定首要的流程重组项目，分析并评价现有的作业流程，选择合适的信息技术手段，然后进行设计并建立作业流程的原型系统。

策略与方法的不同之处在于：方法阐明应怎么做，策略则是对方法本质性的认识，阐述为什么这样做，这样做的好处是什么，有什么效果等。供应链管理模式下的业务流程重组是指以供应链管理思想为指导，对供应链中的业务流程进行分解、整合、重新设计的过程。业务流程重组的目的是在定价、服务、定制、革新、速度和多样性等方面为顾客创造更多的价值，赢得竞争优势。那么，在进行业务流程重组时，必须确定重组的策略，是侧重某一种策略，还是几种策略组合使用。

1. 基于增值率分析并凸显核心业务流程

从增值率分析角度看，企业应着眼于活动和流程对客户价值贡献的大小。对企业来说，任何一个对产品或服务没有贡献的流程都是增值率低下甚至没有增值的流程，企业业务流程重组必须从增值率分析入手，突出有利于形成核心竞争能力的核心业务流程，而把一些低附加值的、不再能体现领先优势的业务流程外包。

根据增值率确定各项活动时间分配的优先级，那么在业务流程重组时，应将时间集中消耗在具有较高增值率的活动上。

以某企业为例，对该企业的各项活动进行增值率/时间分析，如表10-1所示。

表10-1 增值率/时间分析表

活动类型	增值率/%	时间消耗占比/%
新产品联合开发	20	5
早期供应商参与生产设计	15	5
目标成本管理	15	5
电子商务需求信息综合	10	5
库存和物流的综合信息方案	10	10
供应商联合发展计划	10	10
合同管理	5	15
询价和订货管理	5	15
库存控制	5	15
低值易耗品采购	5	15

表10-1清晰地显示了在进行流程重组时，应对流程进行重新规划和设计，将具有较高增值率的活动配以较高的时间消耗。

2. 侧重流程间的逻辑关系

一般来说，执行流程时，操作的人越少越好；在流程服务对象（客户）看来，流程越简便越好。为此，企业必须加强单项流程间的逻辑关系研究，简化业务流程。

（1）将分开、重复的多道工序合并。

（2）减少不必要的审查环节。推行一级审批制，将过去的层层审核变为一级审批。

（3）一个完整的业务流程交给一个经理全权负责。

（4）将串行流程改造成并行流程。可以通过网络以及数据库技术，使许多需要共享资源的活动，如新产品开发、信用评估、文件阅示等，转化为同步活动。

简化业务流程有三种导向，可在此基础上进行业务流程的简化，如图10-3所示。

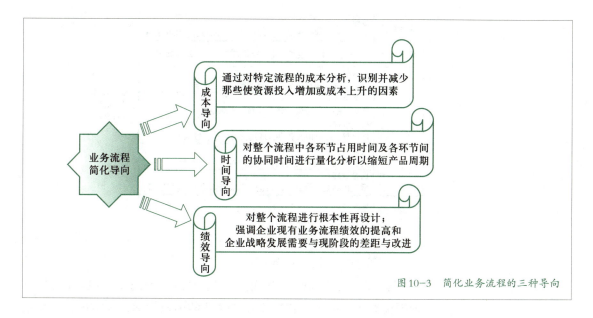

图10-3　简化业务流程的三种导向

3. 注重物流流程再造以打破企业边界的限制

物流在供应链管理中处于非常重要的位置，早期的物流是指物资的采购、运输、配送、储备等活动，是企业之间的一种物资流通活动。现代物流管理包括生产过程中的物料转化过程和物资流通过程。物流是供应链中的一条主线，在供应链管理中发挥重要作用，物流流程不畅，会直接影响客户服务水平。供应链供需协调，实现无缝连接，应从物流流程再造开始。

4. 注重业务流程整合

企业实施供应链管理的目的是达到企业与企业以及企业内部各部门之间的协调发展。

（1）合理运用信息技术。供应链管理模式下必须根据信息技术的水平确定新的作业流程，而不是将信息技术移植到原有的作业流程中。

（2）业务流程标准化。一定水平的标准化是获得某种程度连接性的必要条件，良好的连接性对于形成较为平滑的信息流、物流以及资金流是必不可少的。

（3）明确职责。协调不仅意味着要把事情办好，而且应明确在业务流程运作和规划中各自应负的职责，勇于承担重要的职责。

（4）业务流程的透明化。使企业的业务流程与客户和合作伙伴的相关流程协调一致的关键在于允许这些组织中的相关人员更多地了解彼此的需要、爱好，以及对各种问题的看法，以实现业务流程透明化。业务流程整合的重点要素如图10-4所示。

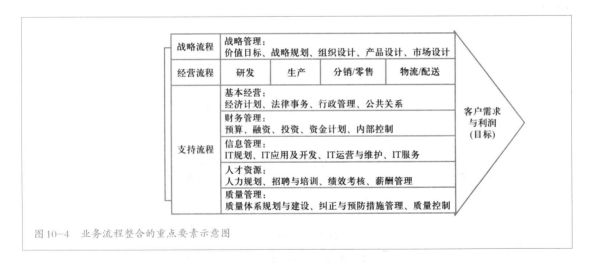

图10-4　业务流程整合的重点要素示意图

5. 运用标杆管理策略设计业务流程

所谓标杆管理，就是以同行业优秀企业的做法为标杆，创造性地加以改进，并依据优秀企业的绩效指标设置本企业的绩效指标，以实现企业绩效的大幅提高。企业应通过对不同企业间作业程序、业务流程与活动的比较分析，发现隐藏在不同企业和不同部门市场表现差异背后的关键因素。在借鉴的基础上，结合企业所在供应链的情况，实现业务流程再造后的跨越式发展。

6. 流程再造中协同使用多种技术使流程更趋合理化

并行工程[①]多用于产品的设计开发，是对产品及其相关过程，包括制造过程和支持过程，进行并行、一体化设计的一种系统化方法。利用并行工程进行流程再造是指在再造过程中同步生成文件说明，再造的各个活动并行交叉进行，所有人员都全面参与和协同工作，实现技术、资源和过程的统一。

延迟技术是企业在整个生产过程中将不同产品的相同制作过程尽可能最大化，而将定制需求或最终需求的差异化制作过程尽可能延迟。根据供应链产品的差异性和定制化水平，延迟技术可分为生产延迟和物流延迟两类。生产延迟是推迟最终产成品的形成，它是在获知客户的精确要求和购买意向之前，制造相当数量的标准产品或基础产品以实现规模经济，等收到订单后再从事产品的生产。物流延迟是在一个或多个战略地点对全部货品进行预估，而将进一步的库存部署延迟到收到客户的订单时进行。

伊利的分销及库存管理信息系统的再造

与很多大企业的发展一样，伊利集团也是从产品经营阶段走向资本运营阶段，再到现在的品牌经营阶段。作为品牌经营的重要手段，信息技术被提到了一定的高度。伊利集团从自身业务特点出发，选择从分销及库存管理环节入手，开始整合销售业务流程，拟建立面向全国的、基于互联网的集中式管理信息系统，从而将各事业部、分子公司、经销商、各级代理、各个商品仓库、各个生产工厂的产成品仓库有机地衔接起来，以达到与市场的"绝对亲密接触"。

时间上的领跑在一定程度上决定了伊利集团的竞争优势。伊利集团基于ASP产品及服务平台的分销及库存管理信息系统的改造从2000年底就开始了。实现新的系统应用之后，可有效管理供应链中下游企业并解决销售黑箱问题；"冷柜销售"是伊利集团在全国范围内推行的直销方式，系统目前也能对这种销售方式进行柔性化的科学管理。

---

① 1988年，美国国家防御分析研究所（The Institute for Defense Analyses，IDA）完整地提出了并行工程（Concurrent Engineering，CE）的概念，即并行工程是集成地、并行地设计产品及其相关过程（包括制造过程和支持过程）的系统方法。这种方法要求产品开发人员在一开始就考虑产品整个生命周期中从概念形成到产品报废的所有因素，包括质量、成本、进度计划和用户要求。并行工程的目标是提高质量、降低成本、缩短产品开发周期和产品上市时间。

试一试：业务流程重组前的策略选择。

目　　的：能够针对实际情况选择最符合企业需要的业务流程重组策略；能够有效利用该策略进行业务流程重组；能够准确区分几种策略的不同点和侧重点，填入表10-2中。

表10-2　不同情况下业务流程重组策略表

情况	策略
买卖双方关系中的主导权转移到顾客一方	
全球化市场上展开的各种形式竞争	
市场需求日趋多变，产品生命周期缩短	

第二节　供应链管理环境下的业务外包

一、供应链企业间的委托代理关系

供应链管理以最终用户满意为目标，协同组织生产。但是供应链节点企业都是独立的法人实体，都以利润最大化为目标并向企业的投资者负责。根据迈克尔·波特（Michael E. Porter）的竞争战略理论，供应链各节点企业之间存在竞争关系，为了在谈判中获得优势，它们往往会保留私有信息，如原料或产品的成本、产品质量、企业的生产能力等信息。于是造成各方占有信息的不对称[①]，从而导致委托代理关系的出现。

供应链信息传递扭曲及其影响如图10-5所示。

供应链企业的委托代理关系由于供应链的一些特有性质而具有以下特征：

1. 合作与竞争并存

供应链管理的本质强调供应链节点企业间的合作，强调企业集中资源发展核心业务和核心竞争力，而对非核心业务通过外包等与其他企业协作完成。供应链思想与传统企业模式的根本不同之处在于，它改变了对供应链其他企业的看法，企业不再把它们看作竞争对手而是当作合作伙伴，为实现最终顾客满意的目标而进行协同生产，生产活动按照整个供应链进行优化，而

---

①　信息不对称是指一方拥有另一方所没有的信息，拥有信息的一方称为代理方（Agent），缺乏信息的一方称为委托方（Principal）。信息不对称可以从时间和内容上划分。从非对称发生的时间看，非对称可能发生在当事人签约之前（ex ante），也可能发生在签约之后（ex post）；从非对称的内容看，非对称可以是某些参与人的行动（Actions），也可能指某些参与人的信息（Information）或知识（Knowledge）。

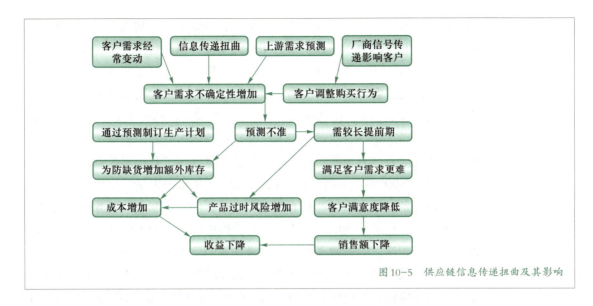

图 10-5　供应链信息传递扭曲及其影响

不是像过去那样仅仅考虑本企业的利益。然而，供应链企业间虽然强调合作，但是利益冲突同样存在，企业之间为分配合作带来的收益会展开竞争。

2. 多阶段的动态关系维持

供应链节点企业间的合作强调建立一种持久稳定的关系，这与传统的委托代理关系有所不同。在商品交换市场上，买方和卖方构成委托代理关系。一般而言，卖方对商品的信息掌握的比买者多，买方是委托人，卖方是代理人。买卖交换关系是一次性的、暂时的，买卖双方会采用各种手段实现效用最大化，如卖方可能以次充好或抬高价格。而在供应链节点企业间，企业需要长期进行交易，道德风险的问题相对而言没有那么严重。企业或许可以从短期的欺骗中获得好处，但是从长期看，这是不可取的，因为企业会发现短期的欺骗虽然得到了好处，但是合作关系也会随之终止，而维持长期的合作关系所带来的收益的贴现值会远远大于短期利益。

3. 多任务委托代理

供应链中的供应商不仅提供价格低廉的产品，而且要在技术创新、质量改进、缩短产品提前期、提供服务等方面做出响应。供应商在采取行动时可能会产生冲突，如降低成本与改进质量、提高服务水平之间的冲突。因此，在有限的经济资源和时间资源约束下，供应商需要在多目标间做出权衡，而采购商的评价和报酬标准则是供应商决策的依据。例如，如果采购商把价格作为最重要的决策因素，那么供应商将会在技术创新和质量改进等方面缺乏积极性，因此采购商对供应商的绩效评价和报酬激励应该具有综合性。

4. 供应链内企业间的逆向选择和道德风险

在供应链节点企业间，逆向选择是供应方私有信息向需求方的传递。实

281

施供应链管理客观上要求减少供应商数目，供应商为了加入供应链体系，建立与采购商持久的供求关系，就必须展开竞争，以获得为数不多的供应商资格。因为供应商的能力信息是其私有信息，需求方不可能通过观察获知，因此，供应商需要通过一些措施向需求方发出信号，以表明其具有较高的能力水平。在供应链环境下，供应商的评价标准不仅包括传统意义上的价格因素，而且涵盖了价格、质量、服务、交货期等诸多要素。相应地，供应商发出的信号也应是多方面的：供应商的报价信息体现了其成本控制的水平；企业进行了 ISO 9000 系列的认证，或者做出一定期限内退货、保修的承诺，表明供应商具备提供高质量产品的能力和信心；供应商制定的服务标准和以前的服务记录，反映了供应商的服务水平；供应商通过加大对技术创新和质量改进的投资力度，向采购商展示其未来发展的巨大潜力，树立企业的品牌和良好声誉。供应商应该清醒地认识到，未来的市场竞争不是企业和企业的竞争，而是供应链和供应链的竞争，如果被淘汰出供应链，竞争地位将非常不利。同时供应商向采购商发出信号是要付出成本的，过高的信号发送成本也是不利的，供应商应该在两者之间加以权衡。

道德风险问题在供应链节点企业间也是存在的，当供应商按自身利益行动时，有时会给采购商带来损失。如供应商采用低劣的原材料以获得更低成本的好处，特别是产品存在经验属性，产品质量在短期内难以辨别时，供应商更有可能采取这种方式；供应商不愿意加班而采取延迟交货，因为加班可能增加额外的成本；在供不应求时，供应商故意隐藏其技术和质量水平，不愿意为改进质量做出努力等。对供应链内企业，由于联系更加紧密，减少道德风险，可以采用更多的方式：与供应商企业建立密切、长期、互利的合作关系，使供应商实施道德风险的机会成本增加；在可预期的长期利益的引导下，供应商不会为了短期利益而冒险；额外增加订货需要供应商加班时，应给供应商一定的价格补贴；引导供应商在为自己提供专门产品方面进行投资，增加其转换成本；建立长期而全面持久的评价指标体系，对高绩效的供应商进行鼓励，如增加订货、给予更优惠的价格折扣等。

谈一谈：总结供应链内企业委托代理关系的特征。

回　答：1. 供应链节点企业之间的竞争与合作是怎样产生的？

2. 供应链节点企业间的多阶段动态关系是怎样变化的？

3. 多任务委托代理产生的根源是什么？

4. 逆向选择的成因是什么？它对供应链内企业有何影响？

5. 如何规避道德风险？

二、供应链企业的核心竞争能力

1990年，美国学者普拉哈拉德（C. K Prahalad）与哈默尔（G. Hamel）在《哈佛商业评论》上发表的文章《核心竞争能力》（The Core Competence of the Corporation）中提出，企业拥有的资源是有限的，这决定了企业不可能在所有业务领域都获得同样的竞争力，必须把有限的资源集中在核心业务上。核心竞争力可以定义为：企业、组织或群体中一系列技能、知识组合形成的，为它们所独有的，并为消费者带来特殊效用，使它们在某一市场上具有长期比较竞争优势的能力。供应链管理与企业核心竞争力之间的关系表现在：

1. 通过供应链管理对企业内部资源与外部资源进行整合是企业提高竞争力的关键

由于企业资源包括内部资源和外部资源两方面，以及不同组织在自身知识和能力上具有不平衡性，导致企业在资源获取和利用上的巨大差异性。企业外部资源决策是基于组织内部资源的分析，因此，如何根据内部资源的特点发现、选择、利用外部资源，是企业核心竞争力的内在反映，是企业自制与业务外包决策的出发点。供应链管理下的资源配置决策是一个增值的决策过程。企业首先要对组织所拥有的内部资源和能力进行分析，找到自己占优势的资源和能力，从而确定企业的核心竞争力，将主要精力放在企业的关键业务（核心竞争力）上。然后对外部众多合作伙伴进行评价，选择合适的伙伴，建立战略合作关系，将企业的非核心业务转由合作企业完成，即业务外包，以降低和控制成本，节约资本与资金，分担风险，完成难以管理的辅助业务，提高业务能力，利润率和生产率。因此，有效的供应链管理可使企业对内部资源与外部资源进行有效整合，借助外部资源和能力增强企业的核心竞争力，从而提高企业的绩效。

2. 供应链管理为企业更有效地实现最终客户的价值，从而提高自身的核心竞争力提供了新的途径

顾客需求是企业一切活动的驱动源，供应链管理中的企业合作关系是建立在顾客需求基础上的，因此顾客需求也是拉动整个供应链运作的驱动源。顾客价值即顾客期望从给定产品或服务中得到的所有收益，包括产品价值、服务价值、人员价值和形象价值。只有不断提高顾客价值的产品或服务，才能满足顾客的多样化需求。而企业拥有资源的有限性决定了企业不可能在所有业务领域都获得同样的竞争力。在世界经济日益全球化的条件下，越来越多的企业认识到，仅仅依靠自己的力量来满足顾客不断变化的需求是一件成本高昂且困难重重的事情，必须把有限的资源集中在核心业务上，必须从企业与环境的特点出发，培育与提高自己的核心竞争力。供应链管理注重的就是企业的核心竞争力，强调根据企业的自身特点，专门从事某一领域生产、

某一专门服务，在某一点形成自己的核心竞争力；同时与合适的企业建立战略合作关系，借助外部资源和能力获得更多的竞争优势，有效保护和发展企业的核心竞争力。供应链管理有效消除了重复、浪费与不确定性，降低了总成本，创造了竞争的成本优势；优化了链上成员的组合，加快了响应客户的速度，创造了竞争的时间和空间优势；供应链管理强调与链上企业进行战略合作，充分发挥链上企业的核心竞争力，创造了竞争的整体优势。供应链管理与企业核心竞争力及客户价值的关系如图10-6所示。

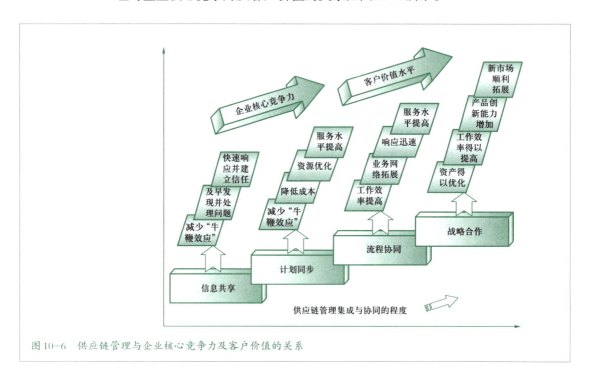

图10-6　供应链管理与企业核心竞争力及客户价值的关系

3. 企业核心竞争力为供应链节点企业建立稳定持久的战略合作伙伴关系提供了坚实的基础

由于市场竞争不再是企业之间的竞争，更多的是供应链之间的竞争，因此，企业需要学会与其他企业进行合作的策略与技巧。同时，企业在与其他企业进行竞争以加入某一供应链联盟的过程中，需要有独特的竞争优势即核心竞争力。只有企业本身具有核心竞争力，对供应链中其他企业才具有吸引力，供应链业务伙伴关系才会稳定持久。党的二十大报告指出：深化国资国企改革，加快国有经济布局优化和结构调整，推动国有资本和国有企业做强做优做大，提升企业核心竞争力。企业必须在诊断分析的基础上，识别自身的核心竞争力所在，与节点企业结成动态战略联盟关系，将非核心业务外包，以弥补自身的不足，通过借助其他企业的核心竞争力来形成、维持甚至强化自己的核心竞争力，巩固供应链企业之间的战略合作关系，形成合作－竞争模式，在竞争激烈的市场中获得更多的竞争优势。

三、供应链管理环境下企业非核心业务外包

业务外包是指企业整合利用其外部相对优质的资源，将非核心的、次要的或辅助性的功能或业务外包给外部专业服务机构，利用它们的专长和优势来提高企业整体的效率和竞争力，而自身仅专注于那些核心的、主要的功能或业务。所以从本质上讲，外包是企业的一种经营战略，是企业经营管理的一种新理念。

"木桶原理"指出，企业竞争能力的大小是由其生产要素中最薄弱的环节决定的，企业要做到最好，必须将"短板"抽出，由外部的"长板"替代。在供应链管理环境下，供应链管理注重的是企业核心竞争力，如果供应链的某一环节不是世界上最好的，也不是它的核心竞争优势，同时放弃该环节不至于与客户分开，那么可以把它外包给更好的专业公司，利用其他企业的资源来弥补自身的不足，从而使企业更具竞争优势。

1. 业务外包的主要形式

采用何种外包方式很大程度上是由企业生产活动的特征和性质决定的，不同的业务外包方式产生的收益和带来的风险以及所产生的成本都是不同的。业务外包方式有：

（1）研发外包。研发外包是利用外部资源弥补自己开发能力的不足。企业可以根据需要，有选择性地与相关研究院、大专院校建立合作关系，将重大技术项目"外包"给他们攻关。

（2）生产外包。在日渐成熟的市场和日益激烈的竞争中，企业增加收入的难度加大，想方设法降低成本成为获取利润的关键，生产外包就是最重要的一种。这种外包一般是企业将生产环节安排到劳动力成本较低的国家，以提高生产环节的效率。目前，越来越多拥有名牌产品或商标的企业不再拥有生产厂房和设备，不再在生产过程中扮演过多的角色，它们将资源专注在新产品的开发、设计和销售上，而将生产及生产过程的相关研究外包给其他合同生产企业。

（3）物流外包。物流外包不仅降低了企业的整体运作成本，更重要的是使买卖过程摆脱了物流过程的束缚，使企业摆脱了现存操作模式和操作能力的束缚，使价值链能够在一夜之间提供前所未有的服务。现在许多公司开始将自己的货物或产品的储存和配送外包给专业的货物配送公司完成。

（4）营销外包。将自己的营销业务外包给专业的销售公司经营，企业只确定自己的目标市场，通过业务外包，借助专业的中介公司，使自己与一些技艺高超的销售人员沟通。这些专业销售人员既懂得企业销售中存在的问题，也能向它们提供庞大的客户资源。

（5）智力资源外包。外包的一个新领域是"Consulting"，即雇佣外部智力资源解决本企业解决不了或解决不好的问题。外包企业一般要为用户提出咨询、诊断、分析、决策的方案，实施管理业务、组织的重组，技术改造，实现改进工作、提高经济效益的目标。智力资源外包内容主要有：互联网咨询、信息管理、ERP系统实施应用、管理咨询等。

（6）应用服务外包。网络业务专业性强，技术要求高，实施难度大，成本高，且很难达到先进、合理的要求。随着互联网的普及，大量基于Web的解决方案不断涌现，这些都使得远程的、基于主机的应用方案的实施成为可能。因此，许多企业已经普遍将信息系统业务，在规定的服务水平基础上外包给应用服务提供商，由其管理并提供用户所需要的信息服务。

不同的外包方式由于所外包的业务对象不同，其针对性也不同，各有其特点，互相之间并无优劣之分，企业应根据自己的实际情况和业务特点，充分考虑收益和风险来选择适合自己的一种或多种外包方式。

晨光文具的物流外包管理

上海晨光文具股份有限公司（简称"晨光文具"）创建于1999年，是一家整合创意价值与服务优势，专注于文具事业的综合文具公司。作为中国文具行业的标杆企业，晨光文具善于整合优势资源，通过覆盖全国强大的销售网络和高效的物流体系，让产品在7天内销往中国较偏远的地方。

晨光文具的物流形式主要包括三部分：一是生产物流，主要是文具的原材料、半成品以及成品入库与管理，属于厂区内的内部物流，全部由晨光文具自己完成；二是集团中心仓库到区域中心的物流，仓储业务由公司自身负责，运输业务由第三方物流公司完成，是一种点到点的运输配送；三是区域中心向城市级以及终端门店的配送，由各子公司负责。

无论对于自建物流还是外包物流，晨光文具主要考虑服务质量和成本。晨光文具在全国拥有五万多家门店，如何准确、快速、低成本地把产品从生产线送到终端门店，而且控制好渠道的库存，不是一件容易的事情。

为晨光文具提供运输服务的公司，大多数是与晨光文具有过多年合作，伴随着晨光文具的发展而壮大的，同时能和晨光文具建立合作伙伴关系。晨光文具把货物交给第三方物流公司时，是不需要清点交接的，这大大缩短了交接的时间；而第三方物流公司能把货物配送到晨光文具各区域的物流中心，很少发生例外事件，这凭借的是伙伴间彼此的信任和默契的配合。概括而言，晨光文具与第三方物流公司相互依存，相互信任，共同成长，共担风险。

2. 业务外包需要注意的问题

中国物流与采购网曾在京津冀地区对物流外包情况做过一次调查，如图10-7所示。

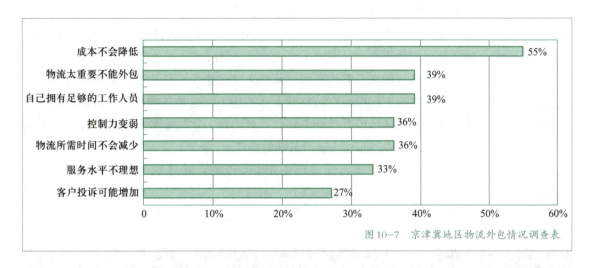

图10-7　京津冀地区物流外包情况调查表

看一看：京津冀地区物流外包情况调查表。

要　求：考察分析当地企业物流外包的情况。

动画：京津冀地区物流外包情况调查表

由图10-7可见，京津冀地区大多数企业对于外包还持一定的观望态度，或者说存在一定的抵触情绪。必须妥善处理业务外包中可能出现的一系列问题，才能推动我国外包业务的发展，提高我国企业的核心竞争力，从而推动企业的发展壮大。企业外包需注意的问题主要有以下几方面：

（1）合作关系的处理。在处理与外包商的关系问题上，企业应注意以下三方面：一是应严格控制外包商的品质；二是应给予外包商必要的独立性和适当的奖励；三是应给予外包商管理上的协助和指导，帮助他们解决业务问题，为外包商提供美好的愿景展望，提升他们的工作满意度。在合作过程中，既需要借助合同和商业信誉维持双方的利益，也不应忽视双方之间的充分沟通、理解、协商和建立相互信任，并且以平等的关系合作，结成稳定的、有弹性的伙伴关系，共同成长。

（2）避免对外包商的严重依赖。业务外包尤其是信息技术外包、研究开发外包的最大缺陷是企业可能产生对外部技术的严重依赖。当企业将其技术的开发和管理承包给外包商时，虽然能够产生良好的短期回报，但不知不觉企业会减少对技术研究开发的投资和控制，进而放松对技术的关注，这势必降低企业的技术能力，存在受控于技术供应商而最终导致外包费用大幅增加的风险。

（3）加强对外包商的管理。这是企业实现外包经营、打造竞争优势的有力保障。在这一阶段，企业要注意保持对外包业务的随时监控和评估，利用信息网络和计算机平台建立一套行之有效的监控和评估系统，达到及时与外包商交换意见，有效控制产品质量的目的。必要时可每年对外包企业进行一次评定和筛选，对不合格的企业进行淘汰。

（4）管理人员新的思维方式。管理人员要摆脱传统上认为业务外包意味着某项工作不重要，把外包看作"问题外包"、放弃责任的观念。应该认识到外包是一种充分利用资源、承揽人才的重要手段。要使业务外包行之有效，企业应善于利用外部的特殊人才和能力，这是最能产生价值的因素。因此，必须从战略角度看待业务外包，要明白，实行业务外包的目标不在于获得最有利的交易，而在于获得最佳的伙伴。

查一查：当前我国物流行业业务外包的主要表现形式是什么，填入表10-3中。

表10-3　我国物流行业业务外包形式及效果表

典型企业	业务外包形式	效果

第三节　供应链管理环境下的模式创新

一、供应链金融管理

供应链金融（Supply Chain Finance）目前已经成为当今经济领域出现频率较高的词，也是当前各类金融机构的重点业务。经过近20年的发展，供应链金融依托实体物流载体的支撑，统筹结合线上与线下资源，迎来了快速发展。回顾供应链金融发展的历史，大数据、物联网、云计算、区块链以及金融科技等领域的快速发展，也促使供应链金融快速地先从2.0时代转向3.0时代，再迈向4.0时代，资金流、信息流、物流融合发展的综合性平台日臻发达，实体产业与金融的结合更加紧密。如何基于现代供应链物流的实体优势，推进供应链金融科学有序创新发展，不断强化供应链金融的风险识别，弱化供应链金融的风险传导，提高其风险防控的有效性，正成为供应链金融的创新求索之路。

（一）供应链金融的定义

20世纪后期，经济全球化促进了供应链管理的应用和发展。随着供应链管理绩效的提升，在供应链采购、供应链运输、供应链仓储、供应链配送的基础上，供应链金融也引起了理论界和实业界的日益重视。

关于供应链金融的定义，至今尚未达成一致。不论是从供应链核心企业的角度，还是从现代信息平台的角度，以及从商业银行和金融企业的角度，各自给出的定义都各有侧重。但核心观点均认同供应链金融关注的是整体供应链的综合实力，其融资水平取决于该供应链核心企业的信用度，以及核心企业信用的传递质量，这个供应链一般关联物流企业、融资企业、平台企业、商业银行等节点企业。在实际运作过程中，它不仅呈现核心企业的信用传递，而且涉及多方的风险传导效应。供应链金融，就是在相关法律范围内，金融企业将上下游中小企业的资金流、物流和信息流联系在一起，并提供一种有效的金融产品或融资模式。它有利于把单一企业的不可控风险转变为供应链节点企业整体的可控风险，通过获取各类信息，将风险控制在最低范围内。

（二）物流金融的定义

物流金融的本质是一种短期性融资行为，它是将库存视为现有资产并以此获得融资的行为过程。从供应商的视角来看，物流金融涉及确定最佳库存水平，以及设置成本与库存持有成本之间的均衡。基于供应链管理理念的物流金融一般要受到现金流量周期、金融机构给予的授信，以及抵押物或无抵押借贷等要素的影响。从金融机构的视角来看，物流金融是将供应商的现有资产视为一种抵押或担保物进行短期借贷的行为。

物流金融常见的方式包括：代收货款方式、托收方式、融通仓方式和授信融资方式。其中，代收货款方式属于物流金融的初级阶段，第三方物流企业通过收取一定的手续费，获得一部分无须付息的收益。托收是发货人、提货人、第三方物流商与金融机构联合互动的一种方式，其盈利方式是通过将自己的利益与供应链上下游客户紧密联系在一起，获得一笔无须付息的在途资金的收益。融通仓方式是利用物流企业良好的仓储、配送和商贸条件，吸引辐射区域内的中小企业，使本企业成为第三方仓储中心，并帮助企业以存放于融通仓的动产获得金融机构的质押贷款融资。授信融资方式是金融机构授予物流企业一定的信贷额度，物流企业再将这些信贷额度向供应链上下游企业提供灵活的质押款业务。

（三）供应链金融的整合

党的二十大报告指出：深化金融体制改革，建设现代中央银行制度，加强和完善现代金融监管，强化金融稳定保障体系，依法将各类金融活动全部纳入监管，守住不发生系统性风险底线。在多源信息整合环境下，商业银行可以将商务、贸易、海关、物流等多环节数据库打通，提供整合化的服务。

这种状态标志着银行部门实现了对整个贸易过程的端到端的全过程控制。银行可以帮助企业整合资金流、商流和物流，理论上可以有效控制自身风险。这时，银行真正成为供应链上一个优秀的合作伙伴。在信息技术高度发展和网络安全确保可控的环境下，供应链金融的地位和作用日益提升。

二、供应链金融风险管理

本书第三章第二节已经论述了供应链风险的概念、供应链风险的类型、供应链风险的规避方式等基本内容，这里将进一步阐述供应链金融风险要素的构成及供应链金融风险识别原理。

（一）供应链金融风险要素的构成

供应链金融风险（Supply Chain Financial Risk）是指金融机构在向供应链节点企业提供金融服务过程中产生的损失造成的一系列不确定性及其影响。由于供应链环境变化较快，供应链金融风险具有的复杂性和隐蔽性也较强，因此，供应链与金融系统的关联性和脆弱性就会对供应链融资业务中各方参与者带来较大损失和破坏，使得供应链金融业务的实际收益和预期收益产生较大的偏差，从而引发供应链金融风险。

供应链金融风险要素的构成主要包括三个方面：一是内部风险要素，内部风险要素经过演变后达到一定程度就会突破企业内部，在供应链上传递，扩散至供应链的上下游合作企业，导致供应链经营收益和预期目标发生偏离，产生金融风险；二是外部风险要素，外部环境的变化也会增加供应链金融的不确定性，在国际贸易、国际物流和全球采购背景下，诸如汇率、利率、货币政策等经济要素，供求波动的市场环境，产业与投资环境，政治与自然环境等，都有可能引发供应链金融风险；三是交易本身，国际贸易交易作为质押资产的应收账款和存货类融资，直接影响投资能否收回，诸如产品的特点，是否容易发生货损或货缺，物价波动等影响信贷回收的因素，都会对贸易流、资金流、信息流与物流是否达到有机统一产生影响。

（二）供应链金融风险识别原理

识别供应链金融风险重在确立其风险阈值，供应链金融风险阈值是指供应链金融风险从量变到质变的临界点，也是供应链节点企业所能承受风险的极值。企业本身是一个自我组织系统，在遇到一定范围的金融风险时能够自我调整、恢复、适应，进而化解、吸纳风险，这时各种风险源处于隐藏和可控状态，相对独立和静止，对企业没有造成负面影响和重大损失。但是，一旦供应链金融风险突破阈值，供应链节点企业将无力承载、吸纳和化解风险，这时就会给企业带来巨大损失，甚至造成金融危机。因此，需要强化对供应链金融风险的识别，其识别原理如图10-8所示。

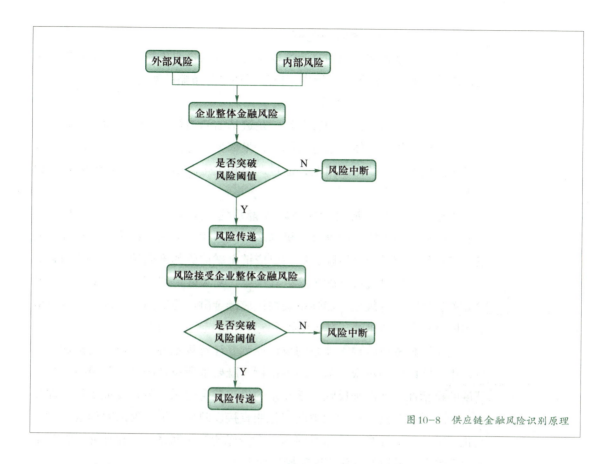

图10-8 供应链金融风险识别原理

供应链金融风险识别过程中需要做出的重要判断就是风险中断，它是指供应链金融风险没有突破风险阈值，由于风险源的客观条件忽然消失，以及因供应链节点采取了积极的预防和控制措施而被迫中断。例如，国际贸易中，供应链核心企业考虑到某一供应商的供货能力不足而提前选择了多个优质供应商，防止因货物短缺而错失商机。又如，采购商提前预测到生产商上游企业供应的原材料存在一定的质量问题，从而降低了供应链产品质量风险。

如果供应链金融风险超出了阈值，又没有采取中断措施，风险就会释放出来，在供应链上传递。这时风险流量、风险动力超过供应链节点企业阈值，该节点企业无力化解风险，风险的潜在能量释放出来，就会借助风险载体，在供应链上扩散和蔓延。传导出来的风险会进入供应链上下游企业，风险能量如果未超过这些供应链节点企业的风险阈值，风险会中断。如果超过接受节点风险阈值，或进一步在更大范围内传导，就会给供应链节点企业造成更大破坏。

三、供应链金融风险防范策略

鉴于供应链金融风险的复杂性，供应链节点企业更需要加强预警体系建设，推进多维实时评价，完善供应链运行体系等策略的实施。

（一）加强预警体系建设

供应链金融风险预警的首要环节是遴选监测指标。监测指标是供应链金融风险管理的数据载体，通过监测和计量部分信息指标的变动情况，可以分析供应链金融风险的主要情况，通过调整相关金融信息指标，进而防范和化解供应链金融风险。

要建立多层次供应链金融风险预警系统。建立供应链节点企业与核心企业、区域金融机构、国家金融机构多层次金融风险预警系统，及时有效地发现潜在的供应链金融风险，提高供应链金融监管的准确性、科学性和有效性。建立系统性供应链金融风险处置预案，对风险等级划分、风险监测、风险处置流程等进行规范；加强系统性供应链金融风险的源头管理，完善金融机构风险隔离机制建设，有效化解系统性供应链金融风险。

供应链金融风险预警体系的设计原则要注意规范性，所设计的指标应尽量采用国际国内中央银行监管预警指标，既要求所设计的监测预警指标具有高度的概括性，能准确反映纷繁复杂的供应链金融风险的程度灵敏性，即要求指标的灵敏度高，指标的细微变化能直接反映供应链金融风险程度的发展变化互补性，即要求指标体系内的各个指标能互相联系，互相补充，客观全面地反映金融风险的变化情况可操作性。

（二）推进多维实时评价

搭建多维风险指标评价框架。与传统金融业务相比，供应链金融风险具有动态性、可传递性和复杂性等特征。这就决定了凭借对融资企业经营、财务等方面进行授信分析的传统方法，难以避免供应链金融风险的发生，难以阻止其风险的扩散。因此，通过大数据分析对融资人进行多维立体画像，将定性分析与定量分析相结合，建立综合实时的金融风险评估模型，将成为未来供应链金融风险的主要防范手段。

加强供应链节点企业信息的共享。推动全国和地方信用信息共享平台、商业银行、供应链核心企业等开放共享信息。鼓励商业银行、供应链核心企业等建立供应链金融服务平台，为供应链上下游中小微企业提供高效便捷的融资渠道。鼓励供应链核心企业、金融机构与中国人民银行征信中心建设的应收账款融资服务平台对接，发展线上应收账款融资等供应链金融模式。

推进供应链金融风险的有效防范。推动金融机构、供应链核心企业建立债项评级和主体评级相结合的风险控制体系，加强供应链大数据分析与应用，确保借贷资金基于真实交易。加强对供应链金融的风险监控，提高金融机构事前、事中、事后风险管理水平，确保资金流向实体经济。

（三）完善供应链运行体系

优化完善供应链信用体系。法律体系的完善将促进社会信用水平的提升，加快形成良好的市场信用体系，稳固供应链金融的诚信度。健全供应链金融担保、抵押、质押机制，鼓励依托中国人民银行征信中心建设的动产融资统一登记系统开展应收账款及其他动产融资质押和转让登记，防止重复质押和空单质押，推动供应链金融健康稳定发展。

依托全球供应链体系，促进不同国家和地区包容共享发展。在人员流动、资格互认、标准互通、知识产权等方面加强与主要贸易国家和"一带一路"沿线国家的磋商与合作，推动建立有利于完善供应链利益联结机制的全球经济贸易新规则，增强供应链金融的抗风险能力。

加快制定供应链产品信息、数据采集、指标口径、数据交易等关键共性标准，加强行业间数据信息标准的兼容，促进供应链数据高效传输和交互。推动企业提高供应链管理流程标准化水平，推进供应链服务标准化，提高供应链系统集成和资源整合能力。积极参与全球供应链标准制定，推进供应链标准国际化进程，有效降低供应链金融运作风险。

技能训练

一、实训名称

模拟供应链管理环境下，各节点企业的非核心业务外包流程。

二、实训目标

通过有代表性的企业实际案例让学生分析并选择企业业务外包形式，学习如何绘制流程图，了解业务流程重组的重点和要点，完成对供应链管理环境下各节点企业非核心业务外包流程的模拟练习，以增强学生对业务流程重组这一管理思想的理解和应用能力。

三、环境要求

物流实训室，应配备：

（1）进行软件和动画实训时，应配备计算机40台。

（2）进行实景实训时，应配备5组桌椅。

四、情境描述

供应链管理环境下，各节点企业非核心业务外包有利于确定企业的核心竞争力，把企业内部的职能和资源集中在那些有核心竞争优势的活动上。本实训先让学生了解供应链管理环境下，各节点企业非核心业务外包的原因，再通过有代表性的企业实际案例让学生分析并选择企业业务外包形式，从而完成对供应链管理环境下各节点企业非核心业务外包流程的模拟练习。

五、工作流程

工作流程如图10-9所示。

图10-9　工作流程

企业情况分析　→　选择外包方式　→　讨论实施效果

六、操作步骤

（1）将全班同学自由组合成每组12人的小组，学习如何绘制流程图，了解流程图内各节点的内容及含义（见图10-10）。

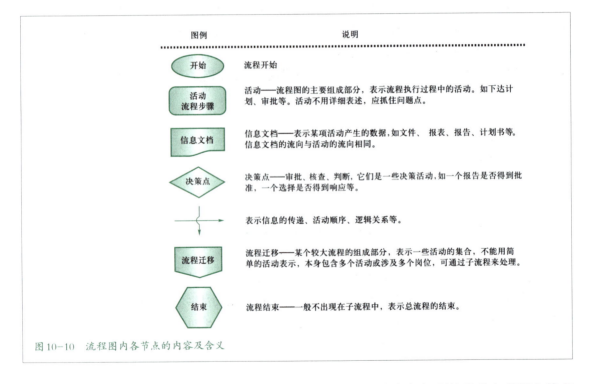

图例	说明
开始	流程开始
活动流程步骤	活动——流程图的主要组成部分，表示流程执行过程中的活动。如下达计划、审批等。活动不用详细表述，应抓住问题点。
信息文档	信息文档——表示某项活动产生的数据，如文件、报表、报告、计划书等。信息文档的流向与活动的流向相同。
决策点	决策点——审批、核查、判断，它们是一些决策活动，如一个报告是否得到批准，一个选择是否得到响应等。
	表示信息的传递、活动顺序、逻辑关系等。
流程迁移	流程迁移——某个较大流程的组成部分，表示一些活动的集合，不能用简单的活动表示，本身包含多个活动或涉及多个岗位，可通过子流程来处理。
结束	流程结束——一般不出现在子流程中，表示总流程的结束。

图10-10　流程图内各节点的内容及含义

（2）小组内成员讨论公司目前的架构图中各部门所辖的业务范围和管理职能，并做好相应记录；结合公司的资料，领会目前流程图内供应链各节点企业的管理范围及工作内容；学习并掌握流程重组的技巧；了解供应链管理环境下各节点企业非核心业务外包的原因。

（3）根据供应链各节点部门的管理范围和职能，进行职能的合并和分解，分析企业如何选择业务外包形式。每组依据讨论报告，重新对公司机构进行管理职能的再分配并重新绘制流程图（机构管理职能图）。

（4）比较重组前后的公司架构图，明确业务管理职权的划分标准，寻找
并总结重组时依据的策略及要点。

七、注意事项

（1）组建实训小组。

（2）讨论工业品和消费品批发商主导的供应链构建。

（3）填写实训报告。

八、实训报告

请将实训报告填入表10-4中。

表10-4 实 训 报 告

《供应链管理》实训报告					
班级		姓名		时间	
实训内容	模拟供应链管理环境下各节点企业的非核心业务外包流程			分数	
实训目的					
实训步骤					
我的做法					
我的结论					
我的想法					

同步测试 <<<<<<<<<<<<<<<<<<<<<<<<<<<<<<<<<<<<<<<<<<<<<<<<<<<<<<<<<

一、判断题

1. BPR改造以顾客需求为导向，凡是无法为顾客创造价值的活动均为
BPR改革的目标。（　　）

2. 供应链管理环境下的业务流程重组应从成本分析入手，突出核心业务流程。（　　　）

3. 借助供应链物流流程再造，无法打破企业边界的限制。（　　　）

4. 物流延迟是在一个或多个战略地点对部分货品进行预估，而将进一步的库存部署延迟到收到客户订单时进行。（　　　）

5. 企业实施供应链管理的目的是企业与企业以及企业内部各部门间的协调发展。（　　　）

6. 道德风险问题在运转良好的供应链节点企业间不存在。（　　　）

7. 业务外包可以降低和控制成本，节约资本及资金，分担风险，完成难以管理的辅助业务，提高业务能力，改善质量，提高企业利润率和生产率。（　　　）

8. 由于非核心业务外包会给企业带来大量益处，企业对外包都持欢迎态度。（　　　）

9. 非核心业务或企业难以处理的问题业务可进行外包，即外包都是"问题业务外包"。（　　　）

10. 物流领域的供应链金融，其本质是一种短期性融资行为。（　　　）

二、单项选择题

1. BPR 强调打破部门及组织的界限，以（　　　）为单位进行重新设计。

　　A. 收入　　　　　　　　　　B. 利润

　　C. 成本　　　　　　　　　　D. 流程

2. 供应链管理模式下的业务流程重组是指以（　　　）为指导，对供应链中的业务流程进行分解、整合、重新设计的过程。

　　A. 供应链运营思想　　　　　B. 供应链管理思想

　　C. 供应链业务流程　　　　　D. 供应链作业

3.（　　　）会导致委托代理关系的出现。

　　A. 物流冰山　　　　　　　　B. 信息不对称

　　C. 第三方物流　　　　　　　D. 生产能力不足

4.（　　　）是企业一切活动的驱动源。

　　A. 顾客需求　　　　　　　　B. 利润

　　C. 成本　　　　　　　　　　D. 物流

5.（　　　）决定了企业不可能在所有业务领域都获得同样的竞争力，企业经营必须集中在核心业务上。

　　A. 资源有限性　　　　　　　B. 信息不对称

　　C. 成本利润　　　　　　　　D. 市场风险

三、多项选择题

1. 就实施 BPR 的范围、规模及对企业变革的程度不同，可将其实施方法分为（　　　　）两种方法。

  A. 革命式　　　　　　　　　B. 渐进式

  C. 技术进步　　　　　　　　D. 信息革命

  E. 服务提升

2. 对企业业务流程进行重组，必须有重点地选取需要重组的流程，称为关键流程。关键流程的选取可从（　　　　）方面考虑。

  A. 程序流畅性　　　　　　　B. 成本收益性

  C. 绩效的低下性　　　　　　D. 位置的重要性

  E. 落实的可行性

3. 在供应链管理环境下的业务外包过程中，供应链内企业间存在（　　　　）。

  A. 逆向选择　　　　　　　　B. 成本风险

  C. 市场风险　　　　　　　　D. 经营风险

  E. 道德风险

4. 企业不愿意进行物流外包的原因主要包括（　　　　）。

  A. 成本不会降低　　　　　　B. 物流太重要，不能外包

  C. 自有资源丰富　　　　　　D. 控制力变弱

  E. 物流所需时间不会减少

5. 物流金融常见的方式包括（　　　　）。

  A. 代收货款方式　　　　　　B. 托收方式

  C. 融通仓方式　　　　　　　D. 授信融资方式

  E. 海外融资方式

四、简答题

1. 什么是供应链管理环境下的业务流程重组？

2. BPR 理论包括哪些方面的内容？

3. 简述供应链管理环境下业务流程重组的方法。

4. 为保证重组后的流程能够持续改善且长期运行，需要从哪些方面进行维护？

5. 简化业务流程有哪三种导向？

6. 供应链企业的委托代理关系具有哪些特征？

7. 什么是供应链企业的核心竞争能力？

8. 供应链管理与企业核心竞争力之间的关系表现在哪些方面？

9. 业务外包的主要形式有哪些？

10. 简述供应链金融体系风险要素的主要构成。

五、论述题

1. 试述如何通过供应链管理环境下的业务流程重组进行供应链资源整合。

2. 试述供应链金融风险的防控策略。

参考文献 <<<<<<<<<<<<

［1］王桂花. 供应链管理实务［M］. 北京：高等教育出版社，2022.

［2］马翔. 供应链管理基础［M］. 北京：高等教育出版社，2020.

［3］张彤，马洁. 采购与供应链管理［M］. 北京：高等教育出版社，2021.

［4］丁俊发. 供应链理论前沿［M］. 北京：中国铁道出版社，2018.

［5］马士华，林勇. 供应链管理［M］. 6版. 北京：机械工业出版社，2020.

［6］施先亮. 供应链管理［M］. 北京：高等教育出版社，2018.

［7］李傺. 供应链管理技术［M］. 2版. 北京：人民邮电出版社，2020.

［8］柳荣. 新物流与供应链运营管理［M］. 北京：人民邮电出版社，2020.

［9］王先庆. 新物流：新零售时代的供应链变革与机遇［M］. 北京：中国经济出版社，2019.

［10］文丹枫，周鹏辉. 智慧供应链：智能化时代的供应链管理与变革［M］. 北京：电子工业出版社，2019.

主 编 简 介

朱占峰，经济学二级教授，管理学博士（物流与供应链管理方向），城市—区域综合发展方向博士后，高级物流管理师，注册高级咨询师，博士生导师，享受国务院政府特殊津贴专家，国家精品在线开放课程主持人，分别在宁波工程学院、南昌职业大学、商丘职业技术学院从事物流与供应链管理专业教学及研究工作。兼任中国物流学会副会长、教育部学校规划建设发展中心专家、教育部高等学校物流
管理与工程类专业教学指导委员会供应链管理专业工作组成员、浙江省新型高校智库—现代物流研究中心主任、浙江省经营管理研究会副会长、浙江省企业管理研究会副会长、宁波市中小微企业发展专家咨询委员会主任、宁波市供应链创新与应用专家委员会副主任、宁波市宏观经济学会副会长、宁波市空运行业协会副会长、宁波市物流产业产学研技术创新战略联盟秘书长、宁波临空经济研究院院长、《物流科技》杂志社编委会副主任、《物流技术》杂志社编委。主持国家社科基金项目、省自然基金项目、省科技攻关项目、省软科学项目、省高校杰出人才创新工程项目等国家、省、市级科研项目以及区域规划项目80余项，公开发表论文110余篇，出版论著26部，荣获省部级科技进步奖一等奖5项、二等奖2项、三等奖5项，省高等教育教学成果一等奖2项，省优秀社会科学成果二等奖1项和三等奖2项，省政府发展研究奖三等奖1项。

陈勇，商丘职业技术学院经济学副教授，管理学博士（物流与供应链管理方向），高级物流师，经济师。河南省精品在线开放课程主持人，国家精品在线开放课程主讲人，国家职业教育物流管理专业教学资源库子项目"供应链管理"课程负责人之一，全国物流专业教学优秀教师。兼任中国物流学会理事，河南省高职高专财经类教指委专业委员会委员，商丘市物流研究所副所长，商丘市政府特聘物流专
家。从教近30年，荣获河南省优质课大赛一等奖，五次荣获全国大学生物流技能大赛一等奖优秀辅导教师。主持或参与国家级、省部级课题数10余项，发表物流专业教科研学术论文20余篇，出版学术专著1部，主编、参编物流专业教材15部，获省部级科技进步二等奖1项、三等奖2项。

郑重声明

高等教育出版社依法对本书享有专有出版权。任何未经许可的复制、销售行为均违反《中华人民共和国著作权法》，其行为人将承担相应的民事责任和行政责任；构成犯罪的，将被依法追究刑事责任。为了维护市场秩序，保护读者的合法权益，避免读者误用盗版书造成不良后果，我社将配合行政执法部门和司法机关对违法犯罪的单位和个人进行严厉打击。社会各界人士如发现上述侵权行为，希望及时举报，我社将奖励举报有功人员。

反盗版举报电话　（010）58581999　58582371
反盗版举报邮箱　dd@hep.com.cn
通信地址　北京市西城区德外大街4号　高等教育出版社法律事务部
邮政编码　100120

读者意见反馈

为收集对教材的意见建议，进一步完善教材编写并做好服务工作，读者可将对本教材的意见建议通过如下渠道反馈至我社。

咨询电话　400-810-0598
通信地址　北京市朝阳区惠新东街4号富盛大厦1座
　　　　　高等教育出版社总编辑办公室
反馈邮箱　gjdzfwb@pub.hep.cn
邮政编码　100029

防伪查询说明

用户购书后刮开封底防伪涂层，使用手机微信等软件扫描二维码，会跳转至防伪查询网页，获得所购图书详细信息。

防伪客服电话　（010）58582300

网络增值服务使用说明

授课教师如需获取本书配套教辅资源，请登录"高等教育出版社产品信息检索系统"（http://xuanshu.hep.com.cn/），搜索本书并下载资源。首次使用本系统的用户，请先注册并进行教师资格认证。

高教社高职物流 QQ 群：213776041